2025

성결,이루다

장년교회

회원용

사랑마루
SARANGMARU

* 집필에 참여해 주신 분들

1단원 이명관 목사 진주교회
2단원 이승현 목사 대전동지방
3단원 윤학희 목사 천안교회
4단원 김철규 목사 광주교회
5단원 손제운 목사 아현교회
6단원 장현익 목사 동두천교회
7단원 장기동 목사 춘천중앙교회

8단원 이성준 목사 수정교회
9단원 신건일 목사 북아현교회
10단원 최도훈 목사 동대전교회
11단원 민경휘 목사 논산교회
12단원 이동명 목사 함께하는교회
* 교육과정연구
　글로벌 사중복음 연구소

성결, 이루다_장년교회 회원용

'성결한 그리스도의 몸' 2025년

발행일 _ 2024년 11월 25일 1판 1쇄
발행인_ 문창국
편집인_ 강형규
기획/편집_ 장주한 강영아
미디어_ 김남선 이재훈
디자인_ 권미경 하수진
일러스트_ 양재봉 지영미 오재중 이화선 (인포처치)
홍보/마케팅_ 안용환 육준수
경영지원_ 조미정

펴낸곳 _ 도서출판 사랑마루
주소 _ 서울시 강남구 테헤란로64길 17(대치동)
전화 _ 02-3459-1051~2 팩스/ 02-3459-1070
이메일 _ eholynet@gmail.com
등록 _ 2011년 1월 17일 등록번호 _ 제2011-000013호

도서출판 사랑마루는 기독교대한성결교회 출판 브랜드입니다.

ISBN 979-11-90459-43-3 03230

성결한 그리스도의 몸을 이루어가는 성결교회

기독교대한성결교회는 이제 118년의 역사를 지나 앞으로의 백년을 내다보는 교단으로 성장하였습니다. 지난 역사를 돌아보면 여기저기 많은 일들이 있었지만, 오직 하나님의 은혜로 수많은 역경을 헤쳐 온 것이 사실입니다. 그 그루터기에는 바로 끊임없는 교회교육의 힘이 새겨져 있음을 알 수 있습니다. 교단의 희망찬 미래는 다음세대를 통해 실현될 것입니다. 다음세대를 양육하고 그리스도의 충실한 일꾼으로 자라게 하는 일은 오직 신앙교육의 힘을 통해서만이 가능합니다.

교회교육은 시간이 필요합니다. 교단교육의 역사도 1970년대 제1차 교육과정에서부터 2019년 제4차 교육과정 출간까지 각고의 변화를 겪었습니다. 지난 2019년부터 제4차 '성결한 그리스도의 몸' 교육과정이 실행되고 있습니다. 제4차 교육과정의 실행을 통해 '성결한 그리스도의 몸'을 온전히 가르치고 세워가면, 백 년 뒤 성결교회는 온전하고 든든히 세워져 있을 것입니다.

제4차 교육과정의 핵심 주제는 시대적, 문화적 흐름을 이해하고, 도래할 하나님 나라를 위한 비전을 품는 것입니다. '주일학교 시스템에서 교회학교 시스템으로' 전환된 교회교육의 시대를 거쳐 성결교회는 놀라운 성장을 보였습니다. 다음세대는 교회학교 교육을 통해 성경을 체계적으로 공부하였습니다. 말씀을 공부하는 일은 신앙성장에 중요한 요소입니다.

지금의 시대는 다음세대를 목회의 대상으로 삼고, 주님의 제자 삼는 일에 적극적으로 노력해야 합니다. '교회학교 시스템에서 교회목회 시스템으로' 인식의 전환을 해야 합니다. 교육목회는 "교육을 목회하듯이, 목회를 교육하듯이"하는 것입니다. '성결한 그리스도의 몸' 교육과정은 교회학교의 시스템에서 교육목회 시스템으로 전환을 요구합니다.

특별히 '성결한 그리스도의 몸' 성경공부 교재는 성결교회의 목회현장을 신중하게 고려한 결과의 산물입니다. 유아부에서 장년부에 이르기까지 매주 동일한 본문으로 성경공부를 합니다. 각 부서에 맞는 발달단계별 교육목표를 선정하고, 그 교육의 초점을 명확히 구분하려고 노력했습니다.

목회자와 교회와 가정이 한 몸을 이루는 목회의 현장을 소망합니다. '성결한 그리스도의 몸' 성경공부 교재가 성결교회의 희망찬 미래를 열어가는 데에 디딤돌이 되리라고 믿습니다. 교회의 현장에서 헌신하는 목자들이 있기에 성결교회의 미래는 희망이 있습니다. '성결한 그리스도의 몸' 성경공부 교재가 하나님의 은혜 가운데 귀하게 사용될 것을 확신하면서 귀 교회에 성령의 역사가 임하기를 기도합니다.

2024년 11월 25일
발행인

"성결한 그리스도의 몸" 교육주제와 성경공부 교재

"성결한 그리스도의 몸" 교육과정은, 한 그리스도인이 교회에서 성경과 기독교전통을 배우고, 소그룹과 교회 회중에 소속되어 예배드리고 교제하며 그리스도의 몸된 교회를 세우고, 세상을 변화시키며 성결한 그리스도인으로 성장하는 일에 참여하는 신앙교육과정입니다.

"성결, 이루다" 장년교재(구역·소그룹·목장) 성경공부 학습과정

생각 열기
주제와 일치하는 예화를 소개합니다. 구체적이고 실제적인 이야기로 주제에 쉽게 접근할 수 있도록 돕습니다.

말씀 담기
강의와 토론을 겸한 성경공부로서 강해식 문답을 진행합니다.
본문을 읽고, 각 문단별로 돌아가며 읽고, 나눕니다.

삶 나누기
말씀 나누기에 대한 〈관찰-해석-적용〉을 통해 반복적으로 삶에 적용합니다.
주제와 말씀 나누기 내용에 맞추어 답을 찾도록 돕는 질문을 던지고, 실제적인 신앙생활의 질문을 하며, 토론 혹은 나눔의 형식이 되도록 합니다.

"성결, 이루다" 장년교재(구역 · 소그룹 · 목장) 모임 진행방법

1. 다함께 사도신경을 암송합니다.
2. 찬송 후, 회원 중 한명이 대표기도를 합니다.
3. 배울 말씀을 찾아 한 절씩 돌아가면서 읽습니다.
4. 새길 말씀은 다함께 찾아서 읽고 암송합니다.
5. 제목을 읽고 순서에 따라 교재의 내용을 진행합니다.
6. 생각 열기는 본문의 주제를 이해할 수 있도록 다함께 읽고 자유롭게 의미를 말해봅니다.
7. 말씀 담기는 3개의 대지를 먼저 함께 읽고, 가장 와닿은 구절에 밑줄을 그으며 다시 읽습니다.
8. 삶 나누기는 와닿은 구절 또는 질문에 대한 생각과 더불어 삶을 나누는 시간입니다.
9. 공동기도 제목과 개인기도 제목을 중심으로 회원들을 위해 기도합니다.
10. 헌금찬송과 함께 헌금을 드리는 시간을 갖습니다.

"성결, 이루다" 장년교재(구역 · 소그룹 · 목장) 사용방법

* 회원용
1. 회원들은 소그룹 모임에 참석하기 전 집에서 교재를 읽고 삶 나누기의 질문에 답을 기입하고 모임에 참석합니다.
2. 제공된 신앙생활 성경읽기 지침은 성경읽기표를 활용하여 주어진 일정과 분량대로 꾸준히 읽고 체크를 합니다.

* 강사용
1. 장년교재(구역·소그룹·목장) 인도자는 예배드리기 전에 내용과 방향을 공부합니다.
2. 생각 열기의 짧은 글을 읽고 주제와 어떻게 연관되는지를 생각해봅니다.
3. 회원들과 말씀 담기를 통해 주제에 대한 말씀을 나눕니다.
4. 삶 나누기는 서로의 생각과 은혜를 삶에 적용해보는 시간입니다.
5. 질문에 대한 답은 집필자들이 제시한 방향과 답입니다. 그 외에 신앙 안에서 여러 가지 의견들을 함께 나눌 수 있습니다.
6. 제공된 성경읽기 지침은 소그룹 모임에 참여하는 회원들이 일정과 분량을 잘 소화하고 있는지 모임 때마다 규칙적으로 확인합니다.

차례

발행사 • 3
길라잡이 • 4

1단원 기억, 교회의 신앙 방정식 • 8
　1과 유월절 사건, 구원 사건의 원형 • 10
　2과 유월절 준수, 구원 사건의 기억 • 16
　3과 성만찬 제정, 구원 사건의 실재 • 22
　4과 재림: 오고 계시는 주님(파루시아) • 28

2단원 청종, 하나님의 말씀을 듣고 따르는 생활 • 34
　5과 청종하는 하나님의 백성 • 36
　6과 자기를 부인하고 예수님을 따르는 사람 • 42
　7과 청종의 모델이 되신 예수님 • 48
　8과 재림의 목적: 심판과 정의 • 54

3단원 구원, 죄인 된 인간의 존재 이유 • 60
　9과 죄와 구원의 은혜 • 62
　10과 예수 그리스도의 십자가 대속 • 68
　11과 삭개오의 회개 • 74
　12과 재림 이후: 정의로운 천년왕국 • 80
　13과 재림 공동체: 목적이 있는 정의로운 삶 • 86

4단원 공동체 정신 • 92
　14과 헌신과 희생으로 지켜내야 할 공동체 • 94
　15과 한 마음과 한 뜻으로 만들어가는 공동체 • 100
　16과 우리는 하나님의 동역자입니다 • 106
　17과 성경에서 정의란 무엇인가? • 112

5단원 성도의 교제,
    교회의 또 다른 아름다운 이름 • 118
  18과 성도의 교제 • 120
  19과 아름다운 교회 • 126
  20과 행복한 가정 • 132
  21과 성경의 3가지 정의: 차가운 정의,
      따뜻한 정의, 구원하는 정의 • 138

6단원 성령님의 은사 • 144
  22과 은사를 주시는 하나님 • 146
  23과 은사공동체인 교회 • 152
  24과 은사를 따라 봉사(사역)하라 • 158
  25과 공의와 정의를 사랑하시는 하나님 • 164
  26과 강같이 흐르는 정의: 선지자들이 외치는
      정의 • 170

7단원 하나님 말씀과 성령의 치유로 누리는
    자유 • 176
  27과 자유하라, 삶의 어려움으로부터 • 178
  28과 자유하라, 자신의 약점으로부터 • 184
  29과 자유하라, 모든 질병으로부터 • 190
  30과 하나님의 백성의 의로운 삶 • 196

8단원 쉼, 하나님의 거룩한 명령 • 202
  31과 안식일을 거룩히 지키는 성도 • 204
  32과 일 중심에서 예배 중심 신앙으로 • 210
  33과 안식하는 공동체의 비전 되찾기 • 216
  34과 하나님과의 의로운 관계: 오직 하나님만
      예배하기 • 222
  35과 하나님과 의로운 관계: 하나님 이름을
      존중하기 • 228

9단원 화해 • 234
  36과 은혜의 다리를 놓는 사람들 • 236
  37과 이웃을 용서할 수 있는 성도 • 242
  38과 세상으로 파송된 화해의 전령사 • 248
  39과 하나님과의 의로운 관계: 하나님의 시간을
      따라 살기 • 254

10단원 소명, 하늘에서
    들려오는 준엄한 명령 • 260
  40과 사명을 감당하는 자들의 규율 • 262
  41과 위임사상, 소명의 이유 • 268
  42과 소명 받은 자의 자세, 죽도록 충성하기 • 274
  43과 정의의 세 가지 기초: 존중, 역지사지,
      그리고 공감 • 280

11단원 선교, 지상최대의 긴급명령 • 286
  44과 선교, 부활하신 예수님의 첫 번째 사자후 • 288
  45과 선교, 핍박이 찾아와도 멈춰서는 안 되는 교회와
      성도의 존재이유 • 294
  46과 세계선교, 요나를 반면교사로 • 300
  47과 최소한의 정의: 남에게 피해주지 않기 • 306
  48과 도전하는 정의: 불의에 대항하기 • 312

12단원 복음 • 318
  49과 예수, 구약에 예언된 고난 받는 메시아 • 320
  50과 예수, 하나님의 아들 • 326
  51과 예수, 온 백성의 복음 • 332
  52과 따뜻한 정의: 타인의 고통에 함께 하기 • 338

기억, 교회의 신앙 방정식

대망의 새해가 밝았습니다. 2025년의 주제는 '정의'입니다. 특히 1단원의 주제는 '기억, 교회의 신앙 방정식'인데, 제1~3과에서는 하나님의 구원 사건과 약속을 함께 되새기고 기념하며, 제4과에서는 교단 5개년 교육 주제 중 다섯 번째로 '정의'를 배웁니다.

제1과는 '유월절 사건'입니다. 출애굽 사건은 하나님의 위대한 구원 사건의 원형입니다. 유월절의 영적인 의미를 살펴보고, 유월절 사건과 예수 그리스도의 십자가 사건을 약속과 성취의 도식으로 재진술하며, 교회는 어린 양 예수님을 통한 구원을 되새겨야 합니다.

제2과는 '유월절 준수'입니다. 하나님은 유월절 준수를 명령하셨지만, 이스라엘 백성은 유월절을 제대로 준수하지 못했습니다. 그러나 요시야 왕 때 성전에서 율법책을 발견하고 유월절을 지켰던 것처럼 교회는 언약의 말씀을 붙잡아야 합니다.

제3과는 '성만찬 제정'입니다. 예수님은 언약의 성취를 위해 이 땅에 오셨고, 성만찬을 제정하셨으며, 끝내 십자가에 죽으셨습니다. 성만찬 때 떡과 잔을 먹고 마시는 것은 예수님의 몸과 피를 먹고 마시는 것입니다. 교회는 성만찬을 통해 참된 공동체를 이루어야 합니다.

제4과는 '재림: 오고 계시는 주님'입니다. 재림은 예수님의 선포 이후 계속 진행중입니다. 예수님은 반드시 다시 오실 것이기 때문입니다. 재림에 관해 배움으로 그리스도인의 소망이 어디에 있어야 하는지를 알게 합니다.

새해를 맞이하여 구역 소그룹 목장 모임에 열심히 참석할 것을 새롭게 결단하면서 모임 때마다 풍성한 은혜의 시간이 되기를 소망합니다. 또한 장년 교재를 통해 말씀과 기도를 통해 정의를 배우는 교회와 가정이 되기를 바랍니다.

1

1과

유월절 사건, 구원 사건의 원형

1월 5일~11일

2과

유월절 준수, 구원 사건의 기억

1월 12일~18일

3과

성만찬 제정, 구원 사건의 실재

1월 19일~25일

4과

재림: 오고 계시는 주님(파루시아)

1월 26일~2월 1일

유월절 사건, 구원 사건의 원형

| 신앙고백 : 사도신경 | 찬송 : 265장 주 십자가를 지심으로 | 기도 : 구역원 중에서
| 배울말씀 : 출애굽기 12장 1~28절
| 새길말씀 : 너희는 이르기를 이는 여호와의 유월절 제사라 여호와께서 애굽 사람에게
　　　　　재앙을 내리실 때에 애굽에 있는 이스라엘 자손의 집을 넘으사 우리의 집
　　　　　을 구원하셨느니라 하라 하매 백성이 머리 숙여 경배하니라(출 12:27)

 ## 현대 사마리아인들의 유월절

　현재 이스라엘 지역에는 소수 민족으로 사마리아 사람들이 살고 있습니다. 그들은 매년 4월 중순 경에 그리심 산에서 실제 유월절 행사를 거행합니다. 약 3,500년 전에 일어났던 출애굽 사건을 기념한 유월절 풍습이 지금까지도 전해져오고 있습니다. 사마리아 사람들의 유월절 예식은 해질 무렵에 거행되는데, 남자들은 흰 세마포 예복을 입고 참석하며, 대제사장은 초록색 예복을 입고 집례합니다. 출애굽기 12장을 낭송하고, 신명기와 시편을 교독합니다. 그리고 어린 양들을 식장 안으로 옮기고, 대제사장의 긴 기도가 끝나면, 곧장 육중한 해머로 어린 양들을 죽입니다. 그때 사람들은 어린 양의 피를 각자 자기 이마에 바르고, 죽은 양의 가죽을 벗깁니다. 창자와 내장은 내버리고, 미리 준비한 긴 장대에 양들을 매답니다. 그러면 머리를 밑으로 하고 꼬리를 위로 한 채 매달린 양들의 입에서 피가 쏟아집니다. 피를 다 쏟을 즈음에 장대에서 양들을 내려서 오븐에 굽습니다. 삼삼오오 모여서 소금을 친 양고기를 무교병과 쓴 나물과 함께 급히 먹습니다. 그렇게 유월절 식사를 한 후에 서로 포옹하며 기뻐합니다. 유월절 어린 양의 죽음으로 속죄의 기쁨을 누리는 것입니다.

이윤재 저 「땅에서 하늘을 본다」 p.130~133.

야곱의 가족은 애굽으로 이주한 이후 430년 만에 이스라엘 민족으로 성장했습니다. 애굽의 바로 왕은 이스라엘 백성의 급속한 인구 증가 때문에 위기를 느꼈습니다. 그래서 이스라엘 백성에게 중노동을 시켰고, 남자 아이가 태어나면 죽이려고까지 했습니다. 하나님은 모세를 통해 고난을 받는 이스라엘 백성을 구원하셨습니다. 애굽에 열 가지 재앙을 내리셨습니다. 특히 열 번째 재앙은 애굽 사람들에게 장자 죽음의 재앙이었습니다. 반면에 이스라엘 백성에게는 구원이었습니다. 이것이 이스라엘 백성의 최대 명절인 유월절입니다. 유월절이란 하나님이 애굽에 장자 죽음의 재앙을 내리실 때, 이스라엘 백성의 집을 '넘어서'(13, 23, 27절) 구원하셨다는 의미입니다.

1. 이스라엘 백성은 애굽에서 구원받았습니다.

하나님은 이스라엘 백성을 애굽에서 구원하시기 위해 세 가지를 말씀하셨습니다. 첫째, '달의 시작 곧 해의 첫 달이 되게 하라.'고 말씀하셨습니다(2절). 유대인의 종교력에는 유월절이 있는 달을 아빕월이라고 합니다(신 16:1). 아빕월은 한 해가 시작되는 정월을 가리킵니다. 따라서 유월절은 애굽의 압제에서 해방된 이스라엘 백성에게 새로운 역사의 시작을 의미합니다. 마치 그리스도인이 새로운 피조물이 된 것과 같습니다(고후 5:17). 둘째, '어린 양의 피를 좌우 문설주와 상 인방에 바르라.'고 말씀하셨습니다(2~6절). 여기서 피는 육체의 생명을 의미합니다(레 17:11). 하나님은 애굽에 장자 죽음의 재앙을 내리실 때, 집 문설주와 인방에 바른 피를 보고 그 집에서 유월하셨습니다. 이스라엘 백성은 어린 양의 피 때문에 애굽에 내

11

린 장자 죽음의 재앙에서 구원을 받았습니다. 셋째, '양고기와 함께 무교병과 쓴 나물을 먹으라.'고 말씀하셨습니다(8~11절). 여기서 무교병과 쓴 나물은 이스라엘 백성이 애굽에서 종살이하면서 겪었던 고난을 상징합니다. 특히 무교병을 "고난의 떡"(신 16:3)이라고 표현합니다.

2. 유월절의 어린 양은 예수님을 예표합니다.

유월절에는 어린 양의 피가 중요합니다. 하나님은 어린 양의 피를 통해 이스라엘 백성을 구원하셨습니다. 애굽에 장자 죽음의 재앙을 내리실 때, 어린 양의 피를 보고 그 집에서 유월하셨습니다(13, 23절). 이스라엘 백성이 구원을 받은 것은 그들의 공로 때문이 아니라, 어린 양의 피 때문입니다. 따라서 유월절은 '이스라엘의 유월절'이기도 하지만, 특별히 "여호와의 유월절"(11, 14, 27절)이라고 표현합니다. 이는 구원이 이스라엘 백성의 선행이나 노력이 아니라, 하나님의 전적인 은혜라는 의미입니다. 마찬가지로 하나님은 어린 양의 피로 인류를 구원하시기를 원하셨습니다. 유월절은 어린 양의 피로 인류를 구원하시겠다는 하나님의 약속이기도 합니다. 그래서 예수님은 약속의 성취를 위해 이 땅에 오셨습니다. 인류의 죄를 대신 지시고 십자가에 피를 흘려 죽으심으로 구원의 역사를 이루셨습니다. 신약성경은 그런 예수님을 가리켜 '세상 죄를 지고 가는 하나님의 어린 양'이라고 증언했습니다(요 1:29, 벧전 1:19, 고후 5:7). 즉 유월절의 어린 양은 예수님을 예표하고, 어린 양의 피는 예수님의 십자가의 피를 상징합니다.

3. 교회는 구원의 은혜를 기억하고 감사해야 합니다.

하나님은 이스라엘 백성에게 '유월절을 영원한 규례로 대대로 지키라.'고 명령하셨습니다(14, 17, 24절). 따라서 이스라엘 백성은 유월절을 대대로 지키면서 세 가지에 힘써야 했습니다. 첫째, 애굽의 고난에서 구원을 베푸신 하나님께 감사해야 합니다. 구원은 하나님의 은혜이기 때문입니다. 둘째, 하나님의 위대한 구원 사건을 자손 대대로 교육해야 합니다(24~28절). 구원을 베푸신 하나님은 위대하시기 때문입니다. 셋째, 어린 양의 피를 통한 구원을 소망해야 합니다. 유월절은 영적으로 어린 양의 피를 통한 구원에 대한 하나님의 약속이기 때문입니다. 예수님은 그 약속의 성취를 위해 이 땅에 오셨고, 세상 죄를 지신 어린 양이 되셨으며, 십자가에서 피 흘려 죽으셨습니다. 따라서 우리 교회는 이스라엘 백성이 유월절을 영원한 규례로 지켜야 했던 것처럼, 십자가의 은혜를 기억하고 감사해야 합니다. 특히 사순절 기간에는 예수님의 십자가 앞에 나아가 죄를 철저히 회개하고, 고난 주간에는 어린 양이 되시는 예수님의 십자가를 깊이 묵상하며, 부활절에는 구원의 새 생명을 주신 하나님께 크게 감사해야 합니다.

1. 하나님은 이스라엘 백성에게 왜 양의 피를 요구하셨는지 살펴봅시다.

2. 이스라엘 백성이 경험한 유월절 사건의 영적 의미가 무엇인지 나누어 봅시다.

3. 구원의 은혜를 잊지 않기 위해 어떻게 할 것인지를 나누어 봅시다.

| 함께 기도하기

1. 처음 예수님을 믿을 때를 생각하며 날마다 새롭게 살게 하소서.
2. 예수님의 십자가의 은혜를 잊지 않도록 마음에 깊이 새기게 하소서.
3. 구원을 받은 하나님의 은혜에 항상 감사하며, 널리 전하게 하소서.

- 헌금 찬송 : 259장 예수 십자가에 흘린 피로써
- 헌금 기도 : 구역원 중에서
- 주의 기도 : 다같이

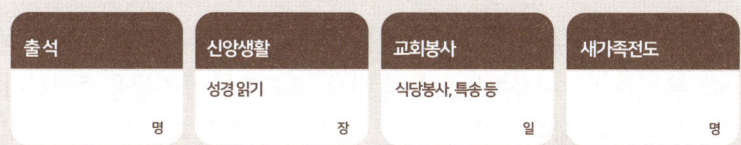

출석	신앙생활	교회봉사	새가족전도
	성경 읽기	식당봉사, 특송 등	
명	장	일	명

| 기도제목 나누기

2과 유월절 준수, 구원 사건의 기억

I **신앙고백** : 사도신경 I **찬송** : 257장 마음에 가득한 의심을 깨치고 I **기도** : 구역원 중에서
I **배울말씀** : 역대하 35장 1~19절
I **새길말씀** : 왕이 자기 처소에 서서 여호와 앞에서 언약을 세우되 마음을 다하고 목숨
을 다하여 여호와를 순종하고 그의 계명과 법도와 율례를 지켜 이 책에 기
록된 언약의 말씀을 이루리라 하고(대하 34:31)

생각
열기

현대 유대인들의 유월절

현대 유대인들은 유월절 전날 집안을 청소합니다. 누룩이 든 음식을 제거
합니다. 유월절에만 사용하는 그릇과 접시, 포크와 나이프 등을 준비합니다.
그리고 정강이 뼈, 삶은 달걀, 쓴 나물, 하로셋, 소금물, 파슬리, 마짜 등의 음
식을 마련합니다. '정강이 뼈'와 '삶은 달걀'은 제2성전이 파괴된 것을 기억하
기 위함이고, '쓴 나물'은 애굽에서의 고역을 기억하기 위함이고, '하로셋'은
애굽에서의 벽돌을 굽던 생활을 기억하기 위함이고, '소금물'은 애굽에서 흘
렸던 눈물을 기억하기 위함이고, '파슬리'는 출애굽의 기쁨과 새 생명을 기억
하기 위함이고, '마짜'는 누룩을 넣지 않은 빵(무교병)인데 죄악으로부터의
정결을 의미합니다. 유월절 식사는 보통 가장이 인도합니다. ① 포도주 잔에
포도주를 따른 후 축복문을 낭송한다. ② 손을 씻은 후 파슬리를 소금물에
찍어 먹는다. ③ 3개의 마짜를 반으로 쪼개고 포도주를 마신다. ④ 출애굽 사
건을 재현하여 이야기한다. ⑤ '다예누'라는 노래를 부르며 두 번째 포도주
잔을 마신다. ⑥ 유월절 음식과 마짜를 위하여 축복기도를 올린다. ⑦ 쓴 나
물을 하로셋에 찍어 먹고, 마짜 사이에 넣어 샌드위치를 만들어 먹는다. ⑧
특별히 준비한 유월절 음식을 먹는다. ⑨ 아피코만(3개의 마짜를 반으로 쪼
갰을 때 큰 쪽의 마짜)을 후식으로 먹는다. ⑩ 음식에 대한 감사 축복기도를
드리고, 세 번째 포도주 잔을 마신다. ⑪ 식사가 끝나면 문을 열어놓고, 준비
된 엘리야의 컵에 포도주를 채운다. ⑫ 감사와 찬양의 시를 낭송하고, '레샤
나 하바아 베루살라임'('내년에는 예루살렘에서')이라는 노래를 부른다.

최명덕, 「유대인 이야기」, p.147~160.

말씀
담기

이스라엘 백성은 우상숭배에 깊이 빠져서 하나님의 진노를 초래했고, 결국 앗수르 제국에 의해 멸망했습니다. 그 시대에 유다의 히스기야 왕은 선한 왕이었습니다. 그는 유다 백성과 함께 하나님을 섬겼기 때문에, 신앙의 힘으로 앗수르 제국으로부터 나라를 지킬 수 있었습니다. 그러나 히스기야 왕 이후에 므낫세 왕이 55년을 통치했고, 이어서 아몬 왕이 2년을 통치했는데, 그들은 악한 왕들이었습니다. 그러한 때에 요시야가 유다의 왕이 되었습니다. 대외적으로는 국제정세가 어지러운 때였고, 대내적으로는 국운이 쇠퇴해가는 때였으며, 영적으로는 우상숭배가 만연한 때였습니다. 이때 그는 전무후무할 정도로 과감하게 개혁을 일으켰습니다 (왕하 23:25). 결국 개혁은 유월절을 지킴으로 완성되었습니다.

1. 므낫세와 아몬 왕은 우상을 숭배했습니다.

히스기야 왕 이후 므낫세와 아몬 왕이 통치하던 시대에 유다는 영적 암흑시대였습니다. 지도자에 따라 유다는 영적으로 큰 변화를 겪어야 했습니다. 히스기야 왕은 선한 왕이었기 때문에, 그 시대에는 유다 백성이 하나님을 열심히 섬기면서 유월절을 지켰습니다(대하 30:1). 반면에 므낫세와 아몬 왕은 악한 왕이었기 때문에, 그 시대에는 유다 백성이 우상을 열심히 섬기면서 유월절을 지키지 않았습니다. 예를 들면, 므낫세 왕(대하 33:1~20)은 하나님이 이스라엘 자손 앞에서 쫓아내신 이방 사람들의 가증한 일을 본받았습니다. 아버지 히스기야 왕이 헐어버린 산당을 다시 세웠고, 바알과 아세라를 위하여 제단을 쌓았으며, 하늘의 일월성신을 경배했습니다. 심지어 힌놈의 골짜기에서 아들들을 불 가운데로 지나가게 했고,

신접한 자와 박수를 신임했으며, 성전에 자기가 만든 아로새긴 목상을 세우기도 했습니다. 심지어 아몬 왕은 하나님 보시기에 아버지 므낫세 왕 보다 더욱 범죄했습니다(대하 33:21~25). 결국 신하들이 반역을 일으켰고, 그는 궁중에서 비참하게 죽고 말았습니다.

2. 요시야 왕은 율법책을 발견했습니다.

요시야는 8세 때 유다의 왕위에 올랐고, 31년 동안 통치했습니다. 그는 하나님이 보시기에 정직하게 행했고, 조상 다윗의 길로 걸었으며, 좌우로 치우치지 않았습니다. 왕위에 있은 지 8년에 하나님을 비로소 찾았으며, 12년에 유다와 예루살렘을 비로소 정결하게 했습니다. 심지어 이스라엘 지역까지 정결하게 했습니다. 즉 산당들과 바알의 제단들을 헐었고, 태양상들을 찍었으며, 우상들을 빻아 가루로 만들었습니다. 이렇게 땅과 성전을 정결하게 하기를 마친 후, 그는 왕위에 있은 지 18년에 성전을 수리하기 시작했습니다. 때마침 대제사장 힐기야는 모세가 전한 여호와의 율법책을 발견했습니다. 서기관 사반은 그 율법책의 말씀을 왕 앞에서 읽었고, 여선지자 훌다는 그 율법책의 말씀을 왕에게 해석했습니다. 이렇게 성전에서 율법책을 발견한 이후 개혁을 일으켰습니다. 세 가지 거룩한 변화가 나타났습니다. 첫째, 왕은 하나님 앞에서 겸손히 옷을 찢으면서 통곡했습니다(대하 34:27). 둘째, 왕은 유다 백성과 함께 하나님 앞에서 언약을 세웠습니다(대하 34:31). 셋째, 왕은 유다 백성과 함께 예루살렘에서 유월절을 철저히 지켰습니다(대하 35:1).

3. 교회는 언약의 말씀을 되새겨야 합니다.

이스라엘 역사를 살펴보면, 성경은 여호수아 때(수 5:10), 히스기야 왕 때(대하 30:5), 요시야 왕 때(대하 35:18) 유월절을 준수했다고 말씀합니다. 이스라엘 백성은 기록한 규례대로 너무 오랫동안 유월절을 제대로 지키지 못했습니다(대하 30:2~5). 그만큼 우상숭배에 깊이 빠졌기 때문입니다. 이스라엘 백성이 유월절을 대대로 지킨다는 것은 곧 구원을 베풀어주시는 하나님을 기억하고 하나님만을 경배한다는 의미입니다. 마찬가지로 교회는 하나님이 베푸신 구원의 은혜를 잊지 않도록 절기 때마다 되새기며 감사해야 합니다. 또한 우리의 죄를 지고 죽으셨지만 부활하신 예수님을 잊지 않도록 주일예배 때마다 마음 속 깊이 되새겨야 합니다. 그리고 하나님과의 첫사랑을 잊지 않도록 교회에 주신 십자가와 부활의 복음 즉 언약의 말씀을 날마다 묵상해야 합니다. 베드로는 오순절 날에 성령이 임하고 교회가 탄생했을 때, 3천 명의 청중들에게 예수님의 십자가를 되새기게 했습니다. 바울도 가는 곳마다 선교 현장에서 사람들에게 예수님의 십자가의 복음을 전했습니다. 따라서 우리 교회는 예수님의 십자가의 복음을 되새기며 철저히 무장해야 합니다.

1. 이스라엘은 왜 망했으며, 유다는 왜 유월절을 제대로 지키지 못했는지 살펴 봅
   시다.

2. 요시야 왕의 개혁이 주는 영적 의미가 무엇인지 나누어 봅시다.

3. 교회는 십자가의 언약을 되새기기 위해 어떻게 해야 하는지 나누어 봅시다.

| 함께 기도하기

1. 하나님을 떠나 우상숭배에 빠지지 않게 하소서.
2. 하나님의 말씀을 통해 참된 개혁이 있게 하소서.
3. 십자가의 언약의 말씀을 되새기게 하소서.

- 헌금 찬송 : 262장 날 구원하신 예수님
- 헌금 기도 : 구역원 중에서
- 주의 기도 : 다같이

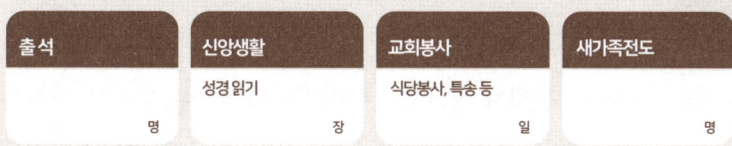

출석	신앙생활	교회봉사	새가족전도
	성경 읽기	식당봉사, 특송 등	
명	장	일	명

| 기도제목 나누기

3과 성만찬 제정, 구원 사건의 실재

| 신앙고백 : 사도신경 | 찬송 : 229장 아무 흠도 없고 | 기도 : 구역원 중에서
| 배울말씀 : 마태복음 26장 17~29절
| 새길말씀 : 그들이 먹을 때에 예수께서 떡을 가지사 축복하시고 떼어 제자들에게 주시며 이르시되 받아서 먹으라 이것은 내 몸이니라 하시고 또 잔을 가지사 감사기도 하시고 그들에게 주시며 이르시되 너희가 다 이것을 마시라 이것은 죄 사함을 얻게 하려고 많은 사람을 위하여 흘리는 바 나의 피 곧 언약의 피니라(마 26:26~28)

성만찬과 야고보

초대교회 때부터 전해져 내려오던 이야기입니다. 예수님이 성만찬을 제정하실 때, 열두 제자는 아니었지만 예수님의 동생 야고보가 그 자리에 있었습니다. 그는 예수님이 유대 나라의 왕이 될 것으로 확신했는데, '십자가를 지신다.'는 말씀에 초조하고 불안했습니다. 성만찬 때 "내 몸을 먹으라. 내 피를 마시라."는 말씀에 영 마음이 편치 않았습니다. 그래서 안 먹고 안 마시고 그 자리에서 나가버렸습니다. 그 이후 예수님은 십자가에 돌아가시고 부활하셨습니다. 그때 그는 회개했습니다. 진정으로 예수님의 제자가 되었습니다. 그 성찬이 그렇게 중요한 의미를 가진 것인지 몰랐습니다. 부활하신 예수님은 그에게 단독으로 나타나셨습니다(고전 15:7). 친히 몸을 보여주시면서 부활을 증거하셨습니다. 그리고 떡과 포도주를 주시면서 "이제는 받아먹으라."고 말씀하셨습니다. 그는 "나 같은 죄인을 어찌하여 이렇게 끝까지 사랑하십니까?"라고 말하면서 감격했습니다. 그리고 헌신했습니다. 교회를 위해, 그리스도를 위해 한 평생을 바쳤고, 마지막에는 순교까지 했습니다.

곽선희, 「복음의 능력」, p.534~535.

말씀
담기

　예수님은 십자가에 죽으시기 전날 밤에 제자들과 함께 유월절 식사하기를 원하셨습니다. 그 식사를 '최후의 만찬'이라고 표현합니다. 두 제자는 예수님의 말씀대로 마가의 다락방에 유월절 식사를 준비했습니다. 그 식사 자리에서 예수님은 가룟 유다의 배신을 예언하셨습니다. 그리고 이어서 성만찬을 제정하셨습니다. 먼저 떡을 떼어 주시면서 예수님의 몸이라고 하셨고, 잔을 주시면서 예수님의 피라고 말씀하셨습니다. 그 유월절 식사를 왜 최후의 만찬이라고 표현할까요? 두 가지 의미가 담겨있습니다. 하나는 세상에서 제자들과의 마지막 식사이기 때문이고, 다른 하나는 유대교의 마지막 유월절 식사이기 때문입니다. 즉 유대교의 유월절 식사가 기독교의 성만찬으로 바뀌었습니다.

1. 성만찬은 유월절 언약의 성취입니다.

　하나님은 애굽에서 비참하게 노예생활을 하고 있었던 이스라엘 백성을 구원하시기를 원하셨습니다. 이를 위해 이스라엘 백성에게 유월절 규례를 주셨습니다. 즉 '어린 양의 피를 좌우 문설주와 인방에 바르라. 그리고 양고기와 함께 무교병과 쓴 나물을 먹으라.'고 말씀하셨습니다. 여기서 어린 양의 피가 중요한데, 이는 하나님이 유월절 어린 양의 피를 통해 구원을 주시겠다는 언약이기도 했습니다. 하나님은 언약의 하나님이십니다. 언약하신 대로 반드시 성취하십니다. 그 성취가 바로 예수 그리스도입니다. 따라서 출애굽 때 희생된 유월절 어린 양은 예수님을 예표합니다. 특히 문설주에 발랐던 어린 양의 피는 예수님의 보혈을 상징합니다. 예수님은 유월절 어린 양으로 이 땅에 오셨고, 성만찬을 제정하셨으며, 죄를 대신 지시고 십자가에 죽으심으로 피를 흘리셨습니다. 그러기 때문에 성만찬을 제정하실 때 "나의 피 곧 언약의 피"(28절)라고 말씀하시면서 언약을 강조하셨습니다. 고린도전서 11장 25절에도 "이 잔은 내 피로 새운 새 언약"이라고 말씀하셨습니다. 어린 양인 짐승의 피는 옛 언약이고, 어린 양이신 예수님의 피는 새 언약입니다.

2. 떡과 잔은 예수님의 몸과 피를 상징합니다.

성만찬 때 떡은 예수님의 몸을 상징합니다. 예수님은 떡을 가지고 축복하셨습니다. 제자들에게 주시면서 "받아서 먹으라. 이것은 내 몸이니라."(26절)고 말씀하셨습니다. 그리고 성만찬 때 잔은 예수님의 피를 상징합니다. 예수님은 잔을 가지고 감사 기도하셨습니다. 제자들에게 주시면서 "너희가 다 이것을 마시라. 이것은 죄 사함을 얻게 하려고 많은 사람을 위하여 흘리는 바 나의 피 곧 언약의 피니라."(27~28절)고 말씀하셨습니다. 이렇게 예수님은 성만찬을 통해 떡과 잔을 주신 것처럼 십자가에서 몸을 찢기셨고 피를 흘리셨습니다. 그리스도인이 성만찬에 참여하여 떡과 잔을 먹고 마시는 것은 예수님의 몸과 피를 먹고 마시는 것과 같습니다. 예수님은 오병이어의 기적을 베푸시고, "내가 곧 생명의 떡"(요 6:48)이라고 말씀하셨습니다. 예수님의 몸과 피를 먹고 마시지 않는 사람들에게는 생명이 없고, 예수님의 몸과 피를 먹고 마시는 사람들에게는 영생이 있습니다(요 6:53~54). 그 당시 유대인들은 이러한 말씀을 전혀 이해하지 못했지만, 성만찬에 참여하는 사람들은 영적으로 예수님의 몸과 피를 먹고 마시는 것이 됩니다.

3. 교회는 성만찬을 통해 공동체를 되새겨야 합니다.

교회는 그리스도의 몸이고, 성도들은 몸의 지체입니다. 교회가 행하는 성례전 중의 하나가 성만찬입니다. 세례를 통해 몸의 지체가 되고, 성만찬을 통해 지체들이 한 몸으로 연합합니다. 그러면 우리 교회는 예수님이 제정하신 성만찬을 통해 어떤 공동체를 이루어야 할까요? 첫째, 한 몸 공동체를 이루어야 합니다. 예수님은 제자들에게 떡을 "떼어"(26절) 주셨습니다. 즉 한 덩어리의 빵을 제자들에게 떼어주셨습니다. 따라서 우리 교회는 성만찬을 통해 지체들이 연합하여 한 몸 공동체가 되어야 합니다. 둘째, 종말론적인 공동체를 이루어야 합니다. 예수님은 성만찬을 제정하시면서 "이제부터 내 아버지의 나라에서 새것으로 너희와 함께 마시는 날까지 마시지 아니하리라."(29절)고 하셨습니다. 따라서 우리 교회는 성만찬을 통해 천국을 소망하는 종말론적인 공동체가 되어야 합니다. 셋째, 사랑의 공동체를 되새겨야 합니다. 성만찬은 단지 예수님의 몸과 피를 상징하거나, 예수님의 십자가의 죽음을 기념하는 것으로 끝나면 안 됩니다. 따라서 우리 교회는 성만찬을 통해 예수님의 십자가의 희생을 본받아 서로 희생하는 사랑의 공동체가 되어야 합니다.

1. 예수님이 제정하신 성만찬의 진정한 의미가 무엇인지 되새겨 봅시다.

2. 성만찬에 참여함으로 받았던 은혜들을 나누어 봅시다.

3. 성만찬을 통해 어떤 공동체를 이루어야 하는지 나누어 봅시다.

| 함께 기도하기

1. 성만찬을 먹고 마심으로 예수님의 십자가 언약을 기념하게 하소서.
2. 성만찬의 참된 의미를 알고 성만찬 예식에 적극적으로 참여하게 하소서.
3. 성만찬을 통해 서로 희생함으로 사랑의 공동체를 이루게 하소서.

- 헌금 찬송 : 220장 사랑하는 주님 앞에
- 헌금 기도 : 구역원 중에서
- 주의 기도 : 다같이

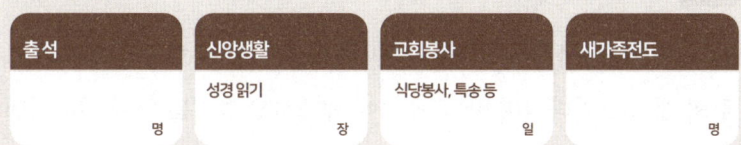

출 석	신앙생활	교회봉사	새가족전도
	성경 읽기	식당봉사, 특송 등	
명	장	일	명

| 기도제목 나누기

4과 재림: 오고 계시는 주님(파루시아)

┃ 신앙고백 : 사도신경 ┃ 찬송 : 508장 우리가 지금은 나그네 되어도 ┃ 기도 : 구역원 중에서
┃ 배울말씀 : 마태복음 24장 29~31절
┃ 새길말씀 : 예수께서 가라사대 네가 말하였느니라 그러나 내가 너희에게 이르노니 이
　　　　　후에 인자가 권능의 우편에 앉은 것과 하늘 구름을 타고 오는 것을 너희가
　　　　　보리라 하시니(마 26:64)

생각
열기

재림, 오해하지 맙시다!

　20세기 말 한국사회는 시한부 종말론으로 인한 사회 혼란을 겪었습니다. 주의 재림을 기다리며 한 곳에 모여 예배하고 휴거될 날만 기다리던 그들은 결국 휴거가 일어나지 않자 주의 재림 날짜를 연기하는 해프닝으로 사회 각층의 조롱과 비난을 받았습니다. 왜곡된 재림신앙을 가진 이들로 인해 기독교 전체가 싸잡아 미신적 신앙공동체인양 바라보는 의심의 눈초리를 견뎌야 했습니다. 이러한 사회혼란을 야기한 시한부 종말론자들로 인해 이후 교회는 정작 주의 재림이라는 성경의 약속을 가르치거나 선포하기 힘들어졌습니다.

　그 후 2014년 개봉된 영화 〈레프트 비하인드 Left Behind〉는 미국의 유명 배우 니콜라스 케이지가 출연하여 엄청난 인기를 끌었습니다. 팀 라헤이, 제리 젠킨스의 소설을 원작으로 한 영화인데, '휴거' 후 남은 자들의 혼란에 대한 이야기를 생생히 그려냈다고 평가됩니다. 이 영화는 일반 대중들에게도 '휴거'라는 사건에 대한 큰 관심을 불러 일으켰습니다.

　그렇지만 여기서 반드시 생각해 보아야 할 것이 있습니다. 과연 성경에 나타난 종말에 대한 가르침은 '휴거'에 집중되어 있을까요?

성경은 예수 그리스도의 재림으로 일어나는 세상의 종말과 새로운 시작을 선포하고 있습니다. 그러면 재림이란 무엇일까요? 재림은 주님의 오고 계심(파루시아)을 말하며, 주님은 모습 그대로 오실 것이고, 그 때에 세상에 일어나는 여러 일들로 인해 우리는 주의 재림이 가까움을 알 수 있습니다.

1. 재림은 주께서 지금 오고계심(파루시아)입니다.

재림(再臨)이란 말은 두 번째 오신다는 말입니다. 예수 그리스도가 이 땅에 오신 초림을 전제한 말입니다. 재림은 초림과는 달리 예수님이 이 세상을 통치하시기 위해 왕으로서 오시는 놀라운 사건입니다. 그런데 성경에서는 주님의 다시 오심에 대해 '파루시아'라는 용어를 사용합니다. 이는 오고 계신다는 의미의 강림(降臨)을 말합니다. 따라서 주님의 재림은 언젠가 알 수 없는 미래에 오신다는 것이 아니라, '지금 오고 계시다'는 것입니다. 예수 그리스도는 지금 오고 계십니다. 단지 이 땅에 예수님이 도착하시는 그날이 언제인지를 알 수 없을 뿐입니다.

따라서 재림신앙을 고백하며 주의 오심을 소망하는 우리들은 주께서 지금 오신다는 '종말의식'으로 깨어나야 합니다. "또한 너희가 이 시기를 알거니와 자다가 깰 때가 벌써 되었으니…"(롬 13:11) 매일의 삶 속에서 주님과 동행할 뿐 아니라, 반드시 이 땅에 오실 주님을 소망합시다. 주님 오심으로 하나님 나라가 임할 것입니다. "주 하나님이 이르시되 나는 알파와 오메가라 이제도 있고 전에도 있었고 장차 올 자요 전능한 자라 하시더라."(계 1:8)

2. 주님은 부활의 몸 그대로 다시 오십니다.

재림이란 예수 그리스도가 "부활하고 승천하신 그 몸 그대로 다시 오시는 일"입니다. 성경은 예수님이 가신 모습 그대로 다시 오실 것이라고 말합니다(행 1:10~11). 우리는 재림 예수님이 부활하신 그 몸으로 오심을 믿습니다. 재림신앙을 확실하게 붙잡고 살아갈 때 성도들은 잘못된 가르침에 미혹되지 않을 수 있습니다. 그러면 재림에 대해 잘못된 가르침은 무엇일까요? 먼저, 그리스도의 육체로 다시 오심을 부인하는 것입니다. 육체로 오실 것을 부인하는 방식은 다음과 같습니다. 예수님이 영으로 교회에 임재하시고 우리 가운데 동행하시는 것을 재림이라고 하는 것입니다. 이는 예수 그리스도의 영적 현존이 분명하지만 성경에서 가르치는 재림이 아닙니다. 또한 오순절 성령강림을 재림이라고 하는 것입니다. 이는 주님의 가르침을 혼동하고 왜곡하는 것입니다. 부활의 몸으로 다시 오시는 주님은 세상의 모든 사람들이 확실히 볼 수 있습니다. "그 때에 인자가 구름을 타고 큰 권능과 영광으로 오는 것을 사람들이 보리라."(막 13:26) 예수님이 오시면 참된 왕으로 새로운 세상을 여실 것입니다.

3. 재림에는 어려 징조와 사건들이 일어납니다.

주님이 다시 오실 그 때에는 여러 가지 징조가 있을 것이라고 말씀하셨습니다(마 24:30). 성경에 나타난 세상 끝 날의 징조를 몇 가지로 구분할 수 있습니다. 1) 전쟁, 기근, 지진 발생, 2) 이스라엘의 회복, 3) 해, 달 별 등에 이상 징후, 4) 복음의 전파와 부흥, 5) 거짓 그리스도와 적그리스도의 출현 등. 이러한 징조들을 살펴볼 때 현재 우리는 주의 재림이 이미 임박했음을 알 수 있습니다.

또한 주께서 세상에 오실 때 죽은 자들과, 살아있는 자들이 주님을 맞이하게 될 것이라고 성경은 말합니다. 이를 보통 휴거(rapture)라고 부르는데, 이는 성중의 사람들이 왕을 맞이하여 영접하는 모습과 흡사한 묘사입니다. 주께서 임하실 때 믿는 자들이 그분을 맞이하러 공중에 올라가서 영접하고 주님과 항상 함께 있게 될 것입니다(살전 4:14~17). 이 시기에 세상에는 큰 환란이 일어납니다. 여기에서 중요한 것은 휴거나 환란보다도 주님을 맞이하고 함께 하는 것입니다. 주님은 세상의 왕이시며, 역사의 주인이십니다.

1. 주의 재림이 오고 계심을 의미하는 파루시아를 나누어봅시다.

2. 주님이 부활의 몸으로 그대로 오신다는 약속에 대해 생각해 봅시다.

3. 주의 재림에 대해 잘못 생각한 내용에 대해 나누어 봅시다.

| 함께 기도하기

1. 우리 가운데 재림하시는 주님을 기대하는 마음을 주소서.
2. 나의 삶의 현장에서 하나님의 뜻이 이루어지도록 구하게 하소서.
3. 교회 공동체가 주님오심을 소망하며 재림의 주를 선포하게 하소서.

- 헌금 찬송 : 405장 주의 친절한 팔에 안기세
- 헌금 기도 : 구역원 중에서
- 주의 기도 : 다같이

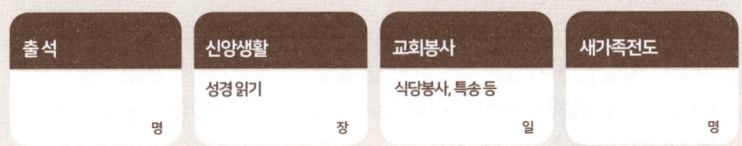

출석	신앙생활	교회봉사	새가족전도
	성경 읽기	식당봉사, 특송 등	
명	장	일	명

| 기도제목 나누기

청종, 하나님의 말씀을 듣고 따르는 생활

하나님께서 이스라엘과 언약을 체결할 때 하나님의 백성 됨의 유일한 조건은 하나님의 말씀을 듣고 따르는 것이었습니다. 하나님은 "세계가 다 내게 속하였나니 너희가 내 말을 잘 듣고 내 언약을 지키면 너희는 모든 민족 중에서 내 소유가 되겠고 너희가 내게 대하여 제사장 나라가 되며 거룩한 백성이 되리라"(출 19:5~6)고 하셨습니다. 듣고 행하는 청종은 구원의 조건은 아니지만 그리스도인이라면 가장 기본적이면서도 가장 중요한 신앙의 요소입니다.

제5과는 '쉐마'라고 부르는 말씀을 본문으로 삼고 있습니다. 성경의 핵심중의 핵심인 '하나님을 사랑하라'는 말씀은 이스라엘 백성들이 듣고 행해야 하는 첫 번째 의무로 주어졌습니다. 성도는 하나님의 말씀을 청종하는 사람이 되어야 합니다.

제6과는 예수님을 만난 부자청년 이야기입니다. 청종의 진정한 모습은 자기가 가장 소중히 여기는 것까지도 포기하고 따르는 것을 의미합니다. 부자는 영생에 대한 관심을 가지고 있었지만 그에게 더욱 중요한 것은 예수님을 따르는 일이나 영생을 얻는 일보다도 재물이었습니다. 진정한 제자는 날마다 주님께 돌아서는 회개하는 사람이며, 자기를 부인하고 자기 십자가를 지고 예수님의 부르심을 따를 수 있는 청종하는 사람입니다.

제7과는 십자가를 지기까지 순종하신 예수님은 청종하는 삶이 무엇인가를 보여주셨습니다. 예수님은 자신의 생각과 뜻대로가 아닌 아버지의 뜻대로 사셨습니다. 예수님의 속량의 죽으심은 믿는 모든 자를 구원에 이르게 하는 열매를 주셨습니다. 예수님이 성부 하나님의 말씀에 청종하는 일은 사람의 힘만으로는 불가능하며, 기도를 통해서 주시는 하나님의 능력으로 가능함을 보여주셨습니다.

제8과는 '재림의 목적: 심판과 정의'입니다. 다시 오실 예수님은 세상의 왕으로 오십니다. 예수님은 최후 심판을 통해 참된 정의를 회복하실 것입니다. 본 과를 통해 하나님이 최후 심판을 통해 하나님의 공의와 정의를 온전히 실현하실 것을 알게 합니다.

제2단원을 통하여 청종을 공부하면서 그리스도인들이 하나님의 말씀을 듣고 행함이 얼마나 중요한가를 다시 한 번 깨닫고, 하나님의 음성에 청종하며 살아야 합니다.

2

5과
청종하는 하나님의 백성
2월 2일~8일

6과
자기를 부인하고 예수님을 따르는 사람
2월 9일~15일

7과
청종의 모델이 되신 예수님
2월 16일~22일

8과
재림의 목적: 심판과 정의
2월 23일~3월 1일

5과 청종하는 하나님의 백성

| **신앙고백** : 사도신경 | **찬송** : 546장 주님 약속하신 말씀 위에서 | **기도** : 구역원 중에서
| **배울말씀** : 신명기 6장 1~5절
| **새길말씀** : 이스라엘아 들으라 우리 하나님 여호와는 오직 유일한 여호와이시니 너는
  마음을 다하고 뜻을 다하고 힘을 다하여 네 하나님 여호와를 사랑하라
  (신 6:4~5)

생각 열기 간증

　이전에 담임하던 교회 교인들 중에 귀농한 젊은 부부가정들이 있었습니다. 도시에 살다가 농촌에 와서 농사일을 한다는 것은 쉽지 않았습니다. 일은 고되고 수입은 예상보다 적다보니 부부간에도 불평이 잦아졌고 다툼이 이어지다가 결국에는 이혼하는 부부들도 있었습니다. 극심한 가정불화로 이혼을 생각하고 있는 한 부부, 부부간의 갈등과 스트레스를 술로 풀어보려고 하는 가정도 있었습니다. 그런데 김문삼 집사 가정은 농촌에 정착하는 과정에서 겪는 극심한 갈등을 극복하기 위해 말씀을 붙잡고, 자신들의 문제를 주님께 맡기며 기도하기 시작했습니다. 힘들고 어렵지만 예배생활에 힘썼고 주어진 사명의 자리를 굳게 지켰습니다. 임지를 옮긴 후 15년이 지나 떠나온 교회를 방문했습니다. 이혼의 위기까지 갔으나 그 고비를 말씀에 순종하는 삶으로 극복했던 집사님 부부는 장로가 되어 충성하고 있었고, 하나님께서 복을 주셔서 드론으로 농약을 살포해야 될 만큼 넓은 농토를 경작하고 있었습니다. 그리고 "예수님을 믿으면 구원받고 복 받는다. '나를 봐라' 내가 증거다."라고 간증하며 전도한다고 했습니다. 신명기 28장에는 하나님의 말씀에 청종하는 사람들에게 주시는 복과 하나님의 말씀을 듣고도 행치 않는 사람에 대한 저주가 기록되어 있습니다. 우리가 하나님의 말씀에 청종하면 하나님은 생명을 주시고 복을 누리게 하십니다(신 30:19~20). 그러나 하나님을 떠난 삶에는 저주와 멸망을 경고하고 있습니다.

이승현 목사의 '목회현장의 감동예화' 중

말씀
담기

예수님은 산상수훈(마 5~7장)을 선포하신 후 하나의 비유를 통해 결론을 맺으셨습니다. 예수님의 말씀을 듣고 행하는 사람은 그 집을 반석 위에 지은 지혜로운 사람 같으며, 예수님의 말씀을 듣고 행하지 않는 사람은 모래 위에 집을 지은 어리석은 사람 같다고 하셨습니다. 예수님의 가르침대로 하나님의 자녀가 된 성도에게 말씀을 듣고 실천하는 삶을 살아야 합니다.

1. 성도는 하나님의 말씀을 듣고 따라가는 사람입니다.

하나님이 이스라엘과 언약을 체결하실 때 청종은 언약의 첫 번째 조건이었습니다. 하나님은 "세계가 다 내게 속하였나니 너희가 내 말을 잘 듣고 내 언약을 지키면 너희는 모든 민족 중에서 내 소유가 되겠고 너희가 내게 대하여 제사장 나라가 되며 거룩한 백성이 되리라."(출 19:5, 6) 하셨습니다. 이스라엘 백성들이 '~듣고 ~지키면'이라는 조건에 "여호와께서 명령하신 대로 우리가 다 행하리이다."(출 19:7)라고 응답했을 때 이스라엘은 세상에 하나님의 사랑을 보여주고 열방을 하나님께로 인도해야 할 특별한 백성으로 선택받을 수 있었습니다. 신명기는 하나님의 소유가 되고 하나님께 대하여 제사장 나라가 된 하나님의 백성들이 약속의 땅 가나안에 들어가서 하나님께 복 있는 백성으로 살기 위해 지켜 행하여야 할 교본과 같은 성경입니다. 선민이 된 이스라엘은 하나님께서 주신 율법과 규례와 법률을 듣고 따라야 하는 의무가 주어졌습니다. 이스라엘 백성들은 주님의 말씀에 온전히 청종할 때 하나님과의 언약의 관계가 유지되었고 하나님의 복을 누릴 수 있었으며, 청종하지 않는 삶을 살 때 그들은 버림을 받는 민족이 되었습니다. 말세를 살아가는 성도는 하나님의 말씀을 읽고, 듣고, 그리고 그 가운데 기록된 것을 청종하는 신실하고 복 있는 성도가 되어야 합니다(계 1:3).

2. 청종하는 사람은 세속적인 삶에서 돌아서는 사람입니다.

이스라엘 백성들이 출애굽하여 40년이 지난 후 모압 평지에 이르렀을 때 모세는 백성들에게 가나안 땅에 들어가서 하나님의 백성답게 사는 길이 무엇인가를 설교하며 가르쳤습니다. 400여 년 동안 애굽의 다신교 신앙에 젖어있던 이스라엘 백성들이 유일하신 하나님만을 섬기는 신앙을 몸에 익히기에 40년의 광야생활은 충분한 기간이었지만 그들은 자주 넘어졌습니다. 율법에 좌로나 우로나 치우치는 일이 있었습니다. 가나안 정착생활이 지속되면서 그들은 하나님의 말씀을 따라 살기보다는 자기 소견에 좋은 대로 살기에 이르렀습니다(삿 21:25). 청종하는 사람은 자신의 생각과 인본주의와 세속적인 모습으로부터 말씀과 하나님께로 날마다 돌아서는 회개가 있는 사람입니다. 하나님은 거룩하시지만 사람에게는 부패한 본성이 있습니다. 율법은 완전하지만 사람은 그 율법을 지키는데 한계가 있습니다. 성경을 살아계신 하나님의 기록된 말씀으로 믿는 그리스도인이라면, 자신을 말씀의 거울에 비추어보고 잘못된 지식이나 잘못된 감정, 그리고 잘못된 생활에서 날마다 돌이키는 사람이 되어야 합니다.

3. 청종하는 사람에게 주신 약속을 붙잡고 청종하는 삶을 살아야 합니다.

사람을 행동하게 하는 동기는 다양합니다. 권위 있는 사람의 말을 듣고 복종할 수 있을 수 있습니다. 법률이나 규례로 정한 처벌규정이 두려워 듣고 따를 수 있습니다. 윤리적이고 도덕적인 계명이기 때문에 듣고 따를 수 있습니다. 그렇게 살면 유익이 되기 때문에 듣고 따를 수 있습니다. 규례대로 살면 복이 약속되어 있기 때문에 듣고 따를 수 있습니다. 그러나 성경은 청종의 동기가 사랑이 되어야 한다고 가르치고 있습니다. "이스라엘아 들으라 우리 하나님 여호와는 오직 유일한 여호와이시니 너는 마음을 다하고 뜻을 다하고 힘을 다하여 네 하나님 여호와를 사랑하라"(신 6:4, 5) 하셨습니다. 이 사랑명령은 성경의 중심이고 하나님의 백성이 반드시 실천해야 할 지침이며 자녀들에게 가르쳐야 할 핵심입니다. 마음을 다하고 뜻을 다하고 힘을 다하여 하나님을 사랑하는 사람만이 하나님이 기뻐하시는 진정한 예배자가 될 수 있으며, 세상 속에서 그리스도의 향기요, 그리스도의 편지로 살 수 있습니다. 하나님을 사랑하는 사람이어야 이웃에게 영향력 있는 복음의 증인이 될 수 있으며, 교회는 시대적 사명을 감당할 수 있습니다. 성도는 청종하는 삶이 힘들고 어렵더라도 약속된 미래를 바라보며(신 6:3)말씀에 온전히 순종하는 삶을 살아야 합니다.

1. 당신은 듣고 따르라는 하나님의 명령에 얼마나 순종하며 살고 있습니까?

2. "마음을 다하고 뜻을 다하고 힘을 다하여 하나님을 사랑하라"는 명령을 청종
   하고 있습니까?

3. 청종하여 하나님께 인정받는 사람이 되기 위하여 나에게는 어떤 결단이 필요
   합니까?

| 함께 기도하기

1. 주님께서 주신 말씀에 언제든지 어디서든지 청종하는 삶을 살게 하소서.
2. 구역원들 상호간에 주님의 사랑을 실천하도록 서로 격려하게 하소서.
3. 주님을 사랑하는 삶, 주님께 순종하는 삶을 위하여 날마다 순종의 삶을
   살게 하소서.

- 헌금 찬송 : 315장 내 주 되신 주를 참사랑하고
- 헌금 기도 : 구역원 중에서
- 주의 기도 : 다같이

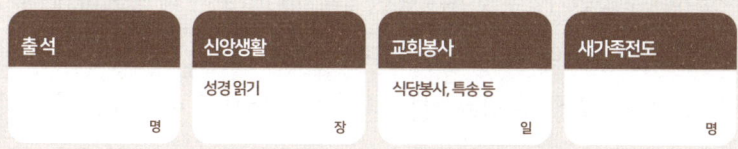

출석	신앙생활	교회봉사	새가족전도
	성경읽기	식당봉사, 특송 등	
명	장	일	명

| 기도제목 나누기

6과 자기를 부인하고 예수님을 따르는 사람

┃ 신앙고백 : 사도신경 ┃ 찬송 : 287장 예수 앞에 나오면 ┃ 기도 : 구역원 중에서
┃ 배울말씀 : 마태복음 19장 16~22절
┃ 새길말씀 : 예수께서 그들을 보시며 이르시되 사람으로는 할 수 없으나 하나님으로서
　　　　　　는 다 하실 수 있느니라(마 19:26)

저것만 있으면 행복할거야

　우상이란 무엇인가? 무엇이든 당신에게 하나님보다 더 중요하게 여기고 무엇이든 하나님보다 더 크게 당신 마음과 생각을 차지하는 것이 우상이다. 하나님만이 주실 수 있는 것을 다른 데서 얻으려 한다면 그것이 바로 우상이다. 무엇이든 삶의 중심이자 필수여서 그것 없이는 살아갈 가치를 별로 느끼지 못한다면 그게 바로 가짜 신인 우상이다. 우상은 당신의 마음을 지배함으로 당신은 더 생각할 것도 없이 열정과 에너지, 돈과 정서적 자원을 거기에 쏟을 수 있다. 가정과 자녀, 직업과 돈벌이, 성취와 평론가의 호평, 체면과 사회적 지위가 다 우상이 될 수 있다. 로맨틱 한 이성 관계, 업계의 인정, 안전하고 평안한 환경, 외모나 두뇌, 정치나 대의명분, 도덕과 가치관, 심지어 기독교 사역에서 성공하는 것도 우상이 될 수 있다. 무엇이든 당신이 그것을 보며 마음 깊은 곳에서 이렇게 말하면 그게 곧 우상이다. '저것만 있으면 내 삶이 의미 있어질 거야. 나도 가치 있는 사람이 될 거야. 내가 중요해지고 안정감이 들거야.' 이런 관계를 여러 가지로 표현할 수 있지만 가장 적합한 말은 '숭배'일 것이다.

「팀 켈러의 내가 만든 신」, 두란노, 2018, p. 22-23.

청종하는 삶이 어려운 것은 포기와 상실이 따르기 때문입니다. 복음을 받아들이고 복음적인 삶을 살기 위해서는 과거에 좋게 여겼던 것을 버릴 줄 알아야 합니다. 자신의 가치관과 세계관을 내려놓지 않으면 결코 성경적 세계관을 취할 수 없습니다. 예수님의 제자들이 결코 배와 그물을 버리고 고향과 부모의 집을 떠나지 않고서는 예수님을 따를 수 없었습니다. 바울도 과거에 소중하게 여겼던 가문에 대한 자부심, 학문적인 자랑, 율법을 온전하게 준수했다는 긍지를 버리지 않고는 결코 십자가만을 자랑하는 사람이 될 수 없었습니다. 그는 예수님을 얻기 위해 모든 것을 버렸습니다.

1. 부자 청년은 예수님을 따르지 못했습니다.

본문은 한 부자 청년이 예수님께 찾아와 '무슨 선한 일을 하여야 영생을 얻을 수 있느냐?'고 질문했습니다. 예수님은 '생명에 들어가려면 계명들을 지키라.'고 하셨습니다. 어떤 계명을 지켜야 하느냐고 되묻는 청년의 질문에 예수님은 십계명 중에 대인 계명인 살인, 간음, 도둑질, 거짓 증언을 하지 말아야 하며, 부모를 공경하고 네 이웃을 네 자신과 같이 사랑하라(레 19:18)고 하셨습니다. 청년은 자신 있게 '이 모든 것을 내가 지켰는데 아직도 무엇이 부족하냐'고 예수님께 되물었습니다. 유대교인들은 율법을 완전히 지킴으로 구원받을 수 있다는 생각에 사로잡혀 있었습니다. 교회가 설립된 이후에도 유대인 그리스도인 중 일부는 '은혜에 율법의 행위를 더해야만이 온전한 구원을 얻을 수 있다.'고 주장하는 이단 사상을 주장하며 교회를 위협했습니다. 성경은 율법의 행위로는 결코 구원을 받을 수 없다고 말씀하고 있습니다. "그러므로 율법의 행위로는 그의 앞에 의롭다 하심을 얻을 육체가 없나니 율법으로는 죄를 깨달음이니라."(롬 3:20) 말씀하십니다. 율법으로는 구원받을 수 없으며 예수님의 속량의 은혜를 믿는 사람만이 구원을 받습니다.

2. 청종은 이전 것을 버리고 따르는 행동입니다.

십계명의 대인계명 여섯 가지를 다 지켰다고 자신 있게 대답했던 그 청년에게 "네가 온전하고자 할진대 가서 네 소유를 팔아 가난한 자들에게 주라. 그리하면 하늘에서 보화가 네게 있으리라. 그리고 와서 나를 따르라"고 하셨습니다. 청년은 재물이 많은 부자였습니다. 그는 순간 재물을 버리고 영생을 선택할 것인가? 아니면 영생을 포기하더라도 재물을 소유할 것인가? 갈등하였고, 결국 근심하다가 예수님을 떠나고 말았습니다. 신앙생활을 시작하다보면 이전의 가치와 새로운 가치가 충돌합니다. 새로운 것을 수용하기 위해서는 과거의 가치들을 과감하게 버릴 수 있어야 합니다. 부자 청년은 "예수냐? 재물이냐?"를 선택해야 할 큰 시험 앞에 선 것입니다. 그는 영생을 위한 일이라면 예수님께서 가르쳐주신 선한 일을 할 의향을 가지고 예수님께 왔지만 예수님의 뜻밖에 요구를 청종하지 못했던 것입니다. 그는 탐심이라는 우상(골 3:5)에 마음을 빼앗겨 결국 예수님의 말씀을 따르지 못했습니다. 성도가 된 우리에게 주님은 더 깊은 영성과 더 깊은 헌신을 요청하고 있습니다. 많은 그리스도인들이 우리 안에 우상처럼 여기는 물질이나 명예와 권력, 사람이나 취미 등을 하나님보다 더 사랑하다가 주님의 부르심을 따르지 못할 때가 있습니다.

3. 청종하는 삶은 세속적 가치를 이깁니다.

하나님을 떠나 하나님과는 상관없이 살다가 하나님께 돌아 서는 것을 회개라고 합니다. 부자가 예수님을 떠난 후에 예수님과 제자들 사이에 토론이 시작되었습니다. 예수님은 '부자가 하나님의 나라에 들어가는 것보다 낙타가 바늘귀로 들어가는 것이 쉽다.'(마 19:24)고 하셨습니다. 제자들은 놀라서 그렇다면 누가 구원을 얻을 수 있습니까? 질문했습니다. 구원은 재물이나 인간의 노력으로 얻을 수 없습니다. 하나님 없이 인간의 본성을 따라 세속적인 가치관과 인본주의적 삶으로부터 철저하게 하나님께 돌이킨 회개와 예수 그리스도를 믿는 신앙이 있을 때만이 구원을 얻을 수 있습니다. 청년에게 재산은 그를 지배하는 우상이었습니다. 그가 제자가 되기 위해서는 우상처럼 소중하게 여겼던 재물을 포기해야 했습니다. 율법을 지켰다는 자기 의와 재물을 사랑했던 죄로부터 철저하게 회개해야 했습니다. 율법이나 재물이 예수님께 가는 길을 가로막고 있었기 때문에 행복의 도구로 생각했던 재물이 그에게는 죄의 도구였습니다. 진정한 제자는 우상처럼 귀하게 여기는 나의 보물을 포기하고 돌이켜 예수님만을 보배로 삼고 예수님의 말씀과 뜻을 기쁨으로 따르는 사람입니다.

1. 나는 청종하는 사람이 되기 위해서 하나님의 말씀을 얼마나 많이 들으며, 들은 것을 따라 살고 있습니까?

2. 지금 나를 예수님께 더 가까이 가지 못하도록 마음을 사로잡고 있는 우상은 무엇입니까?

3. 온전한 신앙의 사람이 되기 위해 내가 주님께로 돌이켜야 할 것은 무엇입니까?

| 함께 기도하기

1. 십자가의 복음 외에 어떤 것으로도 구원받을 수 없음을 확신하며 살게 하소서.
2. 세상의 그 어떤 것과도 영적 가치를 비교하지 않는 신앙으로 살게 하소서.
3. 주님의 말씀을 청종하기 위해 육신의 정욕, 안목의 정욕, 이생의 자랑거리를 포기할 수 있는 믿음을 주소서.

- 헌금 찬송 : 366장 어두운 내 눈 밝히사
- 헌금 기도 : 구역원 중에서
- 주의 기도 : 다같이

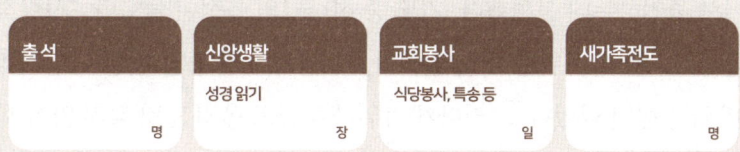

출석	신앙생활	교회봉사	새가족전도
	성경 읽기	식당봉사, 특송 등	
명	장	일	명

| 기도제목 나누기

7과 청종의 모델이 되신 예수님

| 신앙고백 : 사도신경 | 찬송 : 461장 십자가를 질수 있나 | 기도 : 구역원 중에서
| 배울말씀 : 마태복음 26장 36~45절
| 새길말씀 : 시험에 들지 않게 깨어 기도하라 마음에는 원이로되 육신이 약하도다 하시고(마 26:41)

생각 열기 순종의 열매

미국 시골 통나무집에 병약한 남자가 살고 있었다. 집 문 앞에 큰 바위가 있어서 출입하는데 불편했다. 기도 중 하나님의 음성이 들렸다. "사랑하는 아들아, 집 앞의 바위를 매일 밀어라." 그 후 8개월 동안 매일 아침저녁으로 바위를 힘껏 밀었다. 그러다가 바위가 조금도 옮겨진 것 같지 않아 회의가 들었다. 실제로 측량해 보니 바위는 그대로였다. 그래서 하나님에게 원망 섞인 기도를 했다. "하나님 제가 그동안 헛수고를 했습니다. 바위가 전혀 옮겨지지 않았습니다." 그랬더니 하나님의 음성이 들렸다. "나는 너에게 바위를 옮기라고 한 적이 없다. 그냥 밀라고 했다. 거울을 보거라." 청년은 거울 앞에 서서 자신을 보았다. 그 동안 몰라보게 건강해져서 근육도 생기고, 달고 살던 기침도 없어졌다는 것을 알게 되었다. 바위가 옮겨진 것이 아니라 자신이 변화되었던 것이다. 모르더라도 순종하라. 순종하면 '내가 원하는 것'이 아니라 '하나님의 위대한 뜻'이 열매를 맺는다.

다음카페–주님의 시선에서 중

말씀
담기

예수 그리스도는 인류 구원을 위한 속죄를 위해 사람의 몸을 입고 이 땅에 오셨습니다. 예수님은 이제 몇 시간 후면 겪어야 할 수난이 인간으로서 당해야할 가장 고통스러운 고문과 죽음임을 예견하셨고, 그 수난의 길이 '잡히심, 조롱과 멸시, 잔인한 매질, 십자가에 못 박히는 죽음'이라는 것을 아셨습니다. 예수님이 잡히시던 밤 동산에서 드린 기도는 사람으로 오신 예수님의 십자가의 길을 가는 두려움과 성부 하나님의 뜻 사이에서 얼마나 고뇌하셨는가를 보여주고 있습니다.

1. 청종의 본을 보이신 예수님

세상을 향하신 하나님의 뜻은 인류의 구원입니다. 하나님은 인류의 구원을 위하여 메시야를 약속하셨고, 그 언약은 예수 그리스도를 통해 성취되었습니다. 이사야 선지자는 예수님을 고난의 종으로 예언하였습니다. '그가 찔림은 우리의 허물 때문이요 그가 상함은 우리의 죄악 때문이라 그가 징계를 받음으로 우리는 평화를 누리고 그가 채찍에 맞으므로 우리가 나음을 받았다'(사 53:4, 5)고 선포하며, 장차 오실 메시야가 속죄의 죽음을 통하여 인류의 구원자가 될 것을 예언했습니다. 세례요한은 예수님을 '세상 죄를 지고 가는 어린 양'이라고 했습니다. 예수님도 자신에 대하여 '내가 온 것은 섬김을 받으려 함이 아니라 도리어 섬기려 하고 자기 목숨을 많은 사람의 대속물로 주려함'이라고 하셨고, 죽음을 통한 속죄가 성부하나님의 뜻이며 이 땅에 오신 목적임을 알고 계셨습니다. 당신이 당하실 고통을 다 아신 인간 예수님은 "아빠 아버지여 아버지께는 모든 것이 가능하오니 이 잔을 내게서 옮기시옵소서. 그러나 나의 원대로 마시옵고 아버지의 원대로 하옵소서."(막 14:36)라고 고뇌에 찬 기도를 드렸습니다.

2. 예수님의 청종이 가져온 열매

예수님은 죽기까지 순종하시며 인류의 속량을 다 이루셨습니다. 히브리서는 예수님이 십자가로 이루신 일을 '대제사장으로 오셔서 자신의 몸을 제물삼아 죽으심으로 영원한 속죄를 단번에 이루셨다'(히 9:11, 12)고 하셨습니다. 예수님은 속죄제물이 되셔서 죄를 속량하셨으며, 예수님의 속량의 은혜를 믿는 모든 사람들에게 '의롭다'라고 칭해주셨습니다. 그 뿐 아니라 예수님은 화목제물이 되셔서 하나님과 우리 사이에 막힌 담을 헐어 화목을 이루셨습니다. 에베소서 1장에는 삼위일체 하나님의 구원사역을 소개하고 있습니다. 성부 하나님은 우리의 구원을 계획하셨으며, 예수님은 그의 피로 속량하셨고, 예수님을 주님으로 믿는 자를 성령께서는 인쳐 주셨으며 구원받았음을 보증하셨고 확신하게 하십니다. 믿는 자의 구원은 성부 하나님의 계획하심과 예수님의 속량, 그리고 성령님의 인치심을 믿음으로 이루어진 것입니다. 우리가 얻은 구원은 행위나 노력으로 이루어진 것이 아니라 하나님의 선물입니다. 예수님이 성부 하나님의 뜻에 청종하심으로 이루신 속량의 은혜를 믿음으로 성도는 하나님의 자녀가 되었고 영생을 얻었으며, 주님의 나라를 영원히 상속할 상속인으로 천국을 소망하며 사는 주인공이 된 것입니다.

3. 예수님의 순종의 본을 따르는 성도

순종하는 것은 어렵지만 순종하면 하나님의 뜻이 이루어집니다. 성경은 순종할 때 어떤 일이 일어나는가를 여러 사건을 통해 보여주고 있습니다. 노아, 아브라함, 모세, 여호수아와 갈렙 등은 하나님의 명령에 말없이 청종하여 하나님의 구원의 역사를 이루어가는 주인공이 되었으며, 제자들도 예수님의 말씀에 순종하여 이 땅에 교회를 세우고 부흥시키는 주역들이 되었습니다. 주님의 말씀을 청종하는 현장에는 늘 기적이 따랐습니다. 예수님은 성부 하나님의 말씀에 청종하심으로 우리에게 청종의 아름다운 본이 되셨습니다. 성도는 예수님처럼 말씀에 청종하는 삶을 살아야 합니다. 요즘은 TV, 라디오, 서적 등을 통하여 설교나 신앙세미나, 찬양 등 신앙의 동기를 부여하는 수많은 프로그램들이 홍수처럼 밀려오고 있으며, 성도들은 그 어느 때보다 신앙과 신학에 대한 풍부한 지식을 가지고 있습니다. 그런데 슬픈 일은 그 어느 시대보다 교회와 그리스도인들은 그 품위와 영향력을 상실해 버리고 말았습니다. 가장 큰 이유는 교회와 성도들이 말씀과 하나님의 뜻에 청종하지 못했기 때문입니다. 이제는 복음을 말로만 전하는 시대는 지났습니다. 하나님은 세상을 감동시키고 구원으로 이끌 청종하는 그리스도인들을 찾고 계십니다. 우리는 그 부르심에 온전히 청종해야 합니다.

1. 예수님의 겟세마네 동산의 기도는 우리에게 어떤 기도를 가르치고 있습니까?

2. 죽기까지 순종하신 예수님이 이루신 열매를 통해서 내가 받은 은혜는 무엇입니까?

3. 예수님이 보여주신 순종의 본은 나에게 어떤 삶을 요청하고 있습니까?

| 함께 기도하기

1. 십자가의 길을 기억하며 우리도 기꺼이 나를 부인하고 십자가를 지고 주님을 따르게 하소서.
2. 예수님의 속량에 은혜를 믿음으로 구원받은 것을 확신하며 살게 하소서.
3. 좁은 길, 좁은 문을 선택할 줄 아는 청종의 사람이 되게 하소서.

- 헌금 찬송 : 451장 예수 영광 버리사
- 헌금 기도 : 구역원 중에서
- 주의 기도 : 다같이

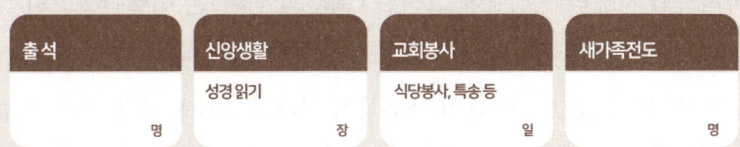

출석	신앙생활	교회봉사	새가족전도
	성경 읽기	식당봉사, 특송 등	
명	장	일	명

| 기도제목 나누기

8과 **재림의 목적 : 심판과 정의**

| 신앙고백 : 사도신경 | 찬송 : 368장 주 예수여 은혜를 | 기도 : 구역원 중에서
| 배울말씀 : 시편 42편 1〜3절
| 새길말씀 : 그가 땅을 심판하러 임하실 것임이로다 그가 의로 세계를 판단하시며 공평
　　　　　으로 그의 백성을 심판하시리로다(시 98:9)

 생각
열기 　**작품 속 미켈란젤로**

　바티칸의 시스티나 성당에 그려진 〈최후의 심판〉은 미켈란젤로의 작품 중 걸작으로 꼽히는 유명한 프레스코 기법의 그림입니다. 괴테가 시스티나 성당을 보지 않고는 인간의 가능성이 얼마나 위대한지 평가할 수 없다는 말을 남겼을 정도입니다.

　미켈란젤로가 처음 그렸을 때 이 작품에 나오는 400명의 사람들은 모두 알몸이었습니다. 그러나 교황청의 수정 명령으로 그의 제자가 스승의 의도를 벗어나지 않는 범위 내에서 최소한의 가리개를 입혔다고 합니다. 이 작품을 그릴 때 미켈란젤로는 실상 자신이 최후의 심판에서 받게 될 심판에 대한 두려움에 사로잡혀 있었습니다. 그런 만큼 이 작품은 객관적인 진리를 전달하는 것 보다는 자신의 구원의 열망을 강하게 표현한 것입니다. 그는 나이가 들면서 더욱 깊은 신앙심과 열정에 사로잡혀 다음과 같은 시를 남겼습니다.

　　"저의 추한 허물을 당신의 순결한 귀로 듣지 마옵소서.
　　저를 향해 당신의 의로운 팔을 들지 마옵소서.
　　하오나 주님,
　　저의 최후의 순간에 당신 자비의 팔로 죄 많은 저를 안아 주옵소서."

말씀
담기

　주님은 왕으로 오셔서 세상을 심판하실 것입니다. 이때 주님
은 정의로운 심판자로서 공의의 기준으로 심판하십니다. 또한 천년왕국은
주님이 세우시는 나라로, 세상 역사 내에서 정의로운 보상이 이루어지는
곳입니다.

1. 재림의 주님은 온 세상의 왕이십니다.

　이 천년 전 인간의 몸을 입고 오신 주님은 세상을 구원하시는 하나님의
뜻을 이루셨습니다. 하나님의 보내심을 받은 초림의 예수 그리스도는 너
무도 초라한 모습으로 오셨습니다. 사람들은 예수님의 주되심을 제대로 알
아보지 못했고, 심지어 때로는 의도적으로 가려졌습니다(마 8:30). 이사야
선지자가 예언한 것처럼 멸시를 받고 사람들에게 버려졌습니다(사 53:3).

　그러나 다시 오실 주님은 하늘과 땅의 모든 권세를 갖고(마 28: 18) "큰
권능과 영광에 싸여 하늘 구름을 타고" 오실 것입니다(마 24:30). 큰 영광
중에 왕으로 오신 주님은 세상을 다스리시고 심판하실 것입니다. "그 후에
는 마지막이니 그가 모든 통치와 모든 권세와 능력을 멸하시고 나라를 아
버지 하나님께 바칠 때라"(고전 15:24) 주님이 이 땅에 오시면, 사탄을 번개
처럼 하늘에서 떨어뜨리십니다. 주님이 계신 땅에서 사탄은 추방됩니다
(눅 10:18). 예수 그리스도의 재림은 온 세상에 하나님의 완전한 통치를 실
현시키는 사건의 시작입니다.

2. 재림의 주님은 정의로운 심판자이십니다.

예수님이 재림하시면 세상을 심판하십니다. 심판의 메시지는 신자들에게도 반가운 소식이 아닙니다. 하나님의 심판은 고통과 불안을 일으키며, 회개와 믿음을 일깨우는 주제로 사용되어 온 것이 사실입니다. 이런 상황 속에서 우리는 심판의 참된 목적과 하나님의 마음을 생각하기 보다는 단지 심판을 두려워하게 됩니다.

그러나 사실, 심판의 메시지는 복음입니다. 그것은 예수 그리스도가 심판자이시기 때문입니다. 정의로운 심판은 정의로우신 분만이 할 수 있습니다. 예수 그리스도는 의로우신 재판장이십니다. 사도바울은 의로우신 재판장이 그날에 자신에게 의의 면류관을 주실 것이고, 또한 주의 오심을 사모하는 모든 자들에게도 주실 것이라고 확신합니다(딤후 4:8). 의로우신 주님의 심판은 정의로 나타납니다. 그러므로 주의 심판은 기쁜 소식임에 분명합니다. 반면 세상의 심판은 참된 정의를 결코 실현할 수 없습니다.

3. 주님의 심판 기준은 사랑입니다.

의로우신 주님은 정의로운 기준으로 심판하실 것입니다. 그 기준은 주님 자신이 제시한 사랑의 법입니다. "새 계명을 너희에게 주노니 서로 사랑하라 내가 너희를 사랑한 것 같이 너희도 서로 사랑하라."(요 13:34) 이 기준은 세상의 기준과는 전혀 다르기에 그 결과 역시 우리의 예상을 완전히 빗나갑니다.

이런 상황이 마태복음 25장에 나타납니다. 주님은 영광의 보좌에 앉아 모든 민족을 그 앞에 모으고 각각 구분합니다. 그 모습이 마치 목자가 양과 염소를 구분하는 것이 사람들은 둘로 나뉘게 됩니다. 그러나 사람들은 그 결과에 대해 모두 어리둥절해 합니다. 자신들의 생각과 전혀 다른 기준이 었기 때문입니다(마 25:32~33). 주님은 가난한 자, 병든 자, 죄인들을 용납하시는 사랑의 법을 따라 심판하십니다. 하나님의 은혜는 모든 사람을 차별 없이 비추시듯 모든 사람을 용납하십니다. 이처럼 의로우신 재판장이신 예수 그리스도는 사랑의 기준으로 각 사람을 공정하게 심판하실 것입니다. 따라서 불의한 세상 속에서 주님이 의의 심판을 행하신다는 사실은 기쁜 소식이며 소망의 복음입니다.

1. 재림의 주님이 왕으로 오셔서 세상을 통치하신다는 사실을 깊이 생각해 봅
   시다.

2. 주님이 의로우신 재판장이라면 우리는 심판을 기쁨으로 생각할 수 있을까요?

3. 재림의 주님의 심판 기준에 대해 생각해 봅시다.

| 함께 기도하기

1. 하나님 나라가 임하기를 기대하며 기도하게 하소서.
2. 천년왕국의 소망으로 이 땅에서 주님과 동행하게 하소서.
3. 주님의 정의로운 심판기준으로 나의 삶을 회개하게 하소서.

- 헌금 찬송 : 211장 값비싼 향유를 주께 드린
- 헌금 기도 : 구역원 중에서
- 주의 기도 : 다같이

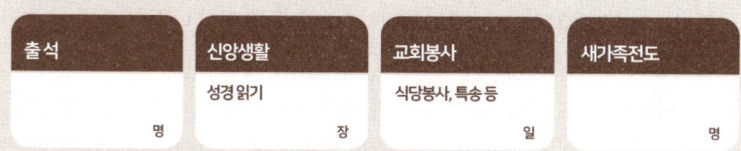

출석	신앙생활	교회봉사	새가족전도
	성경 읽기	식당봉사, 특송 등	
명	장	일	명

| 기도제목 나누기

구원, 죄인 된 인간의 존재 이유

3월 5일은 재의 수요일입니다. 사순절은 재의 수요일을 시작으로 우리의 죄를 회개하며 십자가에 못 박히신 예수님의 길을 따라가는 삶을 결단하는 시간으로 보냅니다. 3단원은 구원을 주제로 하여 십자가 대속의 은혜에 대한 감사와 구원의 증거인 변화된 삶이란 어떤 것인지 배우게 됩니다.

제9과는 인간의 죄의 문제에 대해서 다룹니다. 모든 인간은 죄인이며 스스로 구원할 수 없는 존재임을 깊이 깨닫고, 죄로부터 구원하기 위한 하나님의 구원계획을 깊이 묵상하기 바랍니다. 구원이 나의 노력이 아닌 하나님의 전적인 은혜로 주어짐을 기억해야 합니다.

제10과는 예수 그리스도의 십자가 대속의 의미를 기억합니다. 예수 그리스도의 대속의 사건이 인간을 구원함과 동시에 소망의 근원이 됨을 잊지 않고 매일 그 은혜에 감사하는 삶을 살아야 합니다.

제11과는 회개의 합당한 열매인 변화된 삶을 나눕니다. 삭개오의 회심을 통해서 구원이 재물의 많고 적음이 아닌 예수님의 보혈의 공로 때문임을 기억하며 우리의 삶을 돌이켜 회개의 합당한 열매를 맺을 것을 도전합니다.

제12과는 '재림 이후: 정의로운 천년왕국'입니다. 하나님은 재림을 통해 하나님의 공의와 정의를 실현하실 것입니다. 최후 심판은 공의의 판결이기도 하지만, 사랑의 구원이리고 하기 때문입니다. 본 과를 통해 그리스도인으로 도래할 정의로운 나라에 대한 소망을 품게 됩니다.

제13과는 '재림 공동체: 목적이 있는 정의로운 삶'입니다. 하나님은 최종 심판을 통해 우리의 믿음을 판단하실 것입니다. 그리스도인된 우리는 소망을 품고 그분이 행하실 정의와 공의를 신뢰해야 합니다. 본 과를 통해 우리 공동체가 어떻게 하나님의 사랑으로 실현될 정의를 기대하며 기다려야 하는지를 배우게 됩니다.

구원은 성도에게 주어진 은혜요 선물입니다. 우리는 죄 된 삶에서 돌이켜 구원을 베푸시는 그 은혜에 감사하며 살아야합니다. 구원받은 성도는 죄와 구원 사이에서 방황하면 안 됩니다. 자족하는 삶을 통해 그 은혜의 깊이와 높이와 넓이를 더하는 3월이 되길 바랍니다.

3

9과
죄와 구원의 은혜
3월 2일~8일

10과
예수 그리스도의 십자가 대속
3월 9일~15일

11과
삭개오의 회개
3월 16일~22일

12과
재림 이후: 정의로운 천년왕국
3월 23일~29일

13과
재림 공동체: 목적이 있는 정의로운 삶
3월 30일~4월 5일

9과 죄와 구원의 은혜

I 신앙고백 : 사도신경 I 찬송 : 250장 구주의 십자가 보혈로 I 기도 : 구역원 중에서
I 배울말씀 : 창세기 3장 1~24절
I 새길말씀 : 내가 너로 여자와 원수가 되게 하고 네 후손도 여자의 후손과 원수가 되게
하리니 여자의 후손은 네 머리를 상하게 할 것이요 너는 그의 발꿈치를 상
하게 할 것이니라 하시고(창 3:15)

빛과 어두움의 싸움

빛은 분명히 존재하지만 어둠은 어디에도 존재하지 않습니다. 어둠이란 본디 없는 거에요. 빛이 무슨 이유로 차단될 때 그걸 어둠이라고 부르는 겁니다. 우리가 경험하는 것은 '어둠의 존재'가 아니라 '빛의 부재'입니다. 어둠을 경험할 수는 없습니다. 있지도 않은 것을 무슨 수로 경험합니까? 여기 사방이 밀폐된 방이 있습니다. 밝은 대낮이지만 방안에는 캄캄한 어둠입니다. 만약 방에 구멍을 뚫는다면 안에 가득한 어둠의 기둥이 구멍을 통해 밖으로 관통하여 어둠기둥이 생겨야 합니다. 그런데 구멍을 뚫으면 반대로 빛이 어둠 속으로 빛기둥을 만들어 관통을 합니다. 빛과 어두움이 싸울 수 있습니까? 있지도 않은 것과 무슨 수로 싸워서 이긴단 말입니까?

이현주의 '오늘 하루' 중에서

말씀
담기

  창세기는 모든 것의 시작을 기록한 책입니다. 창세기 1장과 2장은 우주만물이 어떻게 시작 됐는가를 가르치고 있습니다. 한마디로 말하면 '태초에 하나님이 천지를 창조하셨다.'는 것입니다(창 1:1). 그 중에 핵심은 바로 하나님이 자기 형상대로 사람을 지으셨다는 것입니다(창 1:26~27). 그리고 창세기 3장에서는 하나님이 아름답게 창조하신 세상에 어떻게 죄가 들어왔는가를 기록하고 있습니다.

1. 죄는 곧 불순종입니다.

  하나님은 세상을 아름답게 지으셨습니다(창 1:31). 그리고 사람을 하나님의 형상대로 지으셨습니다. 그래서 오직 사람만이 하나님을 알고, 하나님과 교제하며, 하나님과 더불어 살 수 있는 영적인 존재인 것입니다. 에덴동산은 바로 그런 하나님의 은혜를 상징하는 곳이었습니다. 그런데 뱀의 유혹을 받은 아담과 하와가 선악을 알게 하는 나무의 열매를 먹지 말라고 하신 하나님의 명령에 불순종하여 그 열매를 따먹고 말았습니다. 그 순간 그들은 자신들이 벌거벗은 것을 알고 부끄러워했고, 하나님이 찾아오시자 숨었습니다. 하나님에게 죄를 지은 결과였습니다(창 3:7~10). 이처럼 죄는 아담의 불순종으로부터 시작되었습니다. 아담 한 사람의 죄로 인해 결국 그의 후손인 인류는 죄인이 되었습니다(롬 5:19).

  그러므로 우리도 죄인입니다. 전적으로 타락한 인간의 죄는 유전되며 이 죄의 영향력에서 벗어날 수 없습니다. 이러한 죄로 말미암아 하나님과 인간의 친밀한 관계는 완전히 단절되었고 우리는 하나님을 피하고 그분의 말씀에 불순종하며 범죄하게 되었습니다.

2. 하나님은 죄를 심판하십니다.

죄의 결과는 하나님과의 완전한 단절입니다. 하나님은 죄를 지은 뱀에게는 배로 다니며 흙을 먹고 여자의 후손과 원수가 되는 저주를 내리셨습니다. 그리고 사람에 대한 심판으로 여자에게는 해산의 수고를, 남자에게는 소산을 먹기 위한 수고를 하게 하셨습니다(창 3:14~17). 그리고 19절에서는 흙으로 돌아가는 죽음을 당하게 하셨고, 24절을 보면 아담과 하와를 에덴동산에서 추방하였습니다. 이처럼 하나님은 죄를 반드시 심판하십니다. 이 사실을 유다서 1장 15절은 이렇게 말씀하고 있습니다. '이는 뭇 사람을 심판하사 모든 경건하지 않은 자가 경건하지 않게 행한 모든 경건하지 않은 일과 또 경건하지 않은 죄인들이 주를 거슬러 한 모든 완악한 말로 말미암아 그들을 정죄하려 하심이라 하였느니라.' 하나님은 모든 죄를 반드시 심판하십니다. 그러므로 죄인은 누구도 하나님 앞에 설 수 없습니다(롬 3:23).

3. 구원은 하나님의 은혜로 주어집니다.

창세기 3장은 죄가 어떻게 시작됐으며, 그 죄에 대해서 하나님이 어떻게 심판하셨는가를 가르치고 있습니다. 뿐만 아니라 죄인을 구원하시는 하나님의 놀라운 은혜를 가르치고 있습니다. 창세기 3장 7절과 21절을 통해 살펴 볼 수 있습니다. 아담과 하와를 죄를 범하자 자기들의 벗은 모습이 부끄러워서 무화과 나뭇잎으로 치마를 만들어 입었습니다. 그것은 일시적인 것에 불과했습니다. 그래서 하나님이 그들을 위해서 가죽옷을 지어 입혀주셨습니다. 그들의 죄를 가리기 위해서 짐승을 대신 죽이고 그 가죽으로 옷을 지어 입게 하신 것입니다. 하나님이 구원의 은혜를 보여주신 것입니다. 그리고 창세기 3장 15절에서는 여자의 후손으로 오실 메시야를 예고하셨습니다. 하나님이 뱀에게 저주하시면서 '여자의 후손이 네 머리를 상하게 할 것이라.'고 하셨는데 여자의 후손은 하나님이 보내실 메시야를 일컫는 것입니다(마 1:18~25). 이처럼 하나님은 죄가 세상에 들어온 그 순간 죄로부터 사람들을 구원하실 계획을 세우셨습니다. 그러므로 구원은 오직 하나님의 은혜로만 주어지는 것입니다.

1. 모든 사람은 다 죄인입니다. 나도 죄인에 불과하다는 사실을 언제 깨달았는지
   나누어 봅시다.

2. 하나님은 죄를 반드시 심판하십니다. 그래서 죄를 두려워해야 합니다. 하나님
   의 심판에 대한 두려움을 느낀 적이 있는지 나누어 봅시다.

3. 하나님의 은혜가 아니면 구원받을 수 없습니다. 아담과 하와에게 가죽옷을 지
   어주신 하나님의 은혜에 대해서 나누어 봅시다.

| 함께기도하기

1. 우리가 죄인임을 깨닫게 하소서.
2. 죄에 대한 하나님의 심판을 두려워하게 하소서.
3. 구원은 오직 하나님의 은혜로만 주어지는 것을 믿게 하소서.

- 헌금 찬송 : 262장 날 구원하신 예수님
- 헌금 기도 : 구역원 중에서
- 주의 기도 : 다같이

출석	신앙생활	교회봉사	새가족전도
	성경 읽기	식당봉사, 특송 등	
명	장	일	명

| 기도제목 나누기

10과 예수 그리스도의 십자가 대속

| **신앙고백** : 사도신경 ┃ **찬송** : 269장 그 참혹한 십자가에 ┃ **기도** : 구역원 중에서
| **배울말씀** : 누가복음 23장 26~49절
| **새길말씀** : 예수께서 큰 소리로 불러 이르시되 아버지 내 영혼을 아버지 손에 부탁하
  나이다 하고 이 말씀을 하신 후 숨지시니라(눅 23:46)

생각 열기 허드슨 테일러

중국선교의 개척자라고 할 수 있는 허드슨 테일러는 십자가의 진리를 바르게 깨닫고 체험하여 승리한 사람이었습니다. 그러나 테일러가 처음부터 항상 승리한 사람은 아니었습니다. 그가 십자가의 진리를 깨닫고 체험한 것은 그의 생애 후반기에 이르러서였습니다. 그는 선교사로서 명성과 존경을 받았던 사람이었음에도 불구하고 실제로는 극심한 영혼의 목마름으로 인해 괴로워했던 사람이었습니다. 그러나 1869년에 친구 메카티의 서신을 통하여 십자가의 진리에 눈을 뜨게 됩니다. 십자가의 진리에 눈을 뜬 후 테일러에게는 엄청난 변화가 일어났습니다. 그는 항상 기뻐하고 항상 승리하는 그리스도인이 되었습니다. 그는 더 이상 기계적으로 단순한 의무감에서 봉사하는 것이 아니라, 하늘의 생명이 그의 내부에서 용솟음치는 것 같은 힘으로 봉사하는 사람이 되었습니다.

〈영혼을 살리는 십자가 능력 中〉

누가복음 23장 26~49절은 예수님이 십자가를 지고 갈보리 언덕을 오르심부터 십자가에 처형당하시고 운명하시기까지의 내용을 담고 있습니다. 예수님의 십자가는 의로운 자로서 불의한 자를 위한 죽음이셨습니다. 이것은 바로 우리를 위한 죽음이었으며 우리는 예수님의 희생으로 말미암아 하나님께 나아갈 수 있는 특권을 얻었습니다.

1. 예수님은 우리를 위하여 십자가에 죽으셨습니다.

예수님은 두 행악자와 함께 십자가에 못 박히셨습니다. 그러나 예수님은 자신의 죄로 인하여 십자가에 달리신 것이 아닙니다. 예수님의 무죄함은 십자가에 못 박힌 죄수라도 알 수 있었고, 십자가형을 집행하는 백부장도 부인할 수 없었습니다. 무죄한 예수님이 십자가에 달려 죽으신 이유는 우리의 죄를 담당하기 위함이고 우리로 죄에 죽고 의에 대하여 살고 나음을 얻게 하려 하였기 때문입니다(벧전 2:24).

예수님의 십자가 죽으심은 우리의 죄를 그 자신의 몸으로 담당하신 대속의 죽음입니다. 구약에서 행해졌던 모든 대속의 희생제사는 결국 한 분 예수님의 유일하고 영원하신 대속사건을 가리키고 있었던 것입니다. 바로 예수님의 십자가 죽으심입니다. 우리는 이 대속의 사건으로 말미암아 죄에 대하여 죽고 의에 대하여 살며, 병 들었던 고통에서 나음을 얻고, 길을 잃었던 자리에서 영혼의 목자와 감독되신 하나님께 돌아오게 되었습니다.

2. 예수님의 십자가 은혜로 우리는 구원을 받습니다.

예수님이 십자가에서 죽으심으로 일어난 결정적인 사건은 성소의 휘장이 한가운데로 찢어진 것입니다. 이것이 상징하는 바가 무엇입니까? 이제 우리는 하나님 앞으로 두려움 없이 나아갈 수 있게 되었다는 것입니다. 히브리서 10장 19~20절은 "그러므로 형제들아 우리가 예수의 피를 힘입어 성소에 들어갈 담력을 얻었나니 그 길은 우리를 위하여 휘장 가운데로 열어 놓으신 새로운 살 길이요. 휘장은 곧 그의 육체니라."라고 말씀합니다. 예수님께서 십자가에서 자신의 몸을 찢으심으로서 하나님과 우리 사이를 가로 막던 모든 것을 허무시고 우리로 하여금 담대하게 하나님 앞으로 나아가도록 하셨습니다. 한 마디로 구원의 은혜를 베푸신 것입니다. 일반적으로 생각하듯이 구원은 단순히 천국에 들어가는 것만을 의미하지 않습니다. 불화했던 하나님과의 관계가 화목으로 바뀌는 것이 바로 구원입니다. 하나님과 화목하기에 하나님이 계신 천국을 누릴 수가 있는 것입니다. 성소의 휘장이 찢어진 것은 하나님과 불화했던 모든 것을 예수님의 십자가로 말미암아 모두 못 박아버리셨다는 것을 명백하게 보여줍니다. 그러므로 우리는 이제 주 예수 그리스도로 말미암아 하나님과 화평을 누리는 존재로 부르심을 받은 것입니다(롬 5:1).

3. 예수님의 십자가 은혜에 감사합시다.

예수님의 십자가 현장에서는 전혀 기대하지 못했던 사람들의 변화된 고백을 발견할 수 있습니다. 십자가에 달렸던 한 행악자는 예수님을 비방하는 다른 행악자를 꾸짖고 예수님께 "당신의 나라에 임하실 때에 기억해 주시도록"고 간구합니다. 예수님은 그에게 낙원을 약속하십니다. 지옥의 나락으로 떨어지던 가련한 인생이 천국행으로 갈아타는 극적인 반전이 일어난 것입니다. 뿐만 아니라 십자가를 집행하던 백부장도 예수님이 운명하셨을 때, 그 모든 일을 보고는 하나님께 영광을 돌리며, "이 사람은 정녕 의인이었도다."라고 하였습니다. 당시에 로마는 황제를 신의 아들로 추앙했습니다. 그러나 그는 십자가 현장에서 참되신 하나님의 아들을 비로소 깨달은 것입니다.

우리가 십자가 대속의 은혜를 진정으로 체험하였다면 마땅히 일어나는 변화가 있습니다. 그것은 예수님을 주님으로 고백하며 대속의 은혜에 감사드리는 변화입니다. 우리에게 주신 대속의 은혜를 날마다 감사하는 사람이 됩시다.

1. 예수님의 십자가 죽음은 누구를 위한 희생입니까?

2. 예수님의 죽음으로 찢어진 휘장은 무엇을 의미합니까?

3. 예수님의 십자가 은혜에 어떻게 감사하십니까?

| 함께 기도하기

1. 예수님의 십자가 능력에 의지하여 두려움 없이 기쁨으로 하나님 앞에 나아가게 하소서.
2. 예수님의 십자가 사랑에 감사하여 기쁨으로 예배하며 봉사하게 하소서.
3. 예수님의 십자가 은혜가 필요한 영혼들에게 찾아가 주님의 사랑을 나타내게 하소서.

- **헌금 찬송** : 151장 만왕의 왕 내 주께서
- **헌금 기도** : 구역원 중에서
- **주의 기도** : 다같이

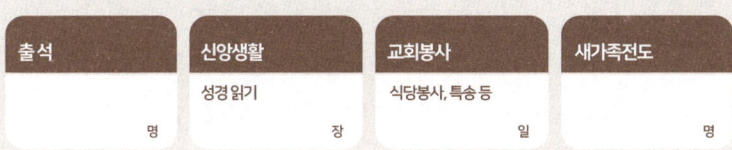

출석	신앙생활	교회봉사	새가족전도
	성경 읽기	식당봉사, 특송 등	
명	장	일	명

| 기도제목 나누기

11 과 삭개오의 회개

| **신앙고백** : 사도신경 | **찬송** : 434장 귀하신 친구 내게 계시니 | **기도** : 구역원 중에서
| **배울말씀** : 누가복음 19장 1〜10절
| **새길말씀** : 인자가 온 것은 잃어버린 자를 찾아 구원하려 함이니라(눅 19:10)

진정한 통회

진정한 통회는 죄에 대한 사랑에 대하여 깨어지는 것입니다. 그러므로 신자가 통회의 경험이 없이는 거룩을 사모할 수 없습니다. 죄가 은혜를 드러내는 것처럼 보이는 것은 죄에 대한 진실한 통회와 그 믿음에 대한 응답으로 하나님께서 부으시는 은혜가 있기 때문입니다. 교부 어거스틴이 '은총의 신학'을 세움으로 교회를 성경으로 돌아가게 하였던 것은 그의 개인적인 은혜의 체험에 기인한 바 큽니다. 그가 하나님의 은총의 세계에 눈을 뜰 수 있었던 것은 자신도 어찌할 수 없는 타락의 수렁에서 자기를 건지시는 하나님의 은혜를 경험했기 때문입니다. 그는 타락으로 소문나기보다 회개로 널리 알려진 사람이 되었습니다. 진실한 통회를 통하여, 죄에 대한 사랑이 깨뜨려지는 과정을 통하여 하나님의 찬란한 은총의 신학을 보게 된 것입니다. 그의 타락을 능가하는 회개가 있었기 때문입니다. 그 회개를 통해서, 죄에 대한 사랑에 관하여 깨뜨려짐을 경험한 것입니다.

〈거룩한 삶의 실천을 위한 마음지킴 中〉

말씀
담기

누가복음 19장 1~10절은 예수님이 세리장 삭개오를 만나신 내용입니다. 삭개오는 돌무화과나무 위에서 예수님의 부르심을 받았고, 예수님은 그의 집에 함께 머무셨습니다. 삭개오는 예수님을 만남으로 자발적인 변화가 일어났습니다. 그의 소유를 절반이나 나누고 속여 빼앗은 것은 네 배로 갚은 것입니다. 이와 같은 진정한 회개에 대하여 예수님은 구원을 선언하셨습니다.

1. 예수님은 잃어버린 자를 찾아오십니다.

예수님은 여리고에 오셨습니다. 많은 사람들이 몰려들었고 그 분의 말씀에 주목했습니다. 삭개오는 예수님을 보고 싶었지만 키가 작고 사람이 많아서 볼 수 없었습니다. 그는 세리장이었는데, 유대인은 세리를 창녀와 같은 죄인의 부류로 낙인찍었습니다. 삭개오도 철저히 유대 공동체에서 외면당하였을 것입니다. 그런 그가 할 수 있는 유일한 일은 돌무화과나무에 올라가 먼발치에서 예수님을 바라보는 것이었습니다. 예수님이 돌무화과나무에 이르렀을 때, 그를 바라보셨습니다. 그리고 그의 이름을 부르셨습니다. 예수님은 삭개오를 이미 알고 계셨던 것입니다. 삭개오의 심장은 콩닥콩닥 뛰었을 것입니다. 더욱 놀라운 것은 예수님은 "속히 내려오라. 내가 오늘 네 집에 유하여야 하겠다."라고 하신 것입니다. 그는 기쁨으로 내려와 예수님을 영접하며 맞이했습니다. 사람들은 저가 죄인의 집에 유하러 들어갔다고 비난했지만 예수님은 아랑곳하지 않으시고 삭개오와 행복한 교제를 나누셨습니다.

2. 예수님만이 사람의 진정한 갈망을 채우십니다.

사람들은 삭개오를 돈밖에 모르는 수전노라고 여겼습니다. 그는 세리장이었기 때문입니다. 사람들은 돈을 위해서 조국도 이웃도 내버린 삭개오를 혐오했습니다. 뿐만 아니라 삭개오도 이처럼 소외되고 상처받을수록 더욱 돈을 모으는 것을 그의 보상으로 삼았을 것입니다. 그런 모습은 정말 돈에 미친 사람일지 모릅니다. 하지만 예수님은 삭개오를 만나셨을 때, 예수님은 그의 깊은 갈망을 보았습니다. 삭개오가 진정으로 원하는 것은 더 많은 물질이 아니었습니다. 예수님께서 삭개오의 집에 유하셨을 때, 누가 시키지 않아도 삭개오가 자신의 엄청난 소유를 내놓은 것을 보아 알 수 있습니다. 그가 정말로 갈망했던 것은 예수님의 사랑이었습니다. 돈으로 채울 수 없었던 삭개오의 갈망은 예수님을 만남으로 해갈되었습니다. 예수님은 사람의 진정한 갈망을 채우시는 분이십니다.

3. 참된 회개는 변화된 회개의 열매를 맺히게 합니다.

삭개오는 예수님을 만나고 그 사랑을 경험하자 자발적인 변화가 생겼습니다. 자신의 소유의 절반을 가난한 자들에게 주고, 누구의 것을 속여 빼앗은 일이 있으면 네 갑절이나 갚겠다고 했습니다. 삭개오의 재산이 거의 다 사용되었을지도 모르겠습니다. 이와 같은 놀라운 변화는 어떻게 일어난 것일까요? 예수님을 만난 사람은 자신의 깊은 죄악을 인식하게 됩니다. 베드로도 배에 가득한 고기의 기적을 체험하였을 때, 예수님 앞에 나아와 자신의 죄를 고백했습니다. 그는 예수님 앞에서 물고기의 많음보다 자신의 죄악의 많음을 깨달은 것입니다. 이처럼 자신의 죄를 깨닫고 회개하는 사람은 구체적인 회개의 열매를 맺습니다. 참된 회개는 말로 하는 것이 아니라 구체적인 삶의 변화로 이루어지기 때문입니다. 예수님도 삭개오의 변화된 모습을 보시고 "오늘 구원이 이 집에 이르렀으니 이 사람도 아브라함의 자손임이로다."(눅 19:9)라고 하셨습니다. 구원은 반드시 회개가 수반되어야 합니다. 우리의 회개도 입술의 고백만이 아니라 삶의 변화로 나타나야 합니다.

1. 왜 예수님만이 사람의 진정한 갈망을 채우실까요?

2. 참된 회개의 열매의 특징은 무엇입니까?

3. 우리가 맺어야 할 회개의 열매는 무엇입니까?

| 함께 기도하기

1. 예수님 안에서 우리가 진정으로 만족하고 참된 기쁨을 얻게 하소서.
2. 예수님의 사랑으로 말미암아 참된 회개가 이루어져 깨어진 관계들이 회복되는 열매를 맺게 하소서.
3. 잃어버린 자를 찾으시는 예수님의 마음으로 소외되고 고통받는 자를 사랑으로 섬기게 하소서.

- 헌금 찬송 : 289장 주 예수 내 맘에 들어와
- 헌금 기도 : 구역원 중에서
- 주의 기도 : 다같이

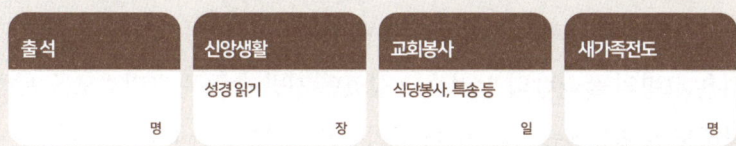

출석	신앙생활	교회봉사	새가족전도
	성경 읽기	식당봉사, 특송 등	
명	장	일	명

| 기도제목 나누기

12과 재림 이후 : 정의로운 천년왕국

| 신앙고백 : 사도신경 | 찬송 : 449장 예수 따라가며 | 기도 : 구역원 중에서
| 배울말씀 : 요한계시록 20장 1~6절
| 새길말씀 : 또 내가 보좌들을 보니 거기에 앉은 자들이 있어 심판하는 권세를 받았더라 또 내가 보니 예수를 증언함과 하나님의 말씀 때문에 목 베임을 당한 자들의 영혼들과 또 짐승과 그의 우상에게 경배하지 아니하고 그들의 이마와 손에 그의 표를 받지 아니한 자들이 살아서 그리스도와 더불어 천 년 동안 왕 노릇 하니(계 20:4)

폴리캅 순교일화

폴리캅의 순교일화는 기독교사에 매우 뮤명한 이야기입니다. 체포되어 끌려온 고령의 폴리캅의 살려주고 싶었던 지방 총독은 그리스도를 욕하고 배반하도록 회유했습니다. 이에 폴리캅은 "86년 동안 나는 그분의 종이었습니다. 그동안 그분은 내게 아무 잘못도 하지 않으셨습니다. 그런데 어떻게 내가 나를 구원하신 왕을 모독할 수 있겠습니까?" 그러자 총독은 맹수들 우리에 던지겠다고 협박했지만, 그는 겁내기는 커녕 맹수들을 부르라고 했습니다. 총독은 마지막으로 "마음을 바꾸지 않는다면, 너를 불태울 것이다."라고 했습니다. 그러자 폴리캅이 "당신은 잠시 타다 소멸되는 불을 가지고 위협합니다. 그런데 당신은 악한 자들을 위하여 예비 된 다가오는 심판과 영원한 처벌의 불을 알지 못하고 있습니다. 왜 지체하십니까? 오십시오. 당신이 원하는 것을 하십시오."라고 답했습니다. 결국 불꽃은 타올랐고, 사람들은 불꽃 속에서도 죽지않는 기적을 보게 되었습니다. 사형집행관은 어쩔 수 없이 칼로 찔러 폴리캅을 순교하게 했다고 합니다. 폴리캅이 불길 속에 순교하면서도 믿음을 지킬 수 있었던 것은 다시 오실 예수님에 대한 소망과 믿음 때문이었습니다.

말씀
담기

1. 주의 재림으로 정의의 천년왕국이 세워집니다.

재림하신 주님은 이 땅에서 천 년 동안 이어지는 나라, 곧 천년왕국을 세우십니다(계 20:6). 천년왕국은 계시록 20장을 근거로 하는데, 이에 대한 해석은 다양합니다. 천년왕국이 이미 지나갔다고 보기도 하고, 오순절 성령 강림으로 시작된 교회시대라고 말하기도 합니다. 그렇게 되면 미래적인 천년왕국은 없는 것입니다. 그러나, 성결교회는 성경의 약속대로 주님이 오신 후에 천년왕국이 이루어질 것이라고 믿습니다. 천년왕국은 그리스도가 왕으로 다스리는 나라이기에 세상의 제국이나, 교회가 대체할 수 없다고 믿기 때문입니다. 오히려 교회는 그리스도의 신부로서 재림의 주를 대망하며 천년왕국에서 주님의 통치에 참여할 것입니다.

천년왕국은 역사 가운데 정의가 실현되는 곳입니다. 만일 천년왕국이 없이 우주적 하나님 나라가 임한다면, 하나님의 정의가 세상에서 바로 세워지지 않을 것입니다. 그리스도가 통치하는 천년왕국은 하나님 없는 제국보다 강하여 그들을 심판하기에 참고 견딘 성도들, 순교자들의 소망이 됩니다(딤후 2:12). 이 역사 안에서 죽은 자들에게, 역사의 미래, 즉 생명이 약속되는 것이 마땅합니다. 지금 주님과 함께 고난받는 성도들은 주님과 함께 다스릴 것입니다.

2. 천년왕국의 소망은 불의에 저항하며 인내하게 합니다.

바울은 성도들이 세상을 심판할 것이라고 말합니다(고전 6:2). 성도들은 세상 법정의 판단보다 높고 의로우신 재판장 앞에서 살아가는 자들입니다. 참된 정의의 판단자를 따르는 이들입니다. 따라서 성도들은 세상의 악한 권력과 질서를 따르지 않고 오히려 세상의 불의를 드러내며 세상의 정의가 참된 정의가 아님을 폭로합니다. 빛 가운데 어둠이 드러나는 것과 같습니다.

반면 세상의 우상숭배적 권력은 자신들 섬기기를 거부하는 자들의 생명을 짓밟으며, 자신들의 우상성을 폭로하는 자들을 죽음으로 내몹니다. 이러한 기만적 숭배와 죽음의 문화는 사탄의 속성입니다.

천년왕국의 소망을 붙잡는 성도들은 고난 속에서도 끝까지 견뎌냅니다. 이 땅 가운데 정의를 세우실 주님의 나라를 기다립니다. 하지만, 만일 천년왕국을 현실을 도피의 수단으로 삼는다면, 성도들은 세상의 악과 불의에 무감각해질 것입니다. 이 땅을 떠나는 것이 소망이 된다면 고난의 현실 속에서 무기력할 것입니다. 참된 천년왕국의 소망은 세상의 고난 속에서 하늘로 도피하도록 위로하지 않습니다. 오히려 끝까지 인내하면서 이 세상의 악한 질서에 저항하도록 이끕니다.

3. 천년왕국의 특징은 성결입니다.

천년왕국은 영의 세계가 아니고 이 세상에서 이루어지는 물질 세계이지만, '성결한 세계'이며, 처음 창조의 세계가 회복된 것 같은 세계입니다. 인류 역사가 계속되지만 한 가지 다른 것은 죄와 사탄이 없다는 점입니다. 인간의 범죄함으로 인한 땅의 저주가 사라지고, 사막이나 불모지가 없어지며 이사야서에 나오는 평화의 땅이 이루어집니다. 전쟁이 없고 하나님을 아는 지식이 넘쳐나며, 인간의 수명이 수목과 같이 됩니다. 이는 세상에 죄가 없어지고 예수 그리스도가 통치하시기 때문입니다.

성결교회의 사부들은 천년왕국은 성결한 곳이라고 가르쳤습니다. "사람들이 너를 일컬어 거룩한 백성이라 할 것이다."(사 62:12) 이제 성결은 종교적인 특정한 소수만의 특징이 아니라 모든 사람들의 일상의 상태가 된다는 것입니다. 그리스도와 부활한 성도가 통치하는 천년왕국은 정의와 평화가 넘치는 나라입니다. 성결한 나라는 사랑이 충만하며 기쁨과 행복이 넘칩니다. 성결함, 모든 것이 온전한 관계로 실현되는 정의의 나라의 행복입니다.

1. 재림의 주님이 다스리는 천년왕국의 소망에 대한 입장들을 생각해 봅시다.

2. 천년왕국의 소망으로 산다는 것에 대해서 서로의 생각을 나눠 봅시다.

3. 천년왕국에서의 삶에 대해 생각해 봅시다.

| 함께기도하기

1. 주님 오셔서 이루어질 천년왕국을 믿고 고백하게 하소서.
2. 현재의 어려움 속에서도 악에게 저항하며 끝까지 인내하게 하소서.
3. 천년왕국의 성결함에 합당한 성결의 은혜를 사모하고 누리게 하소서.

- 헌금 찬송 : 215장 내 죄 속해 주신 주께
- 헌금 기도 : 구역원 중에서
- 주의 기도 : 다같이

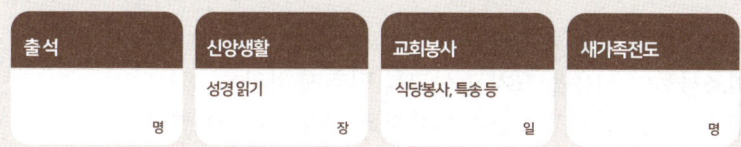

출석	신앙생활	교회봉사	새가족전도
	성경 읽기	식당봉사, 특송 등	
명	장	일	명

| 기도제목 나누기

| 신앙고백 : 사도신경 | 찬송 : 293장 주의 사랑 비칠 때에 | 기도 : 구역원 중에서
| 배울말씀 : 고린도전서 13장 1~13절
| 새길말씀 : 우리가 즐거워하고 크게 기뻐하며 그에게 영광을 돌리세 어린 양의 혼인
기약이 이르렀고 그의 아내가 자신을 준비하였으므로 그에게 빛나고 깨끗
한 세마포 옷을 입도록 허락하셨으니 이 세마포 옷은 성도들의 옳은 행실
이로다 하더라(계 19:7~8)

마라나타

그리스도가 오고 계시다!
피조물들이 신음을 그치고 산고를 멈추게 하라.
영광스러운 선포가 소망을 회복하고 신앙을 더하게 하라.

그리스도가 오고 계시다!
오소서, 당신은 축복된 평화의 왕!
세상은 지금은 당신의 쓰라린 십자가와 고통을 이야기 할 수 밖에 없지만,
세상은 당신의 영광을 또 다시 보게 되리라.
당신이 다스리려고 다시 오실 때.

그리스도가 오고 계시다!
마음을 각기 다시 긴장하여라.
오랫동안 당신의 포로가 갈망해왔고,
안식과 고향과 당신으로부터 너무 멀지만,
천상의 옷이 빛나는 광채에서, 곧 저들이 당신의 영광을 보리라.

그리스도가 오고 계시다!
즐거운 희년을 서둘러라.
우리 앞의 "복된 소망"과 더불어 하프 줄을 당겨라.
강력한 재림 합창이 모든 혀에 전해지게 하여라.

그리스도가 오고 계시다!
오소서, 주 예수여, 속히 오소서!

–J. R. Macduff
오순절 하늘의 번갯불, p. 200–201

말씀·
담기

교회는 재림의 복음을 선포하며, 재림의 주님을 소망하며 기다리는 재림공동체입니다. 재림공동체인 교회는 주님 오심을 준비하며 세상에 만연한 불의에 저항하며, 정의로운 사랑을 실천합니다.

1. 재림의 믿음: 재림의 복음을 선포하는 재림공동체입니다.

주의 재림을 기다리며 살아가는 성도들은 하나님이 최종 판단자이심을 믿습니다. 주님 만이 정의로 심판하시는 분입니다(딤후 4:8). 세상에서의 모든 판단은 한계를 갖습니다. 에덴 동산에서 하나님은 선악과의 과실 먹는 것을 금하셨습니다. 처음부터 선악을 판단하는 것은 인간에게 주어진 권한이 아니었던 것입니다.

그러므로 주님은 〈판단중지〉를 요청하십니다. 판단받지 않으려면 섣부른 판단을 보류하는 지혜가 필요합니다(마7:1~2). 최종판단은 주님이 하실 것입니다. 사도 바울은 주님이 오실 때까지 아무것도 판단하지 말라고 권면합니다. "그러므로 때가 이르기 전 곧 주께서 오시기까지 아무 것도 판단하지 말라 그가 어둠에 감추인 것들을 드러내고 마음의 뜻을 나타내시리니…"(고전 4:5) 우리의 모든 행동은 "반드시 그리스도의 심판대 앞에 나타나게 되어 각각 선악 간에 그 몸으로 행한 것을 따라" 받게 될 것입니다(고후 5:10).

주님의 교회 역시 모든 판단을 주님의 심판에 맡겨야 합니다. 교회와 성도가 먼저 심판받게 될 것입니다(계 2, 3장). 교회의 사명은 주의 재림을 믿고 의로운 심판의 메시지를 선포하는 것입니다. 우리는 재림의 복음을 믿고 선포하는 재림공동체입니다.

2. 재림의 소망: 불의에 저항하며 인내하는 재림공동체입니다.

우리의 참 소망은 재림의 주님을 만나는 것입니다. 때로 예수 믿고 천국 가는 것이 소망이라고 하는 사람들도 있습니다. 사실 천국은 하나님이 계신 곳, 하나님의 뜻이 이루어지는 곳입니다. 그 하나님 나라는 이 땅에 임할 것입니다. 따라서 하나님만이 우리의 소망이 되십니다. 우리는 하나님을 바라고 갈망합니다(시 42:11).

참 소망이 이루어지는 그날이 오면 우리는 재림의 주님을 볼 것입니다. 사도 바울은 다음과 같이 말합니다. "우리가 지금은 거울로 보는 것 같이 희미하나 그 때에는 얼굴과 얼굴을 대하여 볼 것이요 지금은 내가 부분적으로 아나 그때에는 주께서 나를 아신 것 같이 내가 온전히 알리라."(고전 13: 12)

그날에 주님의 신부인 교회는 아름답게 변화되며, 성도들 모두 부활의 몸으로 변화될 것입니다. 그리고 어린양의 혼인 잔치에 참여하여 기쁨을 누릴 것입니다. 그날이 오면 우리는 주님이 왕으로 통치하시는 나라에 참여할 것입니다. 주님 오심을 믿고 고난을 견딘 성도들에게 의의 면류관을 주시고, 함께 다스릴 그 나라를 바라봅니다. 재림의 소망은 세상의 불의에 저항하는 능력이며, 성결한 삶을 살아가는 추진력입니다.

3. 재림의 사랑: 정의로운 사랑을 실천하는 재림공동체입니다.

하나님은 사랑이십니다. 이 사랑은 예수 그리스도를 통해 온전히 드러났습니다. 죄인을 용서하고 품으시는 사랑, 자신을 생명을 아끼지 않는 사랑입니다. 이토록 놀랍고 무조건적인 사랑을 주시는 하나님은 의로우신 분입니다. 그러므로 하나님의 사랑은 공의와 함께 일합니다. 그 사랑은 정의로운 사랑입니다.

따라서 성도들은 마땅히 올바르게 사랑해야 합니다. 성경이 우리에게 가르치는 사랑은 정의로운 사랑입니다. 정의로운 사랑은 진리를 기뻐하고, 불의를 기뻐하지 않습니다. 오래 참고 온유한 사랑은 시기, 자랑 교만하지 않습니다. 무례하거나 자기 유익을 구하거나 악한 것을 생각하지 않는 사랑입니다. 올바른 사랑은 해야 할 것과 하지 말아야 할 것을 구별합니다(고전 13:4~7). 교회는 의로운 하나님의 사랑 안에서 올바르게 사랑하는 자들의 공동체입니다.

주님을 사랑하는 자들은 주님을 기다리는 종말의식으로 살아갑니다. 깨어서 회개하며 흠 없는 신부로 주님을 맞이할 것입니다. 주님 오심이 가까울수록 더욱 서로 사랑하며 이 땅에 하나님의 정의를 세워갑니다.

삶
나누기

1. 주님만이 최종 판단자라는 사실을 인식하는 것은 왜 중요할까요?

2. 교회가 재림의 소망 가운데 살아가려면 어떻게 해야 할까요?

3. 재림공동체가 실천할 수 있는 정의로운 사랑은 구체적으로 무엇일까요?

| 함께 기도하기

1. 주님의 심판하심을 믿고, 눈에 보이는대로 판단하던 일을 멈추게 하소서.
2. 주님 오심을 소망하며 불의에 저항하는 공동체 되게 하소서
3. 재림 공동체인 교회가 정의로운 사랑를 실천하게 하소서

- 헌금 찬송 : 327장 주님 주실 화평
- 헌금 기도 : 구역원 중에서
- 주의 기도 : 다같이

출석	신앙생활	교회봉사	새가족전도
	성경 읽기	식당봉사, 특송 등	
명	장	일	명

| 기도제목 나누기

공동체 정신

예수 그리스도는 교회의 머리가 되시고, 교회는 그리스도의 몸입니다. 오늘날 많은 사람들은 교회를 하나의 건물로 이해합니다. 이것은 교회에 대한 성경적인 이해가 아닙니다. '교회'라는 말은 '회중' 또는 '부르심을 받은 자들'이라고 정의되는 헬라어 에클레시아(ekklesia)로부터 유래합니다. '교회'의 근본적인 의미는 건물이 아니라 사람들입니다. 교회는 부름 받은 사람의 모임인 '공동체'입니다. 이번 단원에서 우리는, 공동체로 부름 받은 교회 안에 소속된 성도들이 어떤 소속감과 일체감을 가지고 살아가야 하는지에 대해서 함께 배우고 나누겠습니다.

제14과 '헌신과 희생으로 지켜내야 할 공동체'에서는 구약성경의 에스더 이야기를 함께 묵상하고 살피면서, 우리의 신앙은 어려운 상황에 놓일수록 공동체 의식을 가질 때 더욱 확고해진다는 것을 함께 깨닫고 배웁니다.

제15과 '한 마음과 한 뜻으로 만들어가는 공동체'에서는 사사기에 기록된 기드온의 이야기를 통해서 신앙으로 하나가 되지 못한 공동체에는 어려움이 찾아온다는 것과 공동체를 향하신 하나님의 뜻을 이루기 위해서는 믿음의 용사들이 필요하다는 것을 배웁니다.

제16과 '우리는 하나님의 동역자입니다'에서는 고린도교회의 어려움은 분열로부터 시작되었다는 것을 알고, 공동체의 회복을 위해서는 철저한 중생 체험과 함께 예수님의 마음인 섬김의 정신으로 서로를 동역자로 사랑하는 것이 필요하다는 것을 배웁니다.

제17과는 '성경에서 정의란 무엇인가'입니다. 하나님의 정의는 세상의 정의와 다릅니다. 의로우신 하나님은 우리에게 하나님의 마땅히 해야 할 일을 하셨고, 우리는 하나님의 의에 대해 바르게 반응해야 합니다. 본 과를 통해 성경적 정의를 하나님의 의를 통해 배우며 깨닫게 됩니다.

교회공동체는 성도의 헌신과 희생으로 한 마음, 한 뜻이 될 때에 능력이 발휘됩니다. 개인의 탐심은 교회공동체를 무너뜨립니다. 교회공동체가 한 마음이 될 때에 그 공동체에 속한 모든 성도는 주님 한 분만으로 만족하며 살 수 있습니다.

4

14과
헌신과 희생으로 지켜내야 할 공동체
4월 6일~12일

15과
한 마음과 한 뜻으로 만들어가는 공동체
4월 13일~19일

16과
우리는 하나님의 동역자입니다
4월 20일~26일

17과
성경에서 정의란 무엇인가?
4월 27일~5월 3일

14과 헌신과 희생으로 지켜내야 할 공동체

| 신앙고백 : 사도신경 | 찬송 : 220장 사랑하는 주님 앞에 | 기도 : 구역원 중에서
| 배울말씀 : 에스더 4장 10∼17절
| 새길말씀 : 당신은 가서 수산에 있는 유다인을 다 모으고 나를 위하여 금식하되 밤낮
　　　　　삼 일을 먹지도 말고 마시지도 마소서 나도 나의 시녀와 더불어 이렇게 금식
　　　　　한 후에 규례를 어기고 왕에게 나아가리니 죽으면 죽으리이다 하니라(에 4:16)

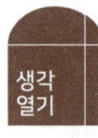 ## 후회하지 않는 삶

　　1940년 7월 말 리투아니아 공화국에 주둔하고 있었던 '스기하라 치우네'
라는 일본인 총영사는 나치의 핍박을 피해서 폴란드로부터 망명해 온 유
대인들이 러시아, 일본을 거쳐서 카리브해로 가려고 비자 발급을 받기 위
해서 줄 선 것을 목격합니다. 그리고 일본 정부에 전문을 보냅니다. "많은
유대인들이 일본을 통과할 비자를 발급받으려고 하는데 어떻게 하면 좋습
니까?" 일본 정부로부터 온 대답은 거절이었습니다. 그는 고민을 거듭하다
가 또 한 번 전문을 보냈지만, 다시 날아온 답신은 역시나 '불가'였습니다.
그는 이 문제를 놓고 고민하며 기도했습니다. 그는 일본인들이 섬기는 미
신을 믿다가 개종한 그리스도인이었습니다. 그는 자신의 신앙 양심으로 이
들을 그대로 방치할 수 없다는 결론을 내리고, 국가의 명령을 어기고 29일
동안 6천명의 유대인들에게 비자를 발급해 주었습니다. 그래서 많은 유대
인들이 그 비자 덕분에 러시아를 거쳐서 일본을 통과해서 카리브해로 나
가 자유를 얻게 되었습니다. 그리고 그는 곧 본국으로 송환되어 지위를 박
탈당하고 평범하고 가난한 삶을 살게 됩니다. 누가 물었습니다. "당신이 한
일에 대해서 후회하지 않습니까?", "후회하지 않습니다. 다시 생각해도 후
회란 없습니다. 생명을 구하는 고귀한 일에 동참할 수 있었다는 것만 해도
너무나 감격스럽습니다."라고 대답했습니다. 그는 이후 1985년, 이스라엘
의 최고 훈장을 받았습니다.

'스기하라 치우네', 위키백과

말씀
담기

 인생을 살아가면서 다른 사람에게 도움을 준다든가, 낙심과
절망에 빠진 사람에게 소망을 줄 수 있다면 얼마나 보람된 일이겠습니까?
사람을 구원하는 일은 가장 귀한 일입니다. 그 일에 함께 할 수 있는 공동
체가 있다면 인생 최고의 행복일 것입니다.

1. 이스라엘 공동체의 어려움을 위해 도움을 요청한 모르드개

 왕의 조서는 바사 제국의 모든 유대인들의 운명적 파멸을 예고했습니다.
바사 제국이 망하지 않는 한 왕의 조서는 효력을 발휘할 것입니다. 때로 그
조서의 부당성을 왕 자신이 깨닫는다고 해도 다른 조서를 공포하여 상쇄
하는 것은 왕의 권위를 약화시키는 일이었습니다. 왕에게 호소하는 방법
이 가능하겠지만 이 일은 바사의 2인자 하만이 모르드개를 겨냥하여 집행
하는 일이므로 모르드개가 할 수 있는 일은 아무것도 없었습니다. 모르드
개는 이 상황에서 견딜 수 없는 슬픔을 드러내면서 하나님 앞에서 굵은 베
옷을 입고 대성통곡하며 금식했습니다. 그리고 왕에게 호소할 수 있는 유
일한 사람인 에스더에게 하나님 백성의 생존을 위해 위험을 무릅쓰고 이
문제를 해결하도록 요청했습니다. 그는 하나님 백성의 생존을 위해 그의
능력 한계를 넘어서는 일조차 감당했습니다.

2. 이스라엘 민족 공동체를 위한 금식기도

모르드개를 통해 지금까지 이루어진 일들을 듣고 거절할 수 없는 어려운 요구를 받은 에스더는 자신의 생명을 잃을 수 있는 위험을 감수하기로 결단했습니다. 모르드개가 에스더에게 이러한 위험을 감수하도록 요구한 것은 하나님이 택하신 백성의 운명과 관련된 것이 아니었다면 생각하기 어려운 일이었습니다. 왕의 부름 없이 왕에게 나아가는 일은 죽음을 감수하거나 와스디의 운명을 따를 수도 있는 일이며, 왕이 자신에게 나아오는 것을 허락한다고 하더라도 이미 공포된 조서를 거두도록 왕을 설득하는 일은 무모해보였습니다. 그러나 에스더는 비록 성공 가능성이 희박해 보이는 일이라도 기꺼이 시도하기로 결심했습니다. 그리고 모르드개와 수산에 거하는 유대인들에게 그리고 시녀들에게 금식기도를 요청했습니다. 하나님의 도움이 없다면 결코 성공할 수 없다고 생각했기 때문입니다.

3. 이스라엘 공동체를 위한 에스더의 기도와 결단

에스더는 자기 민족을 구원하기 위한 비장한 각오를 하고 왕 앞에 기도하고 나아갔습니다. 두 번이나 왕을 초청했고 잔치를 벌였습니다. 하만 재상을 거기에 초청했습니다. 그 와중에 왕이 하만 재상에 대해서 오해를 하게 되었고, 결국 하만의 음모가 다 드러나게 되었습니다. 결국 하만은 자기를 미워하는 모르드개를 매달아 죽이려고 준비했던 높이 오십규빗(2.25m)되는 나무 끝에 자기가 매달려 죽임을 당하고, 하만의 열 아들들도 다 죽임을 당했습니다. 유대인들은 그날을 구원 받은 날로 전하고 축제의 날로 지킵니다. 이것이 바로 부림절의 기원입니다. 결국 에스더의 기도와 결단으로 이스라엘 공동체에 구원이 임했습니다.

1. 에스더가 자신의 한계를 넘어선 일을 시도한 이유는 무엇입니까?

2. 고민하면서 깊이 기도하고 결단을 내릴 때 나는 무엇을 가장 먼저 생각합니까?

3. 내가 속한 공동체를 위해서 나는 어떤 수고와 희생을 감당했는지 이야기해 봅시다.

| 함께 기도하기

1. 공동체를 마음에 품고 기도하게 하소서(가족, 친구, 교회 등).
2. 기꺼이 희생할 마음을 주시고, 하나님께서 영광을 받으시는 결단을 하게 하소서.
3. 우리 구역과 교회 공동체를 위한 기도제목을 가지고 함께 기도하게 하소서.

- 헌금 찬송 : 342장 너 시험을 당해
- 헌금 기도 : 구역원 중에서
- 주의 기도 : 다같이

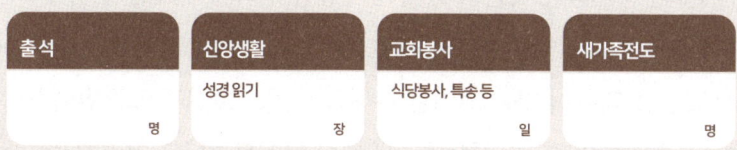

출석	신앙생활	교회봉사	새가족전도
	성경 읽기	식당봉사, 특송 등	
명	장	일	명

| 기도제목 나누기

15과 한 마음과 한 뜻으로 만들어가는 공동체

▮ 신앙고백 : 사도신경 ▮ 찬송 : 304장 그 크신 하나님의 사랑 ▮ 기도 : 구역원 중에서
▮ 배울말씀 : 사사기 7장 1~25절
▮ 새길말씀 : 기드온이 여호와를 위하여 거기서 제단을 쌓고 그것을 여호와 살롬이라 하
　　　　　　였더라 그것이 오늘까지 아비에셀 사람에게 속한 오브라에 있더라(삿 6:24)

공동체의 힘

　개미들은 눈이라는 기관이 있지만 사실상 퇴화되어 더듬이와 페로몬으로만 의사소통을 합니다. 그러나 앞이 안 보이면서도 먹이를 구하러 나갈 때 서로 줄을 맞추어 가고 먹이를 분해하는 일도 효율적으로 협력합니다. 또 이런 중에 개미 한 마리를 무리 중에서 떨어트려놔도 어떻게 알았는지 용케 헤매지도 않고 집으로 찾아갑니다. 한 마리의 움직임만 보면 굉장히 낮은 지능의 곤충이지만 여럿이 모여서 일을 할 때를 보면 굉장히 지능이 높은 것처럼 보이는데 곤충학자들에 따르면 '네트워크를 이루어 협력하는 것'이 그 비결이라고 합니다. 길을 이동할 때에도 집에서 만날 때도 개미들은 서로 얻은 정보를 계속 교환하는데 각자의 경험들을 집단이 공유하면서 생존활동에 필요한 이들을 효율적으로, 그리고 지혜롭게 처리할 수 있게 되는 것입니다. 현재 개미들의 이런 네트워크 구성 방식은 인공지능을 비롯한 많은 과학 분야에서도 응용되고 있습니다. 내 삶에 임하시는 하나님의 귀한 손길을 공동체 가운데 서로 나누고 힘을 얻는 교제가 예배 가운데 있어야 합니다. 험한 세상에서 한 주간 살며 경험한 하나님의 손길을 서로 공유하는 건강한 영적 공동체를 교회 안에 세우십시오.

김장환 목사, 『좋은 것으로 채워 주리라』 中

말씀
담기

준비된 소수만으로 전투에 임하게 하신 하나님의 방법을 통해 배우게 되는 교훈은 무엇입니까? 우리의 경험과 판단보다 뛰어나신 하나님의 인도하심을 인정하는 것, 공동체를 위해서 내가 감당해야할 몫을 깨닫는 것, 여건이 아니라 헌신으로 싸우는 법을 함께 살펴봅시다.

1. 공동체를 위한 하나님의 명령

기드온과 그의 군대는 아침 일찍 일어나서 미디안 사람들이 있는 근처에 진을 쳤습니다. 그들은 굳은 결의를 다지며 전장으로 향했을 것입니다. 그런데 뜻밖의 일이 벌어집니다. 다른 곳도 아니고 바로 전장에서, 전투가 벌어지기 직전에 하나님은 군인들이 너무 많다고 말씀하셨습니다. 전쟁에서 군인들이 적을 때는 문제가 되지만, 많은 것이 무슨 문제가 되겠습니까? 그런데 하나님은 숫자가 너무 많다고 말씀하셨습니다. 하나님이 걱정하시는 것은 이 백성들이 승리의 원인을 하나님께 돌리지 않고, 스스로에게 돌릴지도 모른다는 것입니다. 이러한 행동은 하나님을 거스르는 행동입니다. 즉, 이번 일로 인해서 오히려 이스라엘 백성들이 범죄할지도 모른다는 것이 하나님의 염려였습니다. 그래서 숫자를 줄이게 하신 것입니다.

2. 공동체를 위한 하나님의 계획

기드온은 하나님 말씀에 따라 싸움에 나설 군인들을 선발하고 그들에게 양식과 나팔을 지급했습니다. 그러나 하나님의 전투개시명령에도 선뜻 적진을 향해 진격하지 못하는 기드온에게 하나님은 이스라엘을 구원하실 하나님의 뜻이 얼마나 확실한지 다시 한 번 확인할 수 있는 방법을 일러주셨습니다. 기드온은 그 말씀대로 미디안 진으로 가까이 다가갔습니다. 그곳에서 그가 본 것은 수많은 메뚜기와 같은 사람들과 해변의 모래알 같이 많은 낙타들이었습니다. 이것을 본 기드온은 사람들을 돌려보낸 것을 후회했을지도 모릅니다. 그러나 또한 거기서 중요한 이야기를 듣습니다. 미디안 군인들이 서로 꿈 이야기를 하는데, 한 사람이 자기가 꾼 꿈을 친구에게 들려주자, 그 친구가 해몽을 하면서 기드온이 반드시 승리할 것이라고 말했습니다. 하나님은 신중한 기드온을 위해서 이렇게까지 배려하셨습니다.

3. 공동체를 위한 믿음의 전투

기드온의 군대가 적진으로 잠입하여, 파수꾼들이 교대할 때를 기다렸다가 나팔을 불고 항아리를 부수고 횃불을 들고 나팔을 불었습니다. 그리고 "여호와와 기드온의 칼이다."하고 외쳤습니다. 어떤 일이 벌어졌습니까? 한밤중에 나팔 소리와 항아리 깨지는 소리, 구호 외치는 소리를 듣자 미디안 군사들은 공포에 휩싸인 채 이리저리 달음질하고 부르짖으며 도망하며, 아군과 적군을 구별하지 못하고 닥치는 대로 칼을 휘둘렀습니다. 본문에서 놓치지 말아야 할 한 가지 중요한 구절이 있습니다. "삼백 명이 나팔을 불 때에 여호와께서 그 온 진영에서 친구끼리 칼로 치게 하시므로"(22절). 이 전투의 주인공은 하나님이십니다. 사사기는 모든 전투를 하나님의 전투로 규정합니다. 거기에 인간들도 동참하는 것입니다. 메뚜기 떼와 같던 미디안 사람들은 완전히 전멸했고, 이스라엘은 미디안의 압제로부터 벗어날 수 있었습니다. 하나님은 이처럼 이스라엘을 용서하시고 구원하셨습니다.

삶
나누기

1. 우리는 왜 성공과 승리의 영광을 하나님께 돌리지 않을까요?

2. 하나님의 섬세한 배려를 경험했던 때가 언제였습니까?

3. 하나님의 말씀에 순종할 때, 나와 공동체에 어떤 결과가 나타났습니까?

| 함께 기도하기

1. 하나님께서 붙들고 계시고, 승리하게 하신다는 것을 의심하지 않게 하소서.
2. 내가 우리 공동체를 위한 믿음의 용사가 되도록 인도하소서.
3. 우리 구역과 교회가 하나님의 말씀 앞에서 한 마음과 한 뜻이 되게 하소서.

- 헌금 찬송 : 310장 아 하나님의 은혜로
- 헌금 기도 : 구역원 중에서
- 주의 기도 : 다같이

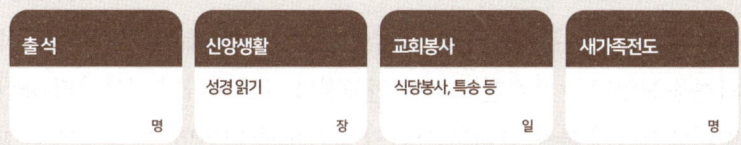

출석	신앙생활	교회봉사	새가족전도
	성경 읽기	식당봉사, 특송 등	
명	장	일	명

| 기도제목 나누기

16과 우리는 하나님의 동역자입니다

| 신앙고백 : 사도신경　| 찬송 : 325장 예수가 함께 계시니　| 기도 : 구역원 중에서
| 배울말씀 : 고린도전서 3장 1~9절
| 새길말씀 : 우리는 하나님의 동역자들이요 너희는 하나님의 밭이요 하나님의 집이니 라(고전 3:9)

생각 열기 　함께 사는 세상

서울 서초구 방배동의 한 아파트 주민들이 경비실에 에어컨을 설치하기로 의견을 모았다는 훈훈한 소식이 전해졌다. 4일 온라인 커뮤니티 중심으로 엘리베이터에 붙은 안내문 사진이 급속도로 확산했다. 안내문 작성자는 "올 여름은 대책 없이 덥다. 집에 드나들면서 경비아저씨들이 이 더위에 어떻게 견디시나 늘 마음 한 편이 무겁다."면서 "어느 아파트 단지에서 주민들이 경비실에 냉방기를 달아주었다는 훈훈한 미담이 들릴 때마다 우리도 그러면 좋겠다고 생각만 하고 실천은 못했다."고 밝혔다. 이어 "경비실에 냉방기를 설치한다면 (냉방기 구입과 설치비용이 따로 마련된다면) 각 가정에서 경비실 전기사용료를 나눠 낼 의향이 있으신가?"라고 물으며 "정확히는 모르겠지만 각 가정별로 한 달에 2000원 내외의 전기요금이면 충분하지 않을까 싶다"고 덧붙였다. 그러면서 "직장일로 바쁘다 보니 동대표님께 따로 말씀드릴 시간을 갖기도 어렵고 해서, 이렇게 엘리베이터에 여러분의 의견을 여쭙는다."며 "포스트잇을 이용해서 자유롭게 의견을 남겨주시면 참고해서 이후의 일을 진행해볼까 한다."고 적었다. 안내문을 본 주민들은 포스트잇을 통해 "찬성합니다.", "찬성합니다. 너무 더워요~ 티비도 놔드려요."라고 의견을 모았고, 사진을 본 누리꾼들은 "전국 모든 아파트 경비실에 에어컨이 설치되기를", "경비실에 아직도 에어컨 없는 곳 많습니다.", "저게 사람 사는 세상" 등의 의견을 남겼다.

동아일보, 2018년 8월 4일

말씀
담기

　시기하고 분쟁하는 고린도 성도들은 어린아이요, 육신에 속한 자들입니다. 바울은 자신이 심고 아볼로가 물을 주었지만, 자라게 하신 분은 하나님이라고 말합니다. 심는 사람이나 물을 주는 사람은 각각 자신의 상을 받을 것입니다.

1. 공동체의 적은 분열입니다.

　신앙인은 삶의 모든 영역에서 일관성 있게 살아가야 합니다. 이것이 그리스도인의 삶의 자세입니다. 이런 개개인의 삶이 한데 어우러질 때 소위 기독교 문화가 생겨납니다. 바울은 고린도교회 성도들이 아직 성숙한 기독교 문화를 만들어 내지 못하는 신앙의 초보 단계에 있다고 했습니다. 그들의 삶은 믿지 않는 사람들과 다를 바가 없었습니다. 그들의 무의식 속에 숨어 있는 세상적인 삶의 방식이 교회 안에 표출되고 있었기 때문입니다. 그들은 당을 지어 서로 시기하고 분쟁하며 자신들이 따르는 지도자가 최고라고 내세웠습니다. 이를 통해 자신들이 다른 그룹보다 더 낫다고 자랑하려 한 것입니다. 이와 같이 공동체 안에서 불필요한 시기와 자랑을 내세울 때가 얼마나 많습니까? 성도는 성숙한 삶으로 신앙을 말할 수 있어야 합니다.

2. 공동체는 서로 섬김으로 완성됩니다.

어떤 일을 맡았느냐보다 더 중요한 것은 그 일을 어떻게 성취하느냐하는 것입니다. 바울은 교회를 세웠고 아볼로는 그 일을 이어받아 추진했습니다. 중요한 것은 어떤 역할이건 그것이 하나님의 일이라는 점입니다. 고린도 교회의 성도들은 바울, 아볼로, 게바(베드로) 등을 각 그룹의 지도자로 내세우고 서로 자신들의 지도자가 더 낫다고 주장했습니다. 이처럼 고린도교회 성도들이 사람에 이끌려 당파를 지었던 것은 영적 지도자들의 역할에 대해 잘못 알고 있었기 때문입니다. 바울은 지도자와 성도의 관계란 하나님의 일을 위해 함께 섬기고 동역하는 사이임을 일깨워 주었습니다. 각자 자신에게 맡겨 주신 일에 최선을 다하고 한마음으로 서로 돕는 교회 공동체가 가장 큰 상을 받을 것입니다.

3. 공동체를 위한 하나님의 동역자가 됩시다.

바울은 고린도 교회 성도들을 향하여 '너희는 하나님의 밭이요, 하나님의 집이라.'고 했습니다. 성도들은 하나님의 집으로 세워져야 합니다. 그 집이 하나님의 집으로 세워지면 집을 세우신 하나님께서 영광을 받으십니다. 그 도구로 쓰임 받은 사람들은 쓰임 받았다는 자체가 영광이 되는 것입니다. 나 같은 죄인이 주님의 십자가의 공로로 용서함을 입고 그 크신 은혜의 복음을 증거 하는 일에 도구로 쓰임 받는 것이 얼마나 큰 은혜요, 축복입니까? 바울은 우리를 하나님의 동역자라고 했습니다. 하나님과 함께 사역하고, 하나님의 영광을 위해 함께 뛴다는 말입니다. 우리의 삶에서 이보다 더 큰 영광이 어디에 있겠습니까? 예수님의 마음인 섬김의 정신으로 서로를 섬기며 하나가 되기로 결단할 때, 우리는 하나님의 동역자로 쓰임 받는 삶을 살게 될 줄 믿습니다.

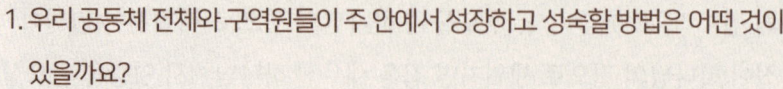

1. 우리 공동체 전체와 구역원들이 주 안에서 성장하고 성숙할 방법은 어떤 것이 있을까요?

2. 하나님께서 공동체 안에서 특별히 나에게 맡기신 역할과 부르심은 무엇인가요?

3. 어떻게 하면 기관과 구역에서, 서로를 동역자로 세워줄 수 있는지 나누어 봅시다.

| 함께 기도하기

1. 하나님께서 붙들고 계시고, 승리하게 하신다는 것을 의심하지 않게 하소서.
2. 각자에게 맡겨진 사명과 부르심에 충성하는 모두가 되게 하소서.
3. 예수님의 마음인 섬김의 정신으로 서로를 섬기며 하나가 되기로 결단하게 하소서.

- 헌금 찬송 : 323장 부름 받아 나선 이 몸
- 헌금 기도 : 구역원 중에서
- 주의 기도 : 다같이

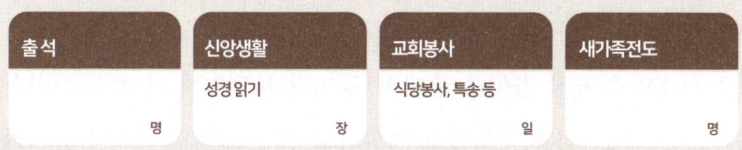

출석	신앙생활	교회봉사	새가족전도
	성경 읽기	식당봉사, 특송 등	
명	장	일	명

| 기도제목 나누기

17과 성경에서 정의란 무엇인가?

I **신앙고백** : 사도신경   I **찬송** : 213장 나의 생명 드리니   I **기도** : 구역원 중에서
I **배울말씀** : 시편 11편
I **새길말씀** : 여호와는 의인을 감찰하시고 악인과 폭력을 좋아하는 자를 마음에 미워하
시도다. 악인에게 그물을 던지시리니 불과 유황과 태우는 바람이 그들의
잔의 소득이 되리로다. 여호와는 의로우사 의로운 일을 좋아하시나니 정직
한 자는 그의 얼굴을 뵈오리로다(시 11:5~7)

세상과 다른 성경적 정의

오늘날 우리는 정의라고 하면 흔히 2010년 대한민국에 정의 열풍을 몰
고 온 시대의 화제작 마이클 샌델의『정의란 무엇인가』가 떠오릅니다. 이
책은 하버드 대학교 학부생들을 대상으로 펼친 그의 정치철학 강의를 모
은 것으로 한국에서만 200만부가 팔렸습니다. 이 책을 읽고 사람들은 정
의란 공정하게 잘 나누어 갖는 것, 공정하게 기회를 갖게 하는 것, 공동체
의 모두에게 유익이 가도록 하는 것임을 알게 됩니다.

그렇다면 성경은 정의를 어떻게 말할까요? 공정한 분배와 공정한 기
회, 공정한 유익을 뜻할까요? 반은 맞고 반은 틀립니다. 성경은 이러한 정
의를 포함하고 있지만, 여기에 머물지 않습니다. 성경에서 말하는 정의는
더 근원적이고 더 관계적입니다. 성경에서 정의는 '의'라는 단어로 등장합
니다. '하나님의 의', '의인', '의로움', '믿음으로 말미암아 의로워짐', '아브라
함의 의' 등 많이 들어보았을 말입니다. 우리는 성경에서 정의를 묻기 전에
먼저 '의'가 무엇인지 살펴야 합니다. 도대체 성경에서 말하는 정의란 무엇
일까요?

말씀
담기

이번 과에서는 성경에서 말하는 정의에 대하여 가장 기본적인 개념을 공부할 것입니다. 먼저 세상에서는 정의를 '사람이 행해야 할 바른 도리'라고 이해합니다. 그러나 성경은 정의를 하나님과 사람에 대한 관계적 개념으로 이해합니다. 정의는 하나님과 사람에게 마땅히 해야 할 일을 함으로써 올바른 관계를 펴는 것입니다.

1. 세상은 정의를 이렇게 알고 있습니다.

세상에서 정의라는 낱말을 참 다양하게 이해하고 있습니다. 언뜻 정의라고 하면 "진리에 맞는 올바른 도리"라고 생각합니다. 철학에서는 정의를 사람들 간의 올바른 도리 혹은 사회를 이루어 나가는 공정한 도리라고 이해합니다. 고대 그리스 철학자 플라톤은 정의란 지혜, 용기, 절제가 완전하게 조화를 이루는 상태라고 말했습니다.

우리나라 사전은 정의를 어떻게 풀이하고 있을까요? 표준국어대사전에 따르면, '의'라는 낱말은 1) "사람으로서 행해야 할 바른 도리", 2) "도의(道義)"라고 풀이합니다. 민중서림의 국어대사전은 '의'를 1) "자기 이익을 생각하지 아니하고 인도를 위하여 진력하는 일", 2) "옳은 행위"라고 정의합니다.

그런데 문제는 플라톤 같은 철학자나 우리나라의 대표적인 사전이나 어느 것도 성경에서 말하는 '의'의 의미를 충분히 보여주지 못하고 있다는 사실입니다. 그렇다면 성경은 '의'를 무엇이라고 말할까요?

2. 의란 하나님께 우리가 마땅히 해야 할 일을 함으로써 관계를 펴는 것입니다.

성경에서 말하는 의는 무엇보다 하나님 앞에서의 의입니다. 하나님과의 관계 속에서의 의입니다. 관계 안에 있다는 말은 상대방을 존중한다는 것입니다. 그러므로 좋은 관계, 올바른 관계를 갖기 위해서는 서로가 지켜야 할 마땅한 도리가 있고 의무가 있습니다. 그것이 바로 의입니다. 그러므로 성경에서 의미하는 의는 하나님 앞에서 마땅히 해야 할 일을 마땅히 함으로써 비뚤어진 관계를 바로 펴는 행위입니다.

하나님이 의로우시다는 말은 하나님의 이름에 따른 행위가 일치한다는 것입니다. 군인이라는 이름에 딱맞게 행동할 때 그 군인은 의롭습니다. 의사라는 이름에 딱맞게 행동할 때 그 의사는 의롭습니다. 그러므로 하나님의 의란 '하나님다움', '하나님스러움'입니다.

시편 기자는 이렇게 노래합니다. "여호와는 의로우사 의로운 일을 좋아하시나니 정직한 자는 그의 얼굴을 뵈오리로다"(시 11:7) 하나님은 자신과 관계 안에 있는 사람에게 마땅히 할 일을 하십니다. 이것이 하나님의 의입니다. 동시에 사람도 하나님께 마땅히 할 일을 합니다. 정직한 사람이란 정직하신 하나님의 의에 자신을 맞추는 사람입니다. 하나님의 의와 인간의 의가 입맞추는 것입니다. 하나님이 인간에게 하실 마땅한 일과 인간이 하나님께 해야 할 마땅한 일이 관계 안에서 어우러질 때 의가 이루어집니다.

3. 의란 다른 사람에게 마땅히 해야 할 일을 함으로써 관계를 바로 펴는 것입니다.

성경에서 말하는 의는 하나님과의 관계에만 그치지 않습니다. 사람을 향합니다. 다른 사람과의 아름답고 올바른 관계 안에 있을 때를 의롭다 합니다. 이것을 우리는 흔히 윤리 혹은 도덕이라고 말하기도 합니다. 세상의 모든 철학과 교양에서 말하는 공의와 정의가 여기에 속합니다.

사람들 사이에서 의롭다는 말은 단순히 정직하고 선하고 의리있는 사람이라는 차원을 넘어섭니다. 의롭게 산다는 것을 적극적으로 말하면 다른 사람을 존중하여 조화롭게 사는 것입니다. 동시에 의롭게 산다는 것을 소극적으로 말하면 다른 사람을 일방적으로 대하지 않고 피해를 끼치지 않는 삶입니다.

그러므로 사람에 대한 정의란 다른 사람을 존중하고 인정하고 사랑하는 차원과 다른 사람에게 피해를 끼치거나 함부로 대하거나 차별하지 않는 차원으로 이루어집니다. 남을 존중하는 정의와 남에게 피해를 끼치지 않는 정의가 살아있을 때 우리는 아름답고 올바른 인간 관계를 유지할 수 있습니다.

1. 세상에서는 '정의'를 어떤 의미로 이해하고 있나요?

2. 하나님 앞에서 의롭게 산다는 것은 어떤 삶을 의미하나요?

3. 다른 사람과의 관계에서 말하는 정의란 무엇인가요?

| 함께 기도하기

1. 하나님께서 우리를 존중해 주셨듯이, 우리도 하나님을 존중하게 하소서.
2. 내 안에 하나님의 형상이 있듯이, 다른 사람에게도 주님의 형상이 있음을 보게 하소서.
3. 부당하나 관계로 피해받은 일을 용서하게 하시고, 내가 다른 이들에게 피해를 주지 않게 하소서

- 헌금 찬송 : 220장 사랑하는 주님 앞에
- 헌금 기도 : 구역원 중에서
- 주의 기도 : 다같이

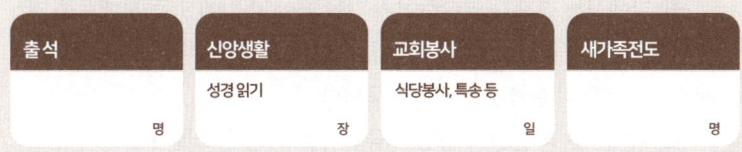

출석	신앙생활	교회봉사	새가족전도
	성경 읽기	식당봉사, 특송 등	
명	장	일	명

| 기도제목 나누기

성도의 교제, 교회의 또 다른 아름다운 이름

　　성도의 교제는 구원과 밀접한 관계가 있습니다. 예수 그리스도를 믿음으로 구원받은 성도는 그리스도의 몸의 지체로 부름을 받았기 때문입니다. 각 지체가 서로 연결되어 연합함으로 그리스도의 몸을 세우기 때문에 다른 지체와 어떤 관계를 맺느냐는 대단히 중요한 문제입니다. 교회의 머리되신 그리스도 예수 안에서 같은 마음, 같은 뜻을 품어야 합니다. 서로 사랑으로 섬기면서 아름다운 교회와 행복한 가정을 세워야 합니다. 주님께서 주신 사명을 함께 감당해야 합니다. 이번 단원에서는 성도의 교제를 배우게 됩니다.

　　제18과에서는 형제가 연합하여 동거할 때에 '머리에 있는 보배로운 기름'과 '헐몬의 이슬'이 내리는 것처럼, 성도의 교제는 전적으로 하나님이 베푸시는 은혜의 산물임을 배우게 됩니다.

　　제19과에서는 오순절에 성령의 충만함을 받은 성도들이 하나님의 교회로 부름 받았음을 알고, 날마다 마음을 같이 하여 모이기에 힘쓰고, 사랑으로 섬기는 생활을 통해 구원받는 사람을 날마다 더하게 하시는 하나님의 은혜를 배우게 됩니다.

　　제20과에서는 성도의 교제가 교회 안에서만이 아닌 가정에서도 이루어져야 하고, 가족은 그리스도를 경외함으로 피차 복종하되 남편과 아내는 교회와 그리스도와의 관계처럼, 부모와 자녀는 하나님과의 관계 속에서 서로 사랑으로 섬기며 순종해야 한다는 것을 배우게 됩니다.

　　제21과에서는 성경의 3가지 정의를 배웁니다. 정의는 성경 원어로 보면 미슈파트, 체데카, 디카이오수네입니다. 그 뜻은 다양하고 폭넓게 사용되었습니다. 정의의 성경 원어를 통해 정의의 개념을 확인하고 배우게 됩니다.

　　성도의 교제는 교회와 가정, 세상을 새롭게 하는 열쇠입니다. 성도의 교제가 활성화되고 풍성해 질 수 있도록 힘을 써야 합니다. 성도는 교제를 통해 그리스도의 몸을 이룹니다. 겸손하고 청빈한 삶을 사는 성도의 교제는 아름다운 교회의 또 다른 이름입니다.

5

18과
성도의 교제
5월 4일~10일

19과
아름다운 교회
5월 11일~17일

20과
행복한 가정
5월 18일~24일

21과
성경의 3가지 정의: 차가운 정의, 따뜻한 정의, 구원하는 정의
5월 25일~5월 31일

18과 성도의 교제

| 신앙고백 : 사도신경 | 찬송 : 220장 사랑하는 주님 앞에 | 기도 : 구역원 중에서
| 배울말씀 : 시편 133편 1~3절
| 새길말씀 : 보라 형제가 연합하여 동거함이 어찌 그리 선하고 아름다운고(시 133:1)

생각열기 함께 하는 행복

남극에 사는 펭귄은 원래 추위에 잘 견디도록 창조되었다.
하지만 매서운 눈보라가 몰아칠 때는
펭귄들 서로서로가 꼭 붙어서
상상할 수도 없는 강추위를 이겨 낸다.

나무 한 그루는 세찬 바람에 금방 뿌리가 뽑히지만
나무들이 모여 숲을 이룰 때, 숲은 바람을 걸러 낸다.

작은 촛불 하나는 스스로 빛을 내도
그리 밝지 못하다. 하지만 많은 촛불이 한자리에 모였을 땐
방안 전체를 환히 밝힐 수 있다.

정기로, 『동행』 (홍성사), p.73.

온 가족이 함께 모여 사랑을 나누는 것만큼 부모의 마음을 기쁘게 하는 것은 없습니다. 그것은 낳아 주시고, 길러 주신 부모에게 자녀들이 드릴 수 있는 최고의 선물입니다. 형제가 하나가 되지 못하고, 서로 나누어 갈등하며, 다투는 고통의 무게를 생각할 때, 하나 되어 화목하게 지내는 것만큼 좋고 행복한 것은 없습니다. 예수님은 성도들이 하나가 되기를 기도하셨습니다(요 17:21). 사도 바울은 '너희는 그리스도의 몸이요 지체의 각 부분이라.'(고전 13:27)고 말씀하셨습니다. 성도가 서로 연합하여 사랑하고, 하나님을 섬기는 것보다, 선하고 아름다운 것은 없습니다. 다윗은 형제가 연합하여 동거하는 것이 얼마나 좋고 행복한 것인가를 말씀하고 있습니다.

1. 성도의 교제는 사랑이고 행복입니다.

이스라엘은 12지파로 구성되어 있습니다. 각 지파가 하나님을 섬기며 연합하여 조화를 이룬다면 건강하고 행복한 민족이 됩니다. 하지만 각 지파가 서로 분열하여 갈등한다면 많은 어려움을 겪게 됩니다. 그것은 비극입니다. 이스라엘 1대 왕인 사울이 죽은 뒤 사울의 집과 다윗의 집이 나뉘어 갈등하며 오랜 시간 전쟁합니다(삼하 3:1). 서로 힘든 시간을 보냈습니다. 솔로몬이 죽은 뒤 이스라엘은 남과 북으로 분열되어 다투었습니다. 결국 북쪽 이스라엘도, 남쪽 유다도 망하고 말았습니다. 분열하여 서로 다투는 민족은 불행합니다. 다윗은 온 백성이 하나님께 예배를 드리기 위해 한 곳에 모여 연합하여 동거하는 모습을 보면서 크게 기뻐했습니다. '어찌 그리 선하고 아름다운고'(1절)라고 고백합니다. 선하고 아름답다는 말은 좋다는 것입니다. 행복하다는 말입니다. 하나님의 교회에서 성도들이 하나가 되어 하나님을 섬기고, 서로 사랑으로 교제 하는 것보다 좋고 행복한 것은 없습니다. 그곳에 하나님이 함께 하십니다. 함께 하시는 하나님이 영생의 복을 주신다고 약속하셨습니다(3절).

2. 성도가 교제할 때 하나님의 은혜가 임합니다.

성도의 교제는 보배로운 기름이 아론의 수염에 흘러서 그의 옷깃까지 내림 같습니다(2절). 대제사장 아론을 세울 때, 보배로운 기름을 머리에 부음으로 특별히 거룩하게 구별합니다. 이렇게 세워진 대제사장은 하나님 앞과 사람 앞에서 존귀한 존재가 됩니다. 그는 하나님의 음성을 듣습니다. 백성의 문제를 가지고 하나님 앞에 나아가 기도를 합니다. 대제사장이 되는 것은 전적인 하나님의 은혜입니다. 보배로운 기름은 기쁨과 평화를 상징합니다. 다윗은 성도의 교제를 보배로운 기름이 아론의 수염에 흘러서 내리는 것처럼, 하나님이 베푸시는 은혜이고 기쁨과 평화를 내려 주신다고 말했습니다. 성도가 교제할 때 하나님의 은혜가 임합니다. 느헤미야가 예루살렘 성벽을 세우고 봉헌할 때 온 이스라엘 백성이 함께 모였습니다. 그때 하나님이 큰 즐거움을 주십니다. 얼마나 큰 즐거움이었든지 그 기쁨의 소리가 멀리 들렸다고 합니다(느 12:43). 주님의 이름으로 함께 모여 하나님을 섬기며, 서로 사랑으로 교제할 때 하나님은 은혜를 내려 주십니다. 기쁨과 즐거움을 내려 주십니다.

3. 성도의 교제는 교회공동체를 은혜의 이슬로 넘치게 합니다.

성도의 교제는 헐몬의 이슬이 시온의 산들에 내림 같습니다(3절). 헐몬 산은 눈이 많이 덮여 있는 곳입니다. 헐몬 산의 눈이 녹으면서 이것이 수증기가 되어 주위에 있는 모든 산과 들에 많은 이슬이 내리게 됩니다. 그 이슬의 양이 아주 풍부하여 주위에 있는 들판은 충분한 수분을 공급받게 되어 많은 곡식들이 자라고 과일들이 열매를 맺게 됩니다. 이슬은 생명을 줍니다. 광야의 모든 생물도 이슬을 먹고 삽니다. 이스라엘 백성도 하나님이 내려 주시는 이슬과 같은 은혜 때문에 40년 간 광야에서 살아남을 수 있었습니다. 다윗은 성도의 교제는 헐몬의 이슬이 시온의 산들에 내림 같다고 말합니다. 그런데 헐몬 산과 시온 산은 지리상으로 수백 킬로 떨어져 있습니다. 헐몬 산의 이슬이 시온 산에 내린다는 것은 헐몬의 이슬이 헐몬 산에 내리는 것 같이 시온의 이슬이 시온 산에 내린다는 것입니다. 시온은 하나님이 임재하시는 곳입니다. 하나님은 하나님의 백성이 함께 모여 예배하고 서로 사랑으로 하나가 될 때, 헐몬의 이슬이 내리는 것처럼 은혜를 내려 주십니다. 생명의 역사가 일어납니다.

1. 하나님이 영생의 복을 어디에 주시는지를 나누어 봅시다.

2. 성도의 교제를 통해 누릴 수 있는 하나님의 은혜는 무엇으로 비유할 수 있습니까?

3. 성도의 교제를 위해 다른 지체들과의 관계를 어떻게 해야 하는지를 나누어 봅시다.

| 함께 기도하기

1. 구역원이 하나가 되어 하나님을 섬기고 서로 사랑으로 섬기게 하소서.
2. 성도의 교제를 통해 하나님이 베푸시는 은혜를 누리게 하소서.
3. 성도의 교제로 인해 교회가 부흥하는 시간을 허락하소서.

- 헌금 찬송 : 218장 네 맘과 정성을 다하여서
- 헌금 기도 : 구역원 중에서
- 주의 기도 : 다같이

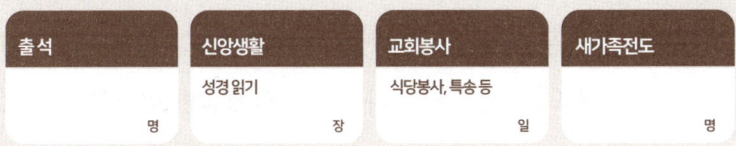

출석	신앙생활	교회봉사	새가족전도
	성경 읽기	식당봉사, 특송 등	
명	장	일	명

| 기도제목 나누기

19과 아름다운 교회

| **신앙고백** : 사도신경 | **찬송** : 210장 시온성과 같은 교회 | **기도** : 구역원 중에서
| **배울말씀** : 사도행전 2장 44~47절
| **새길말씀** : 하나님을 찬미하며 또 온 백성에게 칭송을 받으니 주께서 구원 받는 사람을 날마다 더하게 하시니라(행 2:47)

궤도차형과 난롯가형

신앙생활은 크게 두 가지 형태로 나눌 수 있다. '궤도차형'과 '난롯가형'이 바로 그것이다. 궤도차에서 우리는 다른 사람 옆에 앉아 한 방향을 향해 함께 나아간다. 하지만 그 안에서 우리는 교제를 하지도 서로에게 관심을 갖지도 못한다…중략… 난로가에 가족이 옹기종기 모여 있다. 모두 한 곳에 둘러 앉아 공동의 목적과 관심사를 가지고 대화한다. 공동체적 관계가 있는 곳에서 우리는 사랑과 사귐의 온전한 띠로 하나가 된다.

존 스토트, 『한 백성』(아바서원), p.132.

약 120명의 성도가 함께 모여 기도할 때에 성령님으로 충만함을 받았습니다. 이들은 성령님의 말하게 하심을 따라 하나님이 행하신 큰일을 전했고, 사람들은 놀랍게 여겼습니다. 베드로가 복음을 전할 때는 3천 명의 사람들이 세례를 받고 예수님을 믿었습니다. 이들은 함께 모여 사도들의 가르침을 받고 서로 떡을 떼며 기도하기를 힘썼습니다. 이것이 교회의 시작입니다. 주님은 초대교회를 통해 구원 받는 사람을 날마다 더하게 하셨습니다. 아름답게 성장하는 초대교회 성도들의 교회 생활은 오늘 우리에게 큰 도전을 줍니다.

1. 성도는 모이기를 힘써야 합니다.

예수 그리스도의 죽으심과 부활하심을 믿음으로 구원을 받은 성도들은 그리스도의 몸을 이루는 지체로 부름을 받았습니다. 각 지체가 서로 연결되어 한 몸을 이룹니다. 다른 지체들과 서로 밀접한 관계를 맺음으로 그리스도의 생명력을 함께 공유합니다. 혼자서 신앙생활을 한다는 것은 바른 신앙이 아닙니다. 초대교회 성도들은 다 함께 서로 교제했습니다. 날마다 마음을 같이하여 모이기를 힘썼습니다. 고난 속에서도 모이기를 힘썼습니다. "모이기를 폐하는 어떤 사람들의 습관과 같이 하지 말고 오직 권하여 그 날이 가까움을 볼수록 더욱 그리하자."(히 10:25)고 말씀하고 있습니다. 주님의 날을 기다리며 사는 성도들은 모이기를 힘써야 합니다. 함께 모일 때 주님은 그곳에 임하십니다. 은혜를 주십니다. 새 힘을 얻습니다. 하나님의 음성을 듣고, 성령의 충만함을 받습니다. 그리스도의 몸을 이루는 지체로 부름 받았다는 것을 기억하고 함께 모이기를 힘써야 합니다.

2. 성도는 사랑으로 섬겨야 합니다.

그리스도의 몸을 이루는 지체로 부름 받은 성도는 서로 돌아보아 사랑으로 섬겨야 합니다. 몸의 각 지체는 다른 지체를 생각해야 합니다. 부족한 부분이 있다면 채워줘야 합니다. 예수 그리스도는 우리를 구원하기 위하여 모든 것을 내어 주셨습니다. 예루살렘에서 여리고로 내려가다가 강도를 만나 거의 죽게 된 사람을 보고 불쌍히 여겨 자비를 베푼 사마리아 사람처럼 이웃을 사랑하라고 예수님은 가르치셨습니다. 초대교회 성도들은 예수님의 가르침을 받은 대로 이웃을 사랑했습니다. 모든 물건을 서로 통용했습니다. 재산과 소유를 팔아 각 사람의 필요를 따라 나누어 주었습니다. 그래서 초대교회 성도 중에는 가난한 사람이 없었습니다(행 4:33). 모든 성도들이 서로 사랑으로 섬김으로 부족한 것이 없었습니다. 누군가의 도움이 필요한 사람을 보고도 무관심하여 도와주지 않는 것은 옳지 않습니다. 예수 그리스도의 사랑으로 구원을 받은 우리는 희생적인 사랑으로 각 사람의 필요를 따라 나눠 주는 사람이 되어야 합니다.

3. 성도는 믿음의 고백대로 살아야 합니다.

초대교회 성도들은 성전에 모여 사랑으로 섬겼습니다. 집에서 떡을 떼며 기쁨과 순전한 마음으로 음식을 먹었습니다. 온 백성에게 칭송을 받았습니다. 성전에서 집으로, 집에서 세상으로 삶의 영역이 확대되었습니다. 삶의 모든 영역에서 하나님의 사람으로 살았습니다. 복음에 합당하게 생활했습니다. 일상에서 믿음의 고백대로 살았습니다. 하나님은 구원받는 사람들을 날마다 더하게 하셨습니다. 아름다운 부흥이 일어났습니다. 구원받는 성도들은 언제나 어디서나 무엇을 하든지 하나님을 사랑하고 이웃을 사랑하는 삶을 통해 하나님께 영광을 돌리고, 세상 사람들에게 하나님의 모습을 보여 줘야 합니다. 믿는 성도들은 세상의 소금과 빛입니다. 산상수훈에서 예수님은 "이같이 너희 빛이 사람 앞에 비치게 하여 그들로 너희 착한 행실을 보고 하늘에 계신 너희 아버지께 영광을 돌리게 하라."(마 5:16)고 말씀하셨습니다. 하나님의 말씀에 순종함으로 하나님의 모습을 세상에 보여주는 성도가 되어야 합니다.

1. 모이기를 힘쓰라고 말씀하셨는데 지금 예배 생활을 어떻게 하고 있는지를 나
   누어 봅시다.

2. 교회 안에 있는 가난한 성도를 어떻게 사랑으로 섬길 수 있는지를 나누어 봅
   시다.

3. 어떤 언행을 통해 세상 사람들이 하나님께 영광을 돌릴 수 있는지를 나누어 봅
   시다.

| 함께 기도하기

1. 모이는데 힘쓰고 각 사람의 필요를 따라 나누어 주게 하소서.
2. 언제나 어디서나 믿음의 고백대로 살아가게 하소서.
3. 초대교회의 모습처럼 살아가게 인도하소서.

- 헌금 찬송 : 442장 저 장미꽃 위에 이슬
- 헌금 기도 : 구역원 중에서
- 주의 기도 : 다같이

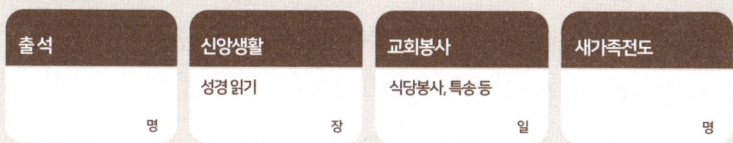

출석	신앙생활	교회봉사	새가족전도
	성경 읽기	식당봉사, 특송 등	
명	장	일	명

| 기도제목 나누기

20과 행복한 가정

| 신앙고백 : 사도신경 | 찬송 : 559장 사철에 봄바람 불어 잇고 | 기도 : 구역원 중에서
| 배울말씀 : 에베소서 5장 21절~6장 4절
| 새길말씀 : 그리스도를 경외함으로 피차 복종하라 (엡 5:21)

아담과 하와

아담은 하와를 사랑했습니다. 하와는 아담을 사랑했습니다.
두 사람은 한 몸, 한 마음, 한 영혼이 되었지요.
둘은 서로에게 자신을 줄 수 있었고
서로의 필요를 채워 줄 수 있었습니다.

애정과 일치와 사랑이 두 사이에 흘렀고, 두 사람의 일치는
감사의 기도가 되어 향처럼 하나님께 올라갔습니다.
두 사람의 사랑과 서로를 향한 헌신과 연합은
찬양이었고 찬미였습니다.
하나님은 그분 자신의 영광을 반사하는
그들의 연합을 기뻐하셨습니다.

자녀들에게 자신의 삶을 주고 그들을 가족으로 양육하며
땅을 비옥하게 경작하여 하나님께 바치게 된 것은
두 사람이 하나님과 가장 깊이 일치되었으며
그들 서로가 일치되었기 때문입니다.

장 바니에, 『희망의 문』 (홍성사), p.59.

말씀
담기

외딴섬에 망치와 못을 가지고 있는 남자와 또 다른 외딴섬에
나무와 톱을 가지고 있는 여자가 살고 있습니다. 그들이 가지고 있는 것은
집을 짓는데 필요한 것들이지만 이 두 사람이 만나지 않으면 집을 지을 수
없습니다. 집을 짓기 위해서는 외딴섬에서 나와야 합니다. 그리고 만나야
합니다. 서로 손을 맞잡고 아름다운 집을 짓기 위해 수고해야 합니다. 아름
답고 행복한 가정은 저절로 주어지는 것이 아니라 만들어 가는 것이기 때
문입니다. 아름답고 행복한 가정은 어떻게 만들어 갈 수 있을까요?

1. 가정은 하나님께서 세우셨습니다.

하나님께서 창조하신 세상은 보기에 참 좋았지만 사람이 혼자 사는 것이
좋지 않았습니다. 하나님은 이 문제를 해결하기 위해 아담을 위해 돕는 배
필을 지으셨습니다. 돕는 배필이라는 '에제르'라는 말은 아담이 행복하게
살아가는데 꼭 필요한 존재라는 뜻을 갖고 있습니다. 보조적인 존재가 아
닙니다. 남자가 살아가는데 없어서는 안 되는 존재가 여자입니다. 하나님
은 여자를 지으시고 아담에게로 이끌어 오셨습니다. 여자를 본 아담은 "내
뼈 중의 뼈요 살 중이 살이라."(창 3:23)고 고백합니다. 이것은 친밀감을 느
끼게 하는 시적인 표현입니다. "남자가 부모를 떠나 그의 아내와 합하여 둘
이 한 몸을 이룰지로다."(창 3:24)라고 말씀하고 있습니다. 이것이 최초의
가정입니다. 하나님이 주신 여자, 남자입니다. 하나님의 섭리 속에 세워진
가정입니다. 그렇다면 소중하게 여기고 사랑해야 합니다. 그리스도를 경
외함으로 서로 복종해야 합니다.

2. 남편과 아내는 사랑과 복종하는 관계입니다.

아내는 남편에게 복종해야 합니다. 교회가 예수 그리스도에게 복종하는 것처럼 범사에 복종해야 합니다. 사도 바울은 교회가 예수 그리스도에게 복종하는 이유를 그리스도가 교회의 머리가 되시고, 구주가 되시기 때문이라고 말씀합니다. 머리가 된다는 것은 희생하고, 헌신한다는 것입니다. 교회의 머리되신 예수 그리스도는 자신의 모든 것을 내어 주시되 십자가에 달려 죽기까지 희생하셨고 사랑으로 섬기셨습니다. 우리를 하나님의 자녀 삼아 주셨습니다. 일용할 양식을 주시고 지키십니다. 생명의 길로 인도하십니다. 그럼으로 교회는 예수 그리스도께 복종합니다. 아내의 머리는 남편입니다. 그렇다면 남편은 아내를 사랑하되 자신의 모든 것을 다해서 사랑해야 합니다. 아내를 소중하게 여기고 그 필요한 것을 채워줘야 합니다. 예수 그리스도가 교회를 사랑한 것처럼 사랑해야 합니다. 아내 역시 머리인 남편을 주께 하듯 복종해야 합니다. 그리스도를 경외함으로 서로 복종할 때 행복한 가정을 만들 수 있습니다.

3. 부모와 자녀는 순종과 양육의 관계입니다.

자녀는 부모에게 순종해야 합니다. 하나님을 공경하는 것처럼 자녀는 부모를 공경해야 합니다. 왜냐하면 부모는 하나님을 대신해서 자녀를 보살피고 돌보아 주셨기 때문입니다. 부모가 하나님을 대신하여 돌보아 주었으니 자녀는 부모를 하나님처럼 공경하고 순종하는 것이 옳습니다. 부모의 권위를 인정하고 순종하는 것은 하나님의 권위를 인정하는 것으로 이어지게 됩니다. 부모에게 순종하고 공경하라는 하나님의 말씀에 순종하는 자녀를 하나님께서 형통하게 하십니다. 땅에서 장수하게 하십니다. 주님께서 약속하셨습니다. 부모 역시 자녀를 사랑으로 돌봐야 합니다. 낙심하게 하거나 노엽게 하지 말고 인격적으로 대하고 주님의 말씀으로 양육해야 합니다. 자녀는 하나님이 주신 선물입니다. 부모의 소유물이 아닙니다. 배우자를 만나기까지 잠시 머물다가 가는 손님과 같습니다. 남편과 아내가 그리스도를 경외함으로 피차 복종하는 것처럼, 부모와 자녀도 그리스도를 경외함으로 서로 복종해야 합니다.

1. 하나님이 맺어 주신 배우자를 어떻게 대하고 있는지 나누어 봅시다.

2. 하나님이 세우신 가정에서 가족을 어떻게 사랑해야 하는지를 나누어 봅시다.

3. 행복한 가정을 만들기 위해 지금 내가 무엇을 해야 하는지를 나누어 봅시다.

| 함께 기도하기

1. 그리스도를 경외함으로 서로 복종하는 가정되게 하소서.
2. 가족의 필요를 세심하게 살펴 그 필요한 것을 채워 주는데 힘쓰게 하소서.
3. 사랑을 실천할 수 있는 오늘이 되게 하소서.

- 헌금 찬송 : 569장 선한 목자 되신 우리 주
- 헌금 기도 : 구역원 중에서
- 주의 기도 : 다같이

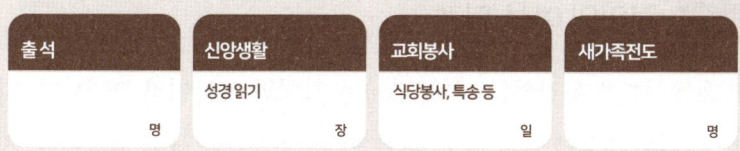

출석	신앙생활	교회봉사	새가족전도
	성경 읽기	식당봉사, 특송 등	
명	장	일	명

| 기도제목 나누기

 **21과** **성경의 3가지 정의: 차가운 정의, 따뜻한 정의, 구원하는 정의**

┃ **신앙고백** : 사도신경 ┃ **찬송** : 183장 빈들에 마른 풀같이 ┃ **기도** : 구역원 중에서
┃ **배울말씀** : 창세기 18장 17~19절
┃ **새길말씀** : 내가 그로 그 자식과 권속에게 명하여 여호와의 도를 지켜 의와 공도를 행
　　　　　　하게 하려고 그를 택하였나니 이는 나 여호와가 아브라함에게 대하여 말한
　　　　　　일을 이루려 함이니라(창 18:19)

 **정의의 여신 '디케'**

그리스 신화에 등장하는 디케(Dike)는 '정의의 여신'이라 불립니다. 디케는 한 손에는 저울을 들고 있고, 다른 한 손에는 칼을 들고 있습니다. 저울은 공정한 판단을 뜻하고, 칼은 강력한 심판을 상징합니다. 그러므로 정의는 사람의 행위에 대하여, 사람의 말에 대하여 차별없이 공평하게 판단하여 그에 따른 정확한 보상과 강력한 처벌을 하는 것입니다.

그런데 정의의 여신의 형상에는 또 다른 특징이 있습니다. 천으로 눈을 가리고 있는 모습입니다. 이것은 어떤 사람의 행위와 말을 판단할 때 주관적 시각을 버린다는 뜻입니다. 그러나 눈을 가리면 부유하거나, 가난하거나, 권력을 쥐었거나, 힘없는 자나 상관없이 공정한 판단을 할 수 있습니다. 사심의 사슬을 끊고 공심의 바다로 들어가는 것, 이것이 정의의 기본입니다.

그러나 성경에서 말하는 정의란 하나님과 사람과의 관계에서 자신에게 주어진 마땅히 해야 할 일을 함으로써 비뚤어지고 파괴된 관계를 바로 펴고 회복하는 것입니다. 정의란 하나님과 사람에 대한 "관계의 신실함"입니다. 성경은 '정의'를 어떤 말로 표현하고 있을까요?

말씀
담기

이번 과에서 우리는 성경에 나오는 정의라는 단어 세 가지를 공부합니다. 구약에서는 공정하게 집행되는 냉정한 정의를 가리키는 '미슈파트', 다른 사람을 하나님의 형상으로 존중하는 따뜻한 정의를 의미하는 '체데카'가 있습니다. 신약에서는 죄인마저 의롭다 인정하시는 구원하는 정의로서의 '디카이오수네'가 있습니다.

1. 미슈파트는 공정하게 집행되는 냉정한 정의입니다.

창세기 18장을 보면, 하나님은 아브라함을 부르신 목적을 크게 두 가지로 말씀하십니다. "내가 하려는 것을 아브라함에게 숨기겠느냐 아브라함은 강대한 나라가 되고 천하 만민은 그로 말미암아 복을 받게 될 것이 아니냐 내가 그로 그 자식과 권속에게 명하여 여호와의 도를 지켜 의와 공도를 행하게 하려고 그를 택하였나니 이는 나 여호와가 아브라함에게 대하여 말한 일을 이루려 함이니라"(창 18:17~19)

첫째, 강대한 나라가 되어 그를 통해 만민이 복을 받게 하시려는 목적입니다. 둘째, 여호와의 도를 지켜 의와 공도를 행하게 하시려는 목적입니다. 여기에 나오는 두 단어 중 '의'는 체데카의 번역어이고, '공도(공의)'는 미슈파트의 번역어입니다. 먼저 미슈파트에 대해서 알아보겠습니다. 구약성경에서 미슈파트는 이른바 사법적 정의, 법률적 정의, 사회적 정의를 의미합니다. 보복적 정의라고도 합니다. 그런 면에서 미슈파트는 '공의'입니다.

미슈파트가 이루어지는 공동체는 건강한 공동체가 됩니다. 차별없는 판단, 공평한 재판, 공정한 법집행이 이루어지는 나라, 그것이 하나님이 아브라함을 통해 이루고자 하신 미슈파트의 나라입니다.

2. 체데카는 다른 사람을 하나님의 형상으로 존중하는 따뜻한 정의입니다.

성경에서 하나님은 항상 미슈파트와 함께 체데카를 함께 명령하십니다. 왜 그럴까요? 공정한 법이 잘 집행되기만 하여도 건강한 사회, 강한 나라가 되지 않을까요? 성경은 차갑고 냉정한 미슈파트의 집행만으로 세상은 아름다워질 수 없다고 말합니다. 여기에는 따뜻한 정의가 더해져야 합니다. 바로 체데카입니다.

"네 하나님 여호와께서 네게 주신 땅 어느 성읍에서든지 가난한 형제가 너와 함께 거주하거든 그 가난한 형제에게 네 마음을 완악하게 하지 말며 네 손을 움켜 쥐지 말고 반드시 네 손을 그에게 펴서 그에게 필요한 대로 쓸 것을 넉넉히 꾸어주라"(신 15:7~8) 내가 사는 공동체에 가난한 사람이 있다면 그 사람의 필요를 채워주는 것이 체데카입니다.

그래서 체데카는 정의라는 뜻이기도 하지만, 구제라는 뜻도 있습니다. 구제는 자선과 다릅니다. 자선은 선택이지만, 체데카는 마땅히 해야 할 의무입니다. 가진 자는 마땅히 나누어줄 의무가 있고, 없는 자는 마땅히 받을 권리가 있는 것, 이것이 체데카입니다. 왜냐하면 체데카는 사람을 하나님의 형상을 지닌 존귀한 존재로 존중하는 정의이기 때문입니다.

3. 디카이오수네는 죄인마저 의롭다 인정하시는 구원하는 정의입니다.

디카이오수네는 신약성경에서 사도 바울이 가장 많이 사용하고 있는 정의의 개념입니다. 바울은 '디카이오수네 데우'라는 말을 많이 쓰는데, '하나님의 의'라는 뜻입니다. 이 말은 놀랍게도 구약의 '여호와의 체데카'와 완전히 일치하는 말입니다.

신약성경이 선포하는 메시지의 핵심은 예수 그리스도 안에서 하나님의 구원사건이 일어났다는 것입니다. 바울은 이것을 '하나님의 의'라고 했습니다. "이제는 율법 외에 하나님의 한 의가 나타났으니 율법과 선지자들에게 증거를 받은 것이라 곧 예수 그리스도를 믿음으로 말미암아 모든 믿는 자에게 미치는 하나님의 의니 차별이 없느니라"(롬 3:21~22)

하나님의 의로서 디카이오수네는 '하나님께서 인간을 당신과 올바른 관계에 놓아주시는 길'이며, '왜곡되고 잘못된 것을 바로잡는 것'이며, '구원하는 정의의 실현'을 뜻합니다. 예수 그리스도를 통하여 하나님은 소송 사건에서 억울함을 당한 자의 옳음을 판단하여 그의 권리를 회복시켜 주는 것, 그를 편들어서 신원해 주는 것, 그의 무죄를 선언해 주는 것, 이것이 바로 하나님의 디카이오수네입니다.

1. 공평한 법 집행과 같은 차가운 정의(미슈파트)는 왜 필요할까요?

2. 구제라는 말로도 쓰이는 따뜻한 정의(체데카)는 왜 필요할까요?

3. 하나님의 구원의 정의(디카이오수네)는 왜 필요할까요?

| 함께 기도하기

1. 불공평하고 차별 많은 세상에서 하나님의 미슈파트를 행하게 하소서.
2. 힘없고 가난한 자의 고통에 귀 기울이고 그들의 필요를 채우는 체데카를 행하게 하소서.
3. 우리를 죄없다 하신 하나님의 디카이오수네를 다른 사람에게도 행하게 하소서.

- 헌금 찬송 : 330장 어둔 밤 쉬 되리니
- 헌금 기도 : 구역원 중에서
- 주의 기도 : 다같이

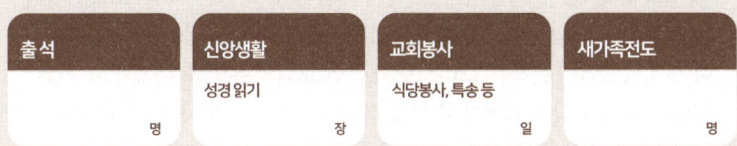

출석	신앙생활	교회봉사	새가족전도
	성경 읽기	식당봉사, 특송 등	
명	장	일	명

| 기도제목 나누기

성령님의 은사

6단원에서는 '성령의 은사'에 대해 살펴봅니다. 오순절 성령 강림과 함께 교회는 시작되었습니다. 마가의 다락방에 모인 120명의 각 사람 위에 성령이 임하였으며, 동시에 성령님이 특별한 은혜를 주셨는데, 이것이 바로 성령님의 은사입니다. 따라서 성령님의 은사는 하나님이 예수 그리스도의 이름으로 성령님을 통해 교회 안에 있는 성도들에게 주신 특별한 능력입니다. 그러기에 성령님의 은사는 그것을 주신 하나님과 그 영광을 이루기 위해 사용해야하며, 동시에 주님의 몸인 교회를 세워 하나님이 맡긴 선교적 사명을 위해 사용해야 합니다.

제22과에서는 '은사를 주시는 하나님'입니다. 은사는 바로 성 삼위하나님으로부터 교회 안에 있는 성도들에게 주신 거룩한 능력이라는 것입니다. 따라서 성령님의 은사는 그리스도의 몸인 교회의 유익을 위해서 하나님이 성령님을 통해 각 사람에게 주신 능력이라는 것을 이해하게 될 것입니다.

제23과는 '은사공동체인 교회'입니다. 한 성령님이 교회 안의 각 성도에게 다양한 은사를 주셨으며, 그 은사는 서로 협력하여 선을 이루고 교회를 세우는 것입니다. 성령님의 은사는 교회와 성도들에게 유익하게 사용되어야 합니다.

제24과는 '은사를 따라 봉사하기'입니다. 성령님의 은사는 자신이 아니라, 은사를 주신 하나님의 목적 안에서 사용해야 합니다. 따라서 각각 받은 은사를 따라 주님의 몸인 교회를 세우기 위해서 각각의 성도들이 받은 은사를 따라 교회를 세우는 봉사와 사역에 동참해야 합니다.

제25과는 '공의와 정의를 사랑하시는 하나님'입니다. 하나님은 공의와 정의를 사랑하십니다. 그래서 세상을 공평하게 다스리며, 약자의 편에서 구원하십니다. 본 과를 통해 하나님이 행하신 공의와 사랑을 배우며 우리에게 행하기 원하시는 공의와 정의에 대해 배우게 됩니다.

제26과는 '강같이 흐르는 정의'입니다. 선지자들 중에 정의가 없는 예배는 죽은 예배라 선포한 아모스, 진정한 금식은 주린 자에게 양식을 주는 것이라 외쳤던 이사야, 정의 없는 성전은 도둑의 소굴이라 경고한 예레미야를 살펴볼 것입니다. 본 과를 통해 하나님이 원하시는 정의, 강같이 흐르는 정의를 배우게 됩니다.

6

22과
은사를 주시는 하나님
6월 1일~7일

23과
은사공동체인 교회
6월 8일~14일

24과
은사를 따라 봉사(사역)하라
6월 15일~21일

25과
공의와 정의를 사랑하시는 하나님
6월 22일~28일

26과
강같이 흐르는 정의: 선지자들이 외치는 정의
6월 29일~7월 5일

22과 은사를 주시는 하나님

| 신앙고백 : 사도신경 | 찬송 : 197장 은혜가 풍성한 하나님은 | 기도 : 구역원 중에서
| 배울말씀 : 출애굽기 31장 1~11절
| 새길말씀 : 하나님의 영을 그에게 충만하게 하여 지혜와 총명과 지식과 여러 가지 재주
　　　　　로 정교한 일을 연구하여 금과 은과 놋으로 만들게 하며(출 31:3~4)

인간은 무의식적으로 닮음을 찾는다

　아기는 어른보다 아기목소리를 더 좋아한다는 연구가 있다. 캐나다 맥길 대학 연구진에 따르면 아기들은 옹알이하기 전부터 어른의 목소리보다는 동년배 아기들이 내는 외마디 소리에 40% 더 귀를 기울인다는 것이다. 생후 5개월 된 아기들을 대상으로 연구한 결과는 '아이들은 작은 몸집에서 생기는 독특한 공명음을 아기들이 구별해 낸다.'는 것이다. 폴카 교수는 '부모가 아이에게 어르는 소리가 소용없다는 것이 아니라'고 강조했다. 단지 아이들은 자기가 내는 목소리와 비슷한 소리를 선호하여 유아어(baby talk)를 선호한다는 것이다. 아울러 '다른 아이의 발성을 비교 평가하기에 다른 아기의 목소리를 듣는 건 말을 배우는 데 도움이 될 수 있다'고 덧 붙였다. 이처럼 사람들은 누구나 태어나기 전부터 태생적으로 부여된 특성들이 있다. 은사도 마찬가지다. 하나님은 모든 성도들에게 각자에 맞는 은사를 부여하셨다는 것이다.

코메디닷컴, 아기, 어른보다 아기 목소리 좋아한다(2018. 5. 1).

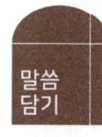

하나님은 사람을 세워 일합니다. 야곱을 통해 이스라엘을 이루었고, 극심한 흉년 때에는 요셉을 준비시켜 애굽에 들어가게 했습니다. 하지만 약 400년 뒤 모세를 세워 노예된 이스라엘을 출애굽하게 했으며, 여호수아를 세워 가나안 땅을 정복하게 했습니다. 출애굽 삼 개월 뒤 시내산에서 이스라엘 백성과 언약(십계명, 출 20장, 시행규례 출 21~30장)을 맺고, '성막'(출 31장)을 제조할 헌신자들을 지명했습니다. 예수님도 이 땅에 와서 제자들을 세워 하나님 나라를 세우는 일을 행했습니다. 이처럼 하나님은 믿음의 사람을 세워 일을 진행합니다. 특별히 성막을 짓기 위해 유다지파의 브살렐과 단지파 오홀리압을 지명하여 불러 이 일을 행한 것은 아주 좋은 예입니다.

1. 하나님은 각 사람에게 은사를 줍니다.

하나님은 재능 있는 사람을 부르고, 그들에게 하나님의 영을 충만하게 합니다. 이를 통해 지혜와 총명과 지식과 여러 가지 재주로 정교한 일을 연구하여 준비하게 합니다. 하나님은 자신의 계획을 이루기 위해 사람을 부르고, 성령님을 통해 은사를 부어 주는 분입니다. 은사는 하나님이 성령님을 통해 하나님 나라와 그 영광을 이루도록 성도들에게 주는 특별한 능력입니다. 은사는 선천적 재능은 아니나 그와 깊은 관련이 있습니다. 하나님과 교회와 성도들을 위해 사용하는 재능이기 때문입니다. 따라서 은사는 발견하는 일이 먼저이고, 이를 발전시키는 과정이 있어야 합니다. 정교한 수준까지 이르도록 은사를 개발해야 합니다. 하나님은 각 성도에게 가장 알 맞는 은사를 주시는 분입니다. 성막 제작에 금과 은과 놋 등 다양한 소재를 사용하게 하였으며, 각종 보석을 깎아 물리며 여러 가지 기술로 나무를 새겨 만들라고 하였습니다. 여러 소재와 여러 기술이 동원되고 있는 것입니다. 이처럼 하나님은 각 사람에게 주신 은사를 통해 다양하면서도 창의적인 일을 하게 합니다.

2. 하나님은 은사를 통해 목적을 이루십니다.

하나님이 주신 은사는 반드시 하나님을 위해 사용해야 합니다. 은사는 하나님의 목적을 이루라고 주신 하나님의 선물이기 때문입니다. 은사보다 하나님의 계획이 먼저라는 것입니다. 따라서 성도들은 각자에게 은사를 주신 하나님의 목적을 정확히 이해하는 일이 먼저 있어야 합니다. 교회를 통해 하나님의 뜻을 이루라고 주신다는 것을 깨달아야 한다는 것입니다. 동시에 단 지파 아히사막의 아들 오홀리압을 세우고 지혜로운 마음이 있는 자들을 붙이셔서, 모두가 다 함께 참여하게 하심도 기억해야 합니다. 하나님은 자신이 선택한 사람들에게 지혜를 더하여 주고, 하나님은 은사를 받은 자들이 함께 동역하여 그 뜻을 이루게 합니다. 무엇보다 '그들이 내가 네게 명령한 것을 다 만들게 하라.'고 합니다. 따라서 은사를 받은 성도들은 하나님의 명령을 따라 하나님의 방법대로 순종해야만 합니다. 하나님은 자신의 목적을 이루기 위해 각각의 성도들에게 은사를 주시기 때문에, 그 은사는 개인이 아니라 하나님의 목적을 위해서, 그리고 교회 안에서 성도들과 협력하여 동역함으로 사용할 수 있어야 합니다.

3. 하나님은 은사를 따라 사역을 부여하십니다.

　모든 성도에게 은사를 주신 하나님은 각각의 사람에게 직분과 사역을 맡깁니다. 어떤 사람은 회막과 증거궤와 속죄소와 회막의 모든 기구를, 상과 기구와 등잔대, 분향단, 번제단과 기구들, 제사장들의 옷과 관유와 성소의 향들을 만들게 합니다. 하나님은 '무릇 내가 네게 명령한 대로 그들이 만들지니라.'(11절)고 말합니다. 하나님의 궁극적인 명령은 하나이지만, 그 일을 이루기 위해서 각각의 성도들에게 세부적이고 구체적인 사역들이 부여되었다는 것입니다. 따라서 각각의 은사를 발견했다면, 먼저 은사를 주신 하나님의 목적을 올바로 이해하고, 각자에게 맡긴 사역을 숙지해야 합니다. 이것은 그리스도의 몸인 교회 안에서, 무엇보다 사역 현장에서 분명히 드러나야 합니다. 몸은 하나이나 여러 지체가 있는 것처럼 서로의 은사가 다르다는 것을 이해하고, 그 차이를 극복하며 상호 협력할 수 있어야 합니다. 이러한 토대 위에 각각 맡은 일에 충성해야 합니다. 이를 위해서는 자신이 섬기는 교회의 전체 사역에 대한 이해가 선행되어야 하며, 그 뒤에 자기가 맡은 사역의 전문적인 신장을 위해 최선을 다해야 합니다.

1. 하나님은 하나님의 일을 이루기 위해 어떤 방법을 사용하십니까?

2. 하나님이 주신 은사는 어떻게 사용해야 합니까?

3. 하나님께서 나에게 맡기신 사역은 구체적으로 무엇입니까?

| 함께 기도하기

1. 각 사람에게 주신 하나님의 은사를 알게 하소서.
2. 하나님께서 주신 은사가 하나님의 뜻대로 바로 사용되게 하소서.
3. 각 사람에게 주신 은사를 통해 맡기신 사역에 충성하게 하소서.

- **헌금 찬송** : 211장 값비싼 향유를 주께 드린
- **헌금 기도** : 구역원 중에서
- **주의 기도** : 다같이

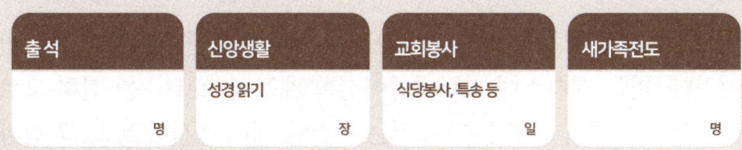

출석	신앙생활	교회봉사	새가족전도
	성경 읽기	식당봉사, 특송 등	
명	장	일	명

| 기도제목 나누기

23과 은사공동체인 교회

┃ 신앙고백 : 사도신경 ┃ 찬송 : 195장 성령이여 우리 찬송 부를 때 ┃ 기도 : 구역원 중에서
┃ 배울말씀 : 고린도전서 12장 4~11절
┃ 새길말씀 : 은사는 여러 가지나 성령은 같고 직분은 여러 가지나 주는 같으며 또 사역
　　　　　　은 여러 가지나 모든 것을 모든 사람 가운데서 이루시는 하나님은 같으니
　　　　　　각 사람에게 성령을 나타내심은 유익하게 하려 하심이라(고전 12:4~7)

생각열기 　친밀함에도 시간이 필요하다

　'베스트 프랜드'가 되는 데는 최소 200시간 이상 걸린다는 흥미로운 연구
가 있었다. 미국 캔자스대 커뮤니케이션학 제프리 홀 교수는 전혀 모르는
두 사람이 만나 친구가 되는데 걸리는 시간에 대해 조사하였고, 그 결과를
국제 학술지 '사회와 개인 관계' 최신호에 발표했다. 홀 교수는 두 가지 조사
를 실시했는데, 첫 째는 새로 이사 온 355명의 성인 남녀였고, 둘째는 대학
에 입학한 신입생 112명이었다. 이들에게 '새로 알게 된 사람들과 얼마나 많
은 시간을 보냈으며, 어떤 활동을 했는지, 그리고 시간이 지남에 따라 얼마
나 가까워졌는지' 등에 대답하게 했다. 연구결과 전혀 모르던 사이에서 '아
는 사람'이 되는데 함께 보내는 시간이 40~60시간이 걸렸으며, 아는 사람
에서 평범한 친구가 되는데도 80~100시간이 소요되었다. 이를 넘어 좋은
친구 또는 베스트 프렌드가 되는 데는 함께한 시간이 최소 200시간 넘게 필
요했다. 하지만 홀 교수는 '함께 보낸 시간이 많다고 해서 누군가와 가장 친
한 친구가 되는 것을 의미하지는 않는다.'면서 '시간을 보내는 방법도 중요
하다.'고 강조했다. 예를 들어 성인들은 직장에서 동료들과 오랜 시간 함께
보내고도 여전히 친구가 아니라고 여긴다는 것이다. 하지만 '사람들과 함께
TV나 영화를 보고, 비디오게임을 하고 농담과 유머를 주고받고, 의미 있는
대화 등을 나누며 관계의 거리를 좁힌다.'는 것이다. 무엇보다 성도들 상호
간에 하나님이 주신 은사를 통해 함께 사역하며, 봉사와 섬김으로 사역하
며 가장 깊은 동료애를 키워야만 한다. 이처럼 교회를 은사 공동체로 세우
기 위해서도 동일 은사를 갖은 성도들과 더 많은 시간을 보내야 한다.

파이낸셜 뉴스. '절친'되는데 200시간 걸린다(2018. 4. 9).

하나님은 자신의 일을 이루기 위해 믿음의 사람을 불러(call-ing), 능력을 주어 세우십니다. 신약시대 때의 은사는 교회를 통해 하나님의 뜻을 이루는 수단이었습니다. 죄로 깨진 세상을 그리스도의 몸인 교회를 통해 회복하기 위해 주신 특별한 은혜라는 것입니다. 이런 의미에서 교회는 세상을 하나님 나라로 회복해야 하는 사명공동체입니다. 동시에 이를 감당할 수 있도록 성도들에게 성령의 은사를 주셨는데, 이것은 또한 교회가 성령의 은사 공동체임을 말해 줍니다. 성령은 교회를 세우고, 그리스도 안에서 하나 되게 하는 영이며, 은사는 하나님이 예수 그리스도 안에서 성령 하나님을 통해 주시는 하나님의 능력입니다. 따라서 은사는 성도 개인보다는 교회 공동체 안에서 이해되어야 합니다.

1. 성령님의 은사는 교회를 하나 되게 합니다.

교회는 하나님 안에서 부르심 받은 성도들의 공동체입니다. 성도 각자는 성령님을 통해 각각의 은사를 받았기에 은사 공동체인 교회 안으로 부르심 받은 것입니다. 하지만 성도들이 받은 은사가 서로 다르기에 교회는 성령의 하나 되게 하신 것을 힘써 지켜야 합니다. 각자에게 허락된 은사와 직분, 사역을 통해 교회를 건강한 은사 공동체로 세워야 합니다. 은사와 은사가 충돌하는 것이 아니라, 하나님의 목적을 위해 연합하고 협력하여 선을 이루어야 합니다. 이 일은 한 성령의 다스림 아래 있을 때 가능합니다. 성령을 받기 전 제자들은 어떤 면에서 유능하였다고 할 수 있으나, 하나가 되지 못해 누가 큰가의 문제로 다투곤 했습니다. 그러나 오순절 성령의 강림과 함께 각자의 은사가 강력하게 드러났음에도, 교회는 오히려 질서가 더 분명해졌습니다. 다양한 은사가 오히려 교회를 더 질서 있고 강력하게 연합시킨다는 것입니다. 그러기에 다양한 은사를 통해 교회 공동체가 하나 되는 것은 죄로 인해 깨진 세상을 하나로 회복하는 일이며, 삼위 하나님의 하나 됨의 성품을 회복하는 것임을 알아야 합니다.

2. 성령님의 은사는 교회를 유익하게 합니다.

바울은 '각 사람에게 성령을 나타내심은 유익하게 하려 하심이다'라고 합니다. 교회 공동체의 유익과 건강한 은사 공동체를 세우기 위해 은사를 사용해야 한다는 것입니다. 따라서 은사는 개인의 영적 능력을 과시하는 것이 아닙니다. 오직 하나님의 영광과 교회를 온전히 세우는 일에 사용되어야 합니다. 왜냐하면 모든 일은 같은 한 성령님이 행하시고, 그 뜻대로 각 사람에게 나누어 주시기 때문입니다. 성령님은 각 사람의 믿음의 분량대로, 그 사람에게 가장 적합한 은사를 부여 합니다. 각 성도를 차별하는 것도 아니고, 오히려 각 사람의 역량에 가장 적절한 은사를 줍니다. 이런 면에서 내게 주신 은사가 어떤 은사인가보다 성령님이 각자에게 주신 은사를 교회와 성도에게 유익하도록 사용하는 것이 더 중요합니다. 성도 상호간에 주어진 은사에 대한 이해와 존중이 있어야 합니다. 자기 역량 이상의 열매를 탐하지 말고, 자기의 은사와 직분과 사역을 통해 성실하게 자기 역할을 감당하는 것이 중요합니다. 오히려 성령님 안에서 성도 상호간에 덕을 세우며, 서로가 유익하도록 협력하여 선을 이루어야 합니다.

3. 성령님의 은사는 건강한 교회를 세웁니다.

교회는 그리스도의 몸입니다. 교회 안에 있는 성도들은 한 몸 안에서 부르심을 받은 공동체입니다. 정확히 말해서 교회는 연합체라기보다는 유기체입니다. 각 성도들이 한 생명체라는 것입니다. 따라서 각자로서의 개인이 아니라, 오직 그리스도의 몸인 교회 중심으로 살아가야 합니다. 이러한 교회의 유기적 생명은 교회의 본질적 속성이며, 사명입니다. 죄로 파괴된 세상 속에서 교회가 먼저 유기적 생명력을 가지고 세상으로 확장해야 합니다. 이것이 세상을 하나님 나라로 인도하는 선교입니다. 따라서 교회는 유대인이나 헬라인이나 남종이나 여종이나 한 생명을 가진 존귀한 존재입니다. 모든 성도들이 각자의 은사를 건강한 교회를 세우기 위해 유기적으로 하나 되는 것이 중요합니다. 나아가 이 은사사역을 통해 세워진 성도들을 통해 잃어버린 세상과 무너진 질서를 회복해야 합니다. 이를 위해 모든 성도들은 한 성령을 마시고, 한 성령으로 숨 쉬고 호흡하며 살아가야 합니다. 교회의 유기적 연합은 교회의 본질적 특성이며, 세상을 뛰어 넘는 위대한 신비입니다.

삶
나누기

1. 하나님은 교회가 하나가 되도록 성도들에게 무엇을 주셨습니까?

2. 하나님이 주신 은사는 교회 안에서 어떤 방향으로 사용해야 합니까?

3. 은사 공동체인 교회를 세우기 위해 내가 감당해야 할 사역은 무엇입니까?

| 함께 기도하기

1. 성령님으로 하나 되게 하신 것을 힘써 지키는 교회가 되게 하소서.
2. 교회와 성도의 유익을 위해 은사를 사용하는 교회가 되게 하소서.
3. 세상을 하나님의 교회로 세우는 화해자적 사역자가 되게 하소서.

- 헌금 찬송 : 213장 나의 생명 드리니
- 헌금 기도 : 구역원 중에서
- 주의 기도 : 다같이

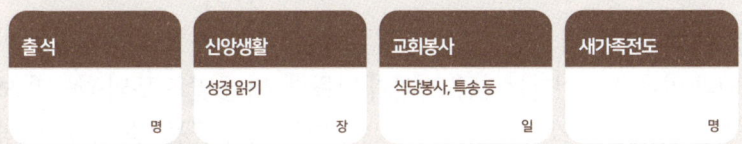

출석	신앙생활	교회봉사	새가족전도
명	성경 읽기 장	식당봉사, 특송 등 일	명

| 기도제목 나누기

24과 은사를 따라 봉사(사역)하라

| 신앙고백 : 사도신경 **| 찬송** : 191장 내가 매일 기쁘게 **| 기도** : 구역원 중에서
| 배울말씀 : 베드로전서 4장 7~11절
| 새길말씀 : 만일 누가 말하려면 하나님의 말씀을 하는 것 같이 하고 누가 봉사하려면 하나님이 공급하시는 힘으로 하는 것 같이 하라 이는 범사에 예수 그리스도로 말미암아 하나님이 영광을 받으시게 하려 함이니, 그에게 영광과 권능이 세세에 무궁하도록 있느니라(벧전 4:11)

생각 열기   친한 친구는 뇌파도 닮는다

친한 친구 관계에 있는 사람들은 같은 일을 겪을 때 놀라울 정도로 비슷한 뇌파 반응을 보인다는 연구 결과가 나왔다. 다른 말로 두뇌 활동만 보아도 친구 사이임을 알 수 있다는 것이다. 미국 대학 공동 연구팀은 42명의 참가자를 대상으로 다양한 장르, 예컨대 뉴스, 뮤직비디오, 코미디, 다큐멘터리 등의 짧은 영상을 각각 보여주고, 뇌의 어느 부위에서 변화가 일어나는지를 뇌 스캔 검사를 통해 살펴보았다. 그 결과 친구 사이에 있는 사람들의 뇌파 반응이 매우 비슷한 것으로 나타났다. 특히 친구 간에 사이가 좋을수록 정서적 반응과 수준 높은 논리적 사고, 그리고 집중력 등에 관여하는 뇌 부위의 신경 패턴에 유사성이 높았다. 연구팀에 따르면 친구들은 가장 비슷한 신경 활동 패턴을 보였고 친구의 친구들이 그 뒤를 이었다. 따라서 사람들의 뇌가 어떤 영상에 어떻게 반응하는 지만 봐도 그들이 누구와 친구인지 예측할 수 있다는 것이다. 이번 연구를 주도했던 미국 캘리포니아 대학 로스엔젤레스캠퍼스(UCLA) 전산 사회신경과학 연구소 소장인 캐럴린 파킨슨 박사는 '이번 결과는 친구 사이인 사람들은 주변 세상을 매우 비슷한 방식으로 대하고 있음을 보여준다.'고 말했다. 사실 과학자들은 오래 전부터 인관관계는 '유유상종'이라고 해왔다. 나이와 외모, 민족적 배경, 그리고 기타 인구통계학적 분류가 같은 사람끼리 어울리기 쉽다는 것이다. 이런 의미에서 성령의 은사를 통해 그리스도의 몸을 세우는 사역자들은 '한 하나님, 한 마음, 한 비전'을 품고 봉사해야 한다. 그 누구보다 진정한 친구이신 예수님을 닮는 친구들의 공동체인 교회를 세워야 하기 때문이다.

서울신문, 친한 친구 사이는 두뇌 활동도 비슷하다(2018. 1.31).

말씀
담기

은사는 '은혜의 선물'이며 사명과 연결됩니다. 교회는 은사 공동체를 이루어 지역사회를 회복하고 온 나라와 열방을 회복해야할 선교적 사명을 갖고 있기 때문입니다. 은사 공동체인 교회는 세상 속에서 빛과 소금의 사명을 갖고 있습니다. 베드로는 정신을 차리고 근신하며 기도하되 무엇보다 사랑으로 충만하라고 합니다. 그것도 뜨거운 사랑으로 허다한 죄와 허물을 덮고, 서로 대접하기를 원망 없이 하라고 요구합니다. 이를 위해 모든 성도는 각각 받은 은사를 따라 헌신 봉사해야 합니다. 봉사란 히브리어로 '아바드', 즉 '섬기다'는 뜻입니다. 열심히 봉사하는 것도 중요하지만, 하나님이 원하는 방향, 즉 자기가 받은 은사와 연결된 봉사를 해야 합니다.

1. 은사를 따라 선한 청지기로 봉사하라.

예수 십자가의 사랑으로 하나를 이룬 교회는 그 사랑으로 교제하는 공동체입니다. 서로 대접하되 원망을 일으키는 것이 아니라, 하나 됨을 더 촉진할 수 있어야 합니다. 각자가 받은 은사를 따라 '선한 청지기'로 봉사해야 합니다. 선한 청지기는 로마시대에 주인의 집과 재산을 주인의 의도대로 신실하게 관리하는 충성된 자입니다. 청지기 정신으로 은사를 사용해야 한다는 것입니다. 다시 말해서 은사는 나의 무엇이 아니라 그 은사를 주신 하나님의 기쁘신 뜻을 이루도록 사용해야 합니다. 선한 청지기처럼 하나님의 은사를 따라 봉사하는 일에 열정을 다하라는 것입니다. 그래서 바울은 '성도를 온전케 하며 봉사의 일을 하게하며 그리스도의 몸을 세우려 하심이라.'(엡 4:12)고 합니다. 실제로 교회 출석하게 된 사람들의 90%가 그 동기를 '누군가의 따뜻함 때문'이라 말합니다. 예수님도 '인자가 온 것은 섬김

159

받으려 함이 아니라, 도리어 섬기러 왔다.'(막 10:45)고 하였음을 기억하고 선한 청지기로 봉사해야 합니다.

2. 서로 협력하여 봉사하라

교회의 봉사는 서로를 향해 상호 봉사하는 것이어야 합니다. 이 말은 모든 성도가 교회를 위해, 그리고 성도 상호간에 봉사자가 되어야 한다는 것입니다. 달리 말해 서로 협력하여 교회를 세우며, 서로 협력하여 성도가 성도 되도록 도와야 한다는 것입니다. 마하트마 간디는 '봉사를 위해 보낸 삶이 오직 열매를 맺는 삶이며, 봉사 없는 삶은 사막의 인생'이라고 했습니다. 그래서 본문은 만일 누가 말하려면 하나님의 말을 하는 것 같이 하고, 누가 봉사하려면 하나님이 공급하시는 힘으로 하는 것 같이 하라고 합니다. A.W. 토저는 '하나님은 사람을 부르셔서 먼저 예배자를 만들고, 그 후에 일하는 자를 만드신다.'고 하였습니다. 하나님의 일은 나 혼자의 위대함으로 이룰 수 있는 것이 아니라는 것입니다. 우리의 사역 동기가 모든 능력의 근원이신 하나님을 신뢰하는 믿음에서 나와야 합니다. 봉사의 동기가 철저히 하나님의 힘, 즉 능력의 참 근원이신 하나님께 있어야 한다는 것입니다. 따라서 우린 철저하고도 지속적으로 하나님의 힘을 의지하는 경건에 깨어있어야 하며, 늘 겸손해야 합니다.

3. 하나님의 영광을 위해 봉사하라

범사에 예수 그리스도로 말미암아 하나님이 영광을 받으시게 하라고 합니다. 바울도 '너희가 먹든지 마시든지 무엇을 하든지 다 하나님의 영광을 위하여 하라.'(고전 10:31) 고 합니다. 칼뱅은 사람이 존재하는 첫 번째 목적은 '하나님께 영광을 돌리며 사는 것'이라고 합니다. 크롬웰도 '인생을 사는 최대의 목적은 하나님의 영광을 나타내고, 영원토록 하나님을 즐거워 하는데 있다.' 합니다. 여기서 '영광'은 히브리어로 '카보드' 헬라어로 '독사'인데 '무게, 의미, 중요성, 가치'를 뜻합니다. 따라서 하나님께 합당한 존경과 경배를 드려야 한다는 것입니다. 사람이란 헬라어로 '안드로포스'인데, 이는 '위를 쳐다본다.', 즉 하나님을 바라보고 살아가는 존재라는 것입니다. 따라서 봉사는 우리의 일이고, 영광은 하나님의 몫이 되어야 합니다. 우리의 봉사가 철저히 하나님의 영광을 위한 것이어야 합니다. 그래서 바울은 오직 주님에게 영광과 권능이 세세에 무궁하도록 있다고 선포한 것입니다. 따라서 우리가 하나님의 영광을 위해 봉사할 수 있다는 것 자체가 가장 큰 축복이며 은혜입니다. 이것을 알고 행하는 것이 복입니다.

1. 각각 받은 은사를 따라 어떤 태도로 교회 사역에 봉사해야 합니까?

2. 서로 협력하여 사역하기 위해서 가져야 할 영적 태도는 무엇입니까?

3. 나의 사역으로 하나님의 영광을 나타내기 위한 구체적인 사역계획은 무엇입
   니까?

| 함께기도하기

1. 각각 받은 은사를 따라 선한 청지기로 봉사하게 하소서.
2. 오직 하나님의 힘만 의지함으로 서로 협력하는 봉사가 되게 하소서.
3. 나의 봉사를 통해 우리 교회가 건강한 교회로 세워지게 하소서.

- 헌금 찬송 : 216장 성자의 귀한 몸
- 헌금 기도 : 구역원 중에서
- 주의 기도 : 다같이

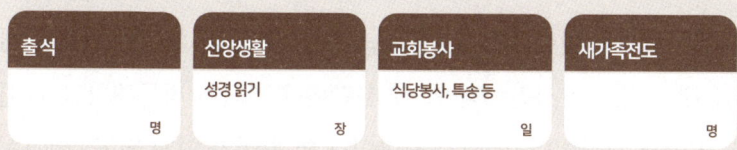

출석	신앙생활	교회봉사	새가족전도
	성경 읽기	식당봉사, 특송 등	
명	장	일	명

| 기도제목 나누기

25과 공의와 정의를 사랑하시는 하나님

| **신앙고백** : 사도신경 | **찬송** : 539장 너 예수께 조용히 나가 | **기도** : 구역원 중에서
| **배울말씀** : 미가 6장 6~8절
| **새길말씀** : 여호와께서 네게 구하시는 것은 오직 정의를 행하며 인자를 사랑하며 겸손하게 네 하나님과 함께 행하는 것이 아니냐(미 6:8)

생각
열기

결국 공평한 인생

이런 이야기가 있습니다. 40대는 남녀 간의 성(性) 차이가 별로 없게 되고, 50대는 공부한 사람이나 안 한 사람이나 지식이 평등해지고, 60대는 외모가 예쁜 사람이나 안 생긴 사람이나 별 차이가 없게 되고, 70대는 건강한 사람이나 아픈 사람이나 별 다르지 않고, 80대는 재물이 많은 사람이나 없는 사람이나 먹고 입는 것이 비슷해지고, 90대는 산사람이나 죽은 사람이나 다를 것이 없다고 합니다.

서로 다른 남녀가 결혼해서 세상을 살다보면 그렇게 다르던 것들도 세월이 흘러가면서 별 의미가 없어지고 비슷해집니다. 처음에는 불공평한 조건들로 피해의식을 갖고 살았는데 나이가 들수록 결국은 평등한 것이 인생이라는 것을 알게 됩니다. 젊을 때는 나와 다른 것이 많은 것 같으나 나이가 들수록 비슷비슷해집니다. 결국 죽음 앞에서 만인은 평등합니다. "한번 죽는 것은 사람에게 정해진 것이요 그 후에는 심판이 있으리니"(히 9:27) 하나님은 모든 인생에 대하여 공평하신 분입니다.

말씀
담기

이번 과에서 우리는 하나님이 얼마나 공의와 정의를 사랑하시는 분인지 살펴볼 것입니다. 성경에서 하나님은 공의와 정의를 사랑하시는 분이라고 기록하고 있습니다. 하나님은 세상을 공평하고 차별없이 다스리시는 미슈파트의 차가운 정의를 행하시는 분이십니다. 동시에 하나님은 힘없고 가난하고 억울한 사람들의 고통과 신음에 귀를 기울이며 변호하시는 체데카의 따뜻한 정의를 행하시는 분이십니다.

1. 하나님은 공의와 정의를 사랑하시는 분입니다.

하나님은 미슈파트와 체데카를 사랑하시는 분입니다. "그는 공의와 정의를 사랑하심이여 세상에는 여호와의 인자하심이 충만하도다."(시편 33:5) 하나님은 저 높은 곳에 계시면서도 이 땅을 미슈파트와 체데카로 채워주시는 분입니다. "여호와께서는 지극히 존귀하시니 그는 높은 곳에 거하심이요 정의와 공의를 시온에 충만하게 하심이라."(사 33:5)

공의와 정의를 사랑하시는 하나님은 이스라엘 중에 미슈파트와 체데카를 행하시는 분입니다. "능력 있는 왕은 정의를 사랑하느니라 주께서 공의를 견고하게 세우시고 주께서 야곱에게 정의와 공의를 행하시나이다."(시 99:4)

하나님이 우리에게 진정 원하시는 것은 번제물로 드릴 송아지가 아닙니다. 천천의 숫양이나 만만의 기름도 아닙니다. 하나님께서 우리에게 가장 원하시는 것은 오직 정의와 사랑과 하나님과 동행하는 것입니다(미 6:6~8). 하나님과 동행하는 삶을 살려면, 하나님과 올바른 관계 속에서 살려면, 우리가 마땅히 행해야 할 것, 바로 정의입니다.

2. 하나님은 세상을 공평하게 다스리시는 분입니다.

그리스 정의의 여신 디케는 한 손에는 저울과 다른 한 손에는 칼을 들고 있지만, 하나님은 이 땅을 공의로 다스리기 위하여 한 손에는 미슈파트의 줄자를, 다른 한 손에는 체데카의 저울을 들고 역사를 이끄시는 분입니다. "나는 정의를 측량줄로 삼고 공의를 저울추로 삼으니 우박이 거짓의 피난처를 소탕하며 물이 그 숨는 곳에 넘칠 것인즉"(사 28:17) 인간에 대한 하나님의 판단은 줄자와 같이 정확하고 공정하시며, 사람의 행위의 무거움과 가벼움, 선함과 악함에 대한 하나님의 눈은 정직하며 차별이 없습니다.

그러므로 하나님은 힘이 없어 억압받고 억울한 일을 당하는 모든 사람의 권리를 회복하시며, 힘이 있다고 자랑하며 힘없는 자를 누르고 억울하게 하는 모든 사람의 악행을 심판하시는 분입니다(시 103:6). 하나님은 이스라엘의 힘있는 통치자들에게 폭행과 탄압을 그치고 오로지 공의와 정의를 행하라고 명령하십니다. 하나님은 정의를 측량줄로, 공의를 저울추로 삼고 세상을 다스리시기 때문입니다. 하나님의 공의와 정의는 공평하고, 정직하며, 차별이 없습니다.

3. 하나님은 억울하고 가난한 자의 편에서 그들을 구원하시는 분입 니다.

하나님의 정의는 공평하고 차별이 없는 차가운 법의 집행으로만 행사되지 않습니다. 하나님의 정의는 힘없고 가난하며 억울한 일을 당하는 사람들을 향해서는 따뜻한 정의로도 나타납니다. 하나님의 정의는 우람찬 산과 같고, 하나님의 공의는 깊은 바다의 심연과 같아서 온 인류를 구원하십니다(시 36:6).

하나님은 억울한 사람을 변호해 주시고 가난한 사람에게 긍휼을 베푸시는 분입니다(시 140:12). 하나님은 "가난한 사람을 티끌에서 일으키시며 궁핍한 사람을 거름더미에서 들어올리셔서 귀한 이들과 한자리에 앉게 하시는" 분입니다(시 113:7~9).

정의의 하나님은 힘없고 연약한 자들의 편에 서서 그들을 변호하십니다. 하나님이 편드시는 사람은 "낮은 사람, 슬퍼하는 사람, 가난한 사람, 비천한 사람"(시 5:11, 15)이며, "가련한 사람, 억눌림을 당하는 사람, 폭력에 쓰러지는 사람, 고난받는 사람, 억울하게 학대받는 자, 고아"(시 10:8, 10, 14, 18)입니다. 나아가 정의의 하나님은 그들이 소망을 잃어 꺾이지 않도록, 그들의 삶의 등불이 꺼지지 않도록 끝까지 회복하시는 분입니다(사 42:1~4).

1. 미가는 하나님이 가장 원하시는 것 세 가지가 무엇이라고 말하고 있습니까?

2. 공평하고 차별없는 미슈파트의 하나님은 어떤 분입니까?

3. 약한 자의 편을 드시고 필요한 것을 채우시는 체데카의 하나님은 어떤 분입니까?

| 함께 기도하기

1. 미슈파트와 체데카를 사랑하시는 하나님을 닮게 하소서.
2. 사람을 공평하고 차별없이 대하시는 하나님의 미슈파트를 본받게 하소서.
3. 억울하고 힘없는 자를 변호하시고 돌보시는 하나님의 체데카를 살게 하소서.

- 헌금 찬송 : 182장 강물같이 흐르는 기쁨
- 헌금 기도 : 구역원 중에서
- 주의 기도 : 다같이

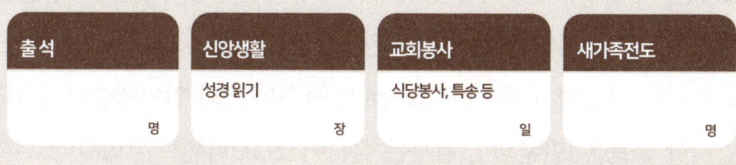

출석	신앙생활	교회봉사	새가족전도
	성경 읽기	식당봉사, 특송 등	
명	장	일	명

| 기도제목 나누기

_____

_____

_____

_____

_____

_____

_____

_____

_____

_____

_____

26과 강같이 흐르는 정의: 선지자들이 외치는 정의

┃ 신앙고백 : 사도신경 ┃ 찬송 : 315장 내 주 되신 주를 참사랑하고 ┃ 기도 : 구역원 중에서
┃ 배울말씀 : 아모스 5장 21∼24절
┃ 새길말씀 : 오직 정의를 물 같이, 공의를 마르지 않는 강 같이 흐르게 할지어다(암 5:24)

거짓된 증거

1990년, 미식축구 선수이자 영화배우이며 국민 영웅이었던 O. J. 심슨이 살인 혐의로 기소되었습니다. 죄목은 '전처와 그 애인 살해'. 그에 대한 결정적 증거는 현장에서 채취한 DNA로서 심슨의 것과 일치했습니다. DNA가 일치할 확률은 1만분의 1. 검사는 심슨이 99.99퍼센트 살인자라고 결론을 내렸습니다. 반면에 변호사는 로스앤젤레스 인근의 인구 300만 명 중에 300명이 같은 DNA를 공유하고 있으므로 심슨이 살인자라는 결론은 99.7퍼센트 오판이라고 했습니다. 진실은 하나입니다. 심슨이든지, 검사든지 누구 한 사람이 거짓말을 하고 있습니다.

세상 법정은 아직도 그 사건에 대한 진상을 밝혀내지 못하고 있습니다. 때로 법정은 권력과 돈에 의해 '가진 자의 전당'이 되기도 합니다. 정의는 땅에 밟히고, 악은 공중에 사무칩니다. 성경의 예언자들은 하나님의 정의가 이 땅에서 사라지고 있음을 슬퍼하는 자들입니다. 그들은 이 땅에 정의가 살아서 억울한 이들의 피가 없어야 하나님이 기뻐하신다고 외치다 죽어간 사람들입니다.

말씀
담기

이번 과에서 우리는 정의에 가장 민감했던 선지자들의 메시지를 살펴볼 것입니다. 사회적 정의에 가장 예민했던 아모스는 정의가 없는 예배는 죽은 예배라고 선포했습니다. 이사야는 하나님이 기뻐하시는 금식은 주린 자에게 먹을 것을 주는 것이라 외쳤습니다. 그리고 예레미야는 정의가 없는 성전은 도둑의 소굴과 다를 바 없다고 비판했습니다.

1. 아모스는 정의가 없는 예배는 죽은 예배라고 선포했습니다.

최초의 문서 예언자 아모스는 예언자들 중에 가장 사회적 정의에 민감했던 사람입니다. 그는 이스라엘 사회의 부패를 규탄하기를 "너희는 공의를 쓸개로 바꾸며 정의의 열매를 쓴 쑥으로 바꾸었다."(암 6:12)고 했으며, "너희는 공의를 쓰디쓴 소태처럼 만들며 정의를 땅바닥에 팽개치는 자들이다."(암 5:7)라고 비판했습니다.

아모스는 하나님의 심판 날을 대비하는 유일한 길은 공의와 정의가 강처럼 흐르는 예배라고 외쳤습니다. 하나님은 사람에게 폭력과 불의를 행하면서 하나님께 나아와 드리는 예배를 받지 않으십니다. "너희가 내게 번제나 소제를 드릴지라도 내가 받지 아니할 것이요, 너희의 살진 희생의 화목제도 내가 돌아보지 아니하리라. 네 노랫소리를 내 앞에서 그칠지어다. 네 비파소리도 내가 듣지 아니하리라. 오직 정의를 물같이, 공의를 마르지 않는 강 같이 흐르게 할지어다."(암 5:22~24)

2. 이사야는 진정한 금식은 주린 자에게 양식을 주는 것이라 외쳤습니다.

예언자 이사야는 하나님이 택하신 왕이 장차 '미슈파트(공의)'를 온 세상에 이룩할 것이라고 예언했습니다. 이사야는 정의의 하나님은 두 눈을 검은 띠로 덮고 시퍼런 칼날을 인정사정 없이 마구 휘두르시는 분이 아니라, "너희에게 은혜를 베푸시려고 기다리시며 너희를 불쌍히 여기시려고 일어나시는 분"(사 30:18)이라고 선언했습니다.

우리를 불쌍히 여기시고 긍휼을 베푸시는 하나님의 체데카처럼 하나님은 우리에게도 따뜻한 정의를 실천하기를 원하십니다. 이스라엘 백성들에게 있어서 하나님께 나아가는 행위 중에 가장 경건하고 거룩한 행위는 금식기도입니다. 이사야는 최고의 신앙 행위인 금식의 진정한 모습은 역설적이게도 어려움과 고통 속에 있는 이웃을 돌보는 것이라고 말합니다.

"내가 기뻐하는 금식은 흉악의 결박을 풀어 주며 멍에의 줄을 끌러 주며 압제 당하는 자를 자유하게 하며 모든 멍에를 꺾는 것이 아니겠느냐 또 주린 자에게 네 양식을 나누어 주며 유리하는 빈민을 집에 들이며 헐벗은 자를 보면 입히며 또 네 골육을 피하여 스스로 숨지 아니하는 것이 아니겠느냐"(사 58:6~7). 하나님께 대한 신앙과 이웃에 대한 정의는 분리할 수 없습니다.

3. 예레미야는 정의 없는 성전은 도둑의 소굴이라고 경고했습니다.

예레미야는 남유다 왕국이 바벨론 제국에게 멸망하여 70년 동안 포로생활을 하게 될 것을 최초로 예언한 선지자입니다. 그는 나라가 망해가는 징조를 성전에서 행해지는 불의와 폭압에서 목도했습니다. 이스라엘 백성들은 여호와의 성전이 자신들을 지켜줄 거라 찬양하면서도 이방인과 고아와 과부를 압제하고 피를 흘렸습니다.

"너희는 이것이 여호와의 성전이라, 여호와의 성전이라, 여호와의 성전이라 하는 거짓말을 믿지 말라. 너희가 만일 길과 행위를 참으로 바르게 하여 이웃들 사이에 정의를 행하며 이방인과 고아와 과부를 압제하지 아니하며 무죄한 자의 피를 이 곳에서 흘리지 아니하며"(렘 7:4~5)

예레미야는 세상에서 도둑질과 살인과 간음과 거짓 맹세와 우상숭배를 자행하면서도 성전이 자신들을 구원할 것이라고 가증한 말을 하는 자들에게 경고합니다. "너희 눈에는 이 집이 도둑의 소굴로 보이느냐?"(렘 7:11)

1. 아모스가 말하는 결코 드리지 말아야 할 예배는 어떤 예배입니까?

2. 이사야는 하나님이 기뻐하시는 금식은 무엇이라고 말하고 있습니까?

3. 예레미야는 성전이 진정으로 거룩하려면 어떻게 해야 한다고 말하고 있습니까?

| 함께 기도하기

1. 하나님 앞에 예배와 찬송을 드리기 전에 이 땅의 정의를 생각하게 하소서.
2. 하나님 앞에서 금식하며 기도할 때 주린 자의 필요를 생각하게 하소서.
3. 우리가 섬기는 교회가 정의와 공의로 충만하게 하소서.

- 헌금 찬송 : 274장 나 행한 것 죄뿐이니
- 헌금 기도 : 구역원 중에서
- 주의 기도 : 다같이

출석	신앙생활	교회봉사	새가족전도
	성경 읽기	식당봉사, 특송 등	
명	장	일	명

| 기도제목 나누기

하나님 말씀과 성령의 치유로 누리는 자유

이번 단원의 주제는 자유입니다. 자유는 사중복음 중 신유로 구분됩니다. 하나님의 말씀은 우리의 몸과 마음을 자유롭게 합니다. 성결교회 사중복음 신학 중 하나인 '신유'는 성도들에게 복음, 즉 기쁜 소식입니다. 주님이 오심으로 우리는 죄의 얽매임으로부터 자유하게 되었습니다. 이 자유는 육신에 매어 죄와 죽음의 법에서 자유로울 수 없었던 인간의 생명을 주는 성령의 법으로 해방시켜줍니다.

제27과 "자유하라, 삶의 어려움으로부터"에서는 다양한 이유로 자유롭지 못하게 살고 있는 성도에 대해 설명합니다. 성도는 누구나 고난을 받습니다. 고난으로 인해 자유롭지 못한 삶을 사는 것은 당연합니다.

제28과 "자유하라, 자신의 약점으로부터"에서는 인간에게 자유를 주시기 위해 예수 그리스도가 오셨다는 것을 알게 합니다. 성도에게 자유를 주시는 분은 오직 예수님입니다. 예수님을 믿을 때에 결박에서 자유하게 됩니다. 누구나에게 주어진 부자유는 오직 예수님을 통해서만이 자유를 얻으므로 치유함을 받습니다.

제29과 "자유하라, 모든 질병으로부터"에서는 하나님의 말씀과 성령의 치유하는 은혜로 억압에서 해방되어 자유를 누리게 됨을 말합니다. 성도는 아픔과 고통에서부터 자유롭게 살아갈 수 있습니다.

제30과 "하나님 백성의 의로운 삶"에서 하나님이 이스라엘을 언약백성으로 삼으신 과정을 배웁니다. 그래서 하나님은 그들을 애굽 종살이에서 출애굽시키셨고, 그들에게 의로운 삶을 살기를 기대하셨습니다. 본 과를 통해 의로우신 하나님, 의로운 하나님의 백성에 대해 배우게 됩니다.

7

27과
자유하라, 삶의 어려움으로부터
7월 6일~12일

28과
자유하라, 자신의 약점으로부터
7월 13일~19일

29과
자유하라, 모든 질병으로부터
7월 20일~26일

30과
하나님의 백성의 의로운 삶
7월 27일~8월 2일

27과 자유하라, 삶의 어려움으로부터

| **신앙고백** : 사도신경 | **찬송** : 379장 내 갈 길 멀고 밤은 깊은데 | **기도** : 구역원 중에서
| **배울말씀** : 욥기 3장 25~26절
| **새길말씀** : 내가 주께 대하여 귀로 듣기만 하였사오나 이제는 눈으로 주를 뵈옵나이다
그러므로 내가 스스로 거두어들이고 티끌과 재 가운데에서 회개하나이다
(욥 42:5~6)

생각열기 청어와 상어

세계의 존경을 받는 역사가 토인비(Arnold Toynbee) 박사가 즐겨하던 이 야기가 있다. 북쪽 바다에서 청어 잡이를 하는 어부들의 가장 큰 관심사는 어떻게 하면 먼 거리에 있는 런던까지 값비싼 청어를 싱싱한 모습 그대로 살려서 가지고 갈 수 있을까 하는 것이었다. 어부들이 아무리 관심을 쓰고 잘해도 배가 런던에 도착해 보면 청어들은 거의 다 죽어 있어서 언제나 골치였다. 그런데 한 어부만은 언제나 북해에서 잡은 청어를 싱싱하게 산 채로 런던에 가지고 와서 큰 재미를 보았다. 동료 어부들이 이상해서 그 어부에게 물어 보았으나 그는 비밀이라고 하며 그 이유를 가르쳐주지 않았는데 드디어 동료들의 많은 압력에 못 이겨 그가 고백했다. "나는 청어를 잡아넣은 통에다 상어를 한 마리씩 집어넣습니다." 그러자 모든 어부들이 눈이 휘둥그레지면서 "그러면 상어가 청어를 잡아먹지 않소?"라고 이구동성으로 물었다. 그는 통쾌하게 웃으며 다음과 같이 대답한다. "네, 상어가 청어를 잡아먹습니다. 그러나 그놈은 청어를 두세 마리밖에 못 잡아먹지요. 그 대신 그 통 안에 있는 수백 마리의 청어들은 잡혀 먹히지 않으려고 계속 도망쳐 다니지요. 런던에 올 때까지 모든 청어들은 마치 올챙이들처럼 열심히 도망 다니고 있습니다. 먼 길 후에 런던에 도착 해봐도 청어들은 여전히 살아서 싱싱합니다. 다 살아 있거든요!" 그리스도인에게 고난은 청어를 싱싱하게 살아있게 만드는 상어와 같다.

청어와 상어 | 작성자 우림과 둠밈

말씀
담기

　동방의 의인이라고 불렸던 욥은 하루아침에 10명의 자녀와 전 재산을 잃고 말았습니다. 그리고 이어서 그의 발바닥에서 정수리까지 온 몸에 종기가 나는 질병이 찾아왔습니다. 이별과 상실의 아픔에 이은 질병과 죽음에 대한 공포는 믿음의 사람 욥의 신앙 가치관과 인생에 대한 태도 전부를 바꾸기에 충분했습니다. 오늘 우리도 욥과 똑 같은 경우는 아니더라도 쉴 새 없는 고난과 역경이 우리를 엄습할 때, 하나님을 향한 변치 않는 신뢰와 믿음을 유지하기 위해서 명심해야 할 사실이 무엇인지를 아는 것이 중요합니다.

1. 성도는 사는 동안 다양한 고난을 만납니다.

　전통적인 관점에서 고난이나 질병은 죄로 인해서 찾아온다고 합니다. 성경은 죄의 삯은 사망이라고 했으니, 고난이나 질병도 그 사람의 죄로 인해 온다는 생각을 안 할 수 없습니다. 그러나 그러한 견해는 고난과 질병 가운데 있는 사람 스스로 자신에게 적용시킬 때 변화가 시작됩니다. 죄로 인해서 고난이 찾아온다는 인식이 누군가를 비난하거나 정죄하는 도구가 되어서는 안 됩니다. 고난은 사람의 실수나 잘못으로 찾아올 수도 있습니다. 예를 들면 졸음운전을 하다가 사고가 날 수 있습니다. 그런 사건을 하나님이 죄의 결과로 징계를 하셨다고 해석하는 것은 아무래도 무리일 것입니다. 과도하게 일을 하거나 폭식을 하느라 몸의 건강이 나빠져서 병원치료를 받게 되었는데, 그 가운데 있는 커다란 하나님의 섭리와 뜻을 찾아서 묵상하기보다는 그동안 몸 관리에 소홀했던 자신을 돌아보며 더 건강한 삶을 다짐하면 됩니다. 때로 고난은 우리를 성숙하게 하시려는 진짜 하나님의 손길인 경우가 있습니다. 동족에게 배척 당하고 미디안 광야로 몸을 피해야 했던 모세는 당시로서는 그 상황을 이해하지 못했을 것입니다. 그러나 하나님의 손길은 애굽 왕궁의 왕자로서의 자존심보다 하나님의 일꾼으로서의 자긍심을 갖게 하고, 광야의 지도자로 훈련받게 하려는 섭리라는 것을 알 수 있습니다. 성도는 누구나 다양한 환경에서 고난과 고통을 겪습니다.

2. 욥은 삶의 고통이 자신을 얽매는 것을 보았습니다.

계속되는 고난 가운데 욥은 실망하고 좌절합니다. 그가 비록 모든 고난 당하는 사람을 대표하는 인물이라고 할지라고 두려움이 엄습했습니다. 믿었던 친구들은 찾아와서 위로와 격려보다는 혹시 하나님께 잘못한 것이 없느냐고 묻습니다. 친구들의 그런 태도는 그가 당하는 삶의 고통보다 훨씬 괴롭고 힘든 일이었습니다. 모든 관계가 깨지고, 삶의 계획들은 송두리째 뽑혀 사라지고 말았습니다. 이제 과연 무엇을 해야 할지 모르는 상황입니다. 그러나 욥은 하나님을 향한 신뢰를 저버리지 않았고 하나님의 신실하심을 믿고 의지했습니다. 중요한 것은 하나님을 끝까지 붙잡는 것입니다. 힘들 때 하나님이 베푸신 구원의 은혜와 도우셨던 손길을 기억합니다. 그리고 우리와 항상 함께 하시겠다고 하신 약속의 말씀을 붙잡아야 합니다. 욥은 고난의 끝에서 "내가 주께 대하여 귀로 듣기만 하였사오나 이제는 눈으로 주를 뵈옵나이다. 그러므로 내가 스스로 거두어들이고 티끌과 재 가운데에서 회개하나이다."(욥 42:5~6)라고 고백합니다. 하나님을 지식으로 아는 것이 아니라 눈으로 보고 직접 경험하게 되었다는 것은 삶의 고난을 통해서 하나님을 더 가까이 체험했기 때문입니다. 삶이 형통할 때 더 감사하지 못했고 어려운 사람들에 대해서 외면했던 자신의 모습을 깨닫게 되면서 회개하기 시작했습니다. 고난이 유익인 이유가 여기에 있습니다. 고난이 우리 삶을 흔들 때 주님께 더욱 한 걸음 나아가야 합니다. 그 가운데 주님 만나게 될 것입니다.

3. 하나님은 고통에 매인 성도에게 자유를 주십니다.

하나님은 고난당하는 자를 변호해 주시며 궁핍한 자에게 정의를 베푸시는 분이십니다(시 140:12). 하나님이 성도의 고난을 외면하실 리가 없습니다. 중요한 것은 어려운 일을 당할 때 변함없이 하나님을 신뢰하는 것입니다. 하나님은 이스라엘 백성들이 물 가운데로 지날 때에 내가 함께 하시겠다고 하셨고, 강을 건널 때에 물이 그들을 침몰하지 못할 것이며, 그들이 불 가운데로 지날 때에 타지도 아니할 것이요 불꽃이 사르지도 못하게 하시겠다(사 43:2)고 약속하신 분이십니다. 예수님도 우리를 고아같이 버려두지 아니하고 다시 오시겠다고 약속하셨습니다(요 14:18). 성경 어디를 보아도 하나님이 우리를 그냥 모른 척하겠다고 하신 적이 없습니다. 바울은 "누가 우리를 그리스도의 사랑에서 끊으리요 환난이나 곤고나 박해나 기근이나 적신이나 위험이나 칼이랴."(롬 8:35)고 선언할 정도입니다. 이 말씀은 환난이나 어려움을 대하는 성도의 자세만을 이야기하는 것이 아닙니다. 우리를 향한 하나님의 마음입니다. 하나님은 우리를 그냥 내버려두지 않으시고 세상 끝까지 함께 하겠다고 약속하셨습니다. 삶이 어렵다고 푸념하고 체념하기 이전에 나에게 자유를 주시는 하나님으로 인해서 위로와 힘을 얻는 성도가 되어야 합니다.

1. 살면서 만난 가장 큰 고난은 무엇이고 이유는 무엇이라고 생각하는지 나눠봅
   시다.

2. 고난당하는 사람을 만났을 때 나의 태도는 어떠했는지 나눠봅시다.

3. 고난이 유익이라는 말씀이 내게는 어떻게 적용됐는지 나눠봅시다.

| 함께 기도하기

1. 우리 중에 고난당하는 자를 위로하시고 회복시켜 주소서.
2. 형제의 어려움을 외면하지 않고 돌보게 하소서.
3. 부자유에서 참 자유를 누릴 수 있도록 인도하소서.

- 헌금 찬송 : 373장 고요한 바다로
- 헌금 기도 : 구역원 중에서
- 주의 기도 : 다같이

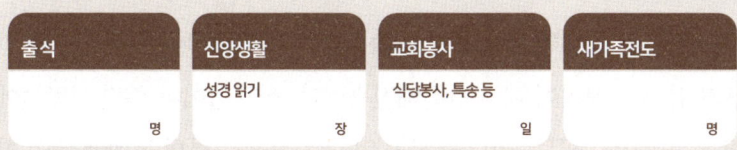

출석	신앙생활	교회봉사	새가족전도
	성경 읽기	식당봉사, 특송 등	
명	장	일	명

| 기도제목 나누기

28과 자유하라, 자신의 약점으로부터

| 신앙고백 : 사도신경 | 찬송 : 185장 이 기쁜 소식을 | 기도 : 구역원 중에서
| 배울말씀 : 사도행전 3장 1~10절
| 새길말씀 : 베드로가 이르되 은과 금은 내게 없거니와 내게 있는 이것을 네게 주노니
나사렛 예수 그리스도의 이름으로 일어나 걸으라 하고(행 3:6)

치유의 능력과 근원

어느 할아버지가 암 진단을 받았습니다. 이 할아버지는 암 진단을 받은 날부터 갑자기 성격이 매우 난폭해졌습니다. 식구들이나 주변 사람들에게도 욕을 퍼붓고, 아무도 만나려 하지 않았습니다. 그런데 동네에서 이 할아버지를 가끔 만나던 어린 꼬마가 할아버지가 아프다는 소식을 듣고 병원으로 찾아왔습니다. 식구들은 호기심 반, 기대 반으로 "한 번 들어가서 할아버지를 만나 보렴." 하며 그 꼬마를 들여보냈습니다. 그런데 한 20~30분 동안 소년이 할아버지를 만나고 나온 뒤에 할아버지가 변했습니다. 태도가 갑자기 부드러워지고, 사람들도 만나고, 이야기도 하는 것이었습니다. 사람들은 이상해서 소년에게 물어 보았습니다. "너 할아버지와 무슨 이야기를 했니?" 소년은 대답했습니다. "아무 이야기도 안 했어요.", "그러면 도대체 할아버지랑 20~30분 동안이나 뭘 했니?" 그랬더니 어린 소년이 대답했습니다. "저요? 할아버지하고 같이 울었어요." 할아버지의 아픔을 자신의 아픔으로 느끼면서 함께 우는 순간, 더불어 껴안고 울던 그 눈물을 통해 할아버지의 아픔이 치유된 것입니다. 이처럼 우리가 아픔을 함께 느낄 때 치유의 능력이 솟아납니다.

『쉽게 풀어 쓴 이동원 목사의 마가복음 이야기(상)』 中

베드로와 요한이 제 구 시 기도 시간에 성전에 올라갔습니다. 그들은 성령을 체험하기 이전에는 숨어 지내던 사람들이었습니다. 그러나 지금은 달라졌습니다. 정해진 기도시간에 기도하러 성전으로 향했습니다. 아마도 기도만 하지는 않았을 것입니다. 그들은 자신들이 체험한 예수 그리스도와 그분이 말씀해주신 것을 전하기 위해서 성전을 올랐을 것입니다. 이렇듯 성령은 자신뿐만 아니라 다른 사람을 변화시킵니다. 그 변화의 원동력은 성령님이시고 성령님을 체험한 사람은 성령님의 역사하시는 도구가 되고 통로가 됩니다. 그 앞에 펼쳐지는 일들은 하나님의 역사가 됩니다.

1. 누가 우리에게 자유를 주십니까?

베드로와 요한이 성전에 기도하러 올라가다 한 사람을 만났습니다. 그 사람은 나면서부터 걷지 못한 사람이라 이웃들이 그를 데려다가 성전 입구에 내려놓으면 성전에 기도하러 가는 선한 마음을 가진 사람들의 동정심을 자극해서 적선을 받는 일을 계속 해왔습니다. 이날도 그는 성전에 기도하러 가는 많은 사람들 중에 혹시 자신에게 관심을 가질 사람을 기대하다가 베드로와 요한을 보게 되었습니다. 성령 충만한 베드로와 요한은 겉보기에도 사랑이 많아 보였습니다. 그래서 베드로와 요한에게 눈을 떼지 않고 계속 주시하면서 구걸해 줄 것을 기대하고 있었습니다. 선천적이든 후천적이든 장애를 가지게 되면 마음까지 약해집니다. 스스로의 의지보다 타인의 시선이나 손길을 의식하고 기대하는 성향이 생깁니다. 베데스다 연못가에 38년 동안 누워있던 사람도 그랬습니다. 연못물이 동할 때 누군가 자기를 들어서 연못에 넣어 주지 않는 것을 한탄했습니다. 그러나 베데스다 연못가에 누워있던 사람이나 오늘 성전 미문 앞에 앉아있는 사람에게 근본적으로 필요한 것은 주변의 도움이 아니었습니다. 질병으로부터 자유를 주시는 이가 누구인가를 아는 것입니다. 오직 예수 그리스도입니다.

2. 진정한 자유는 예수님을 만나면서 시작됩니다.

성전 미문 앞에 앉아 있는 사람에게 당장 필요한 것은 그날의 끼니와 삶의 필요를 해결하기 위한 몇 푼의 동전일지도 모릅니다. 베드로와 요한도 그냥 대수롭지 않게 여기고 지나갈 수도 있고, 그날의 형편에 따라 동전 하나 던져주고 갈 수도 있었습니다. 그리고 이 사람은 이전에 성전에 올라갈 때도 만났던 사람입니다. 그러니 다음에 줄 수도 있었습니다. 하지만 성령 충만한 베드로와 요한에게 오늘 그 사람은 달리 보였습니다. 그냥 장애를 가지고 앉아서 구걸하는 사람이 아니라 주님을 만날 필요가 있는 한 영혼으로 여겨졌습니다. 그래서 그에게 "우리를 보라."고 하였습니다. 구걸하는 입장에서는 기대하며 베드로와 요한을 바라보았을 텐데 그들이 전해주려는 것은 돈이 아니었습니다. 자기들이 만나고 자신들 안에 가득한 예수 그리스도를 전해주고 싶었던 것입니다. 그래서 선포합니다. "은과 금은 내게 없거니와 내게 있는 이것을 네게 주노니 나사렛 예수 그리스도의 이름으로 일어나 걸으라." 예수님을 만나면 진정한 자유를 누립니다.

3. 예수님을 믿고 자유를 얻고 복음을 증거 합니다.

믿음으로 선포하는 곳에 기적이 일어났습니다. 태어나서 한 번도 걷지 못한 사람이 일어나 걷게 되었습니다. 그 과정도 자세하게 묘사되고 있습니다. '발과 발목이 곧 힘을 얻었다.'고 했습니다. 한 번도 걷지 못한 사람이 뛰기도 했습니다. 그리고 그가 제일 먼저 간 곳은 성전 안이었습니다. 성전은 자신 같은 장애를 가진 사람은 함부로 들어갈 수 없는 곳이었습니다. 그래서 장애를 가졌을 때는 꿈도 꿀 수 없었던 성전에 뛰어 들어가게 된 것입니다. 많이 궁금했을 것입니다. 자신처럼 흠이 있는 사람은 성전에 들어오지 못하게 한 제도에 대해서 원망도 있었지만 지금은 그런 아쉬움과 원망보다는 자신의 장애를 고치신 예수님을 찬양하고 싶었고 감사하고 싶었던 것입니다. 진정한 치유는 외적인 것만이 아닙니다. 그는 지난 40여 년의 세월동안 받은 마음의 상처와 설움보다 지금 자신을 고치시고 구원하신 예수님의 은혜가 더 컸던 것입니다. 그는 육체의 문제가 치료됨과 동시에 마음과 영적 상태가 회복되고 자유하기 시작한 것입니다. 이후 그는 주변의 반대와 만류에도 불구하고 자신을 치료하고 자유하게 하신 예수 그리스도를 증거하는데 최선을 다하는 삶을 살게 되었습니다(행 4:14).

1. 스스로 생각하는 자신의 약점은 무엇인지 나눠봅시다.

2. 그 약점을 극복했다면 어떻게 할 수 있었는지 나눠봅시다.

3. 다른 사람의 약점에 대해서 쉽게 판단하고 말하는 환경에서 믿음의 공동체를
   이루기 위해서 우리가 함께 노력해야 할 부분은 무엇인지 나눠봅시다.

함께기도하기

1. 마음의 상처나 육체의 질병으로 고통 받는 형제자매를 고치소서.
2. 우리를 치료하는 분은 오직 주님 밖에 없음을 알게 하소서.
3. 예수님을 믿는 데서부터 자유함이 있는 것을 알게 하소서.

- 헌금 찬송 : 149장 주 달려 죽은 십자가
- 헌금 기도 : 구역원 중에서
- 주의 기도 : 다같이

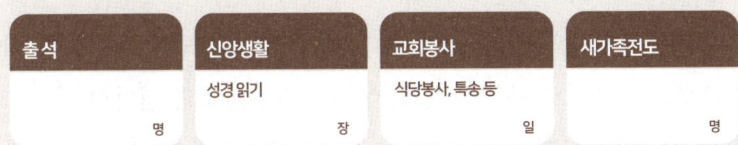

출석	신앙생활	교회봉사	새가족전도
	성경 읽기	식당봉사, 특송 등	
명	장	일	명

기도제목 나누기

 **29과 자유하라, 모든 질병으로부터**

Ⅰ **신앙고백** : 사도신경 Ⅰ **찬송** : 478장 참 아름다워라 Ⅰ **기도** : 구역원 중에서
Ⅰ **배울말씀** : 열왕기하 5장 1~27절
Ⅰ **새길말씀** : 나아만이 이에 내려가서 하나님의 사람의 말대로 요단강에 일곱 번 몸을
　　　　　　 잠그니 그의 살이 어린 아이의 살 같이 회복되어 깨끗하게 되었더라
　　　　　　 (왕하 5:14)

 **생각 열기** **믿음과 효성의 기적**

　　지난 여름 광주광역시 복음화성회 첫 시간 강사로 초청받았다. D교회 전
집사로부터 이메일로 사연이 왔다. 어머니가 유방암과 임파선 전이로 희
망이 없으나 가족이 간절하니 희망을 갖고 수술날짜를 예약했다는 것과 복
음화성회 때 안수기도 한 번만 해달라는 눈물겨운 호소였다. 나는 신유를
행하는 목사가 아니라고 극구 부인해도 소용없는 간청이었다. 하루를 앞
두고 하나님은 "이 성 중에 내 백성이 많다."(행 18:10)고 말씀하셨다. 하나
님은 고침 받고 용서 받고 구원 받을 내 백성이 많다는 내용으로 설교를 바
꾸게 하셨다. 그 넓은 체육관 군중 속 맨 앞자리에 병든 어머니를 모시고
온 아들 집사를 알아볼 수 있었다. 설교 후 통성기도 시간에 그 한 사람에
게 손을 얹어 기도를 드렸다. 보름 뒤 연락이 왔다. 수술 받으러 병원에 갔
는데 유방과 임파선에서 암은 흔적도 없었고 의사는 그런 기적은 처음이
라고 감탄했다는 것이다. 사람들이 모인 그곳에 아들의 효성과 믿음이 어
머니를 고친 것이다. "네 믿음이 크다 네 믿음대로 될지어다."

고훈 목사 (안산제일교회) 〈국민일보/겨자씨〉

말씀
담기

아람 왕의 군대 장관 나아만은 부족한 것이 없는 사람이었습니다. 아람이 어려움을 당할 때 나라를 구한 큰 용사였기에 왕의 총애를 받았고 백성들에게도 존경을 받았습니다. 그런 그였지만 남들에게 말 못할 고민이 하나 있었습니다. 나병에 걸린 것입니다. 그래서 치료 방법을 찾아 백방으로 헤맸지만 헛수고에 그쳤습니다. 그러던 중 포로로 잡아 온 이스라엘 여종 중에 하나가 그의 아내에게 반가운 이야기를 해줬습니다. 이스라엘 땅에 한 선지자를 찾아가서 기도를 받으면 나병을 고침 받을 것이라고 합니다. 나아만 장군에게 선택의 여지가 없었습니다. 아람 왕에게 부탁해서 친서를 받아들고 이스라엘 왕궁으로 찾아갔습니다.

1. 하나님만이 억압과 질병으로부터 자유를 주십니다.

세상에 부러울 것이 없는 나아만 장군이었지만 어느 날 찾아온 나병으로 인해서 그의 삶과 인생의 계획 전부가 바뀌고 말았습니다. 그가 가진 권세로 모든 방법을 동원해서 치료하려 했지만 허사였습니다. 이렇게 절망 가운데 있었기 때문에 이스라엘에서 붙잡혀 온 여종의 말이라도 귀를 기울이게 되었습니다. 결국 이스라엘의 선지자에게 가서 기도를 받으면 낫게 될 것이라는 여종의 정보가 나아만 장군의 발걸음을 이스라엘로 향하게 만들었습니다. 모든 사람이 죄를 범하였기 때문에 하나님의 영광을 모르고 지냅니다. 따라서 하나님을 찾을 수도 없게 됩니다. 그러니 삶의 어려움이나 질병을 겪으면서도 모든 문제의 해결자시며 질병의 치료자 되시는 하나님을 모를 수밖에 없습니다. 이 때 누군가 그들에게 하나님을 소개해야 합니다. 먼저 주님을 만난 사람이 하나님을 만나면 문제가 해결된다는 사실을 알려줘야 합니다. 세상에서 아무리 성공한 자라도 하나님을 만나지 않으면 아무 소용없다는 것을 가르쳐줘야 합니다.

2. 하나님의 자유는 억압과 질병을 치유합니다.

처음에 나아만은 자신이 아람의 군대장관이기에 약소국 이스라엘의 선지자 정도 만나서 기도 받는 것은 별 일 아니라고 생각했습니다. 그래서 찾아간 곳도 선지자가 사는 곳이 아니라 이스라엘 왕이 살고 있는 왕궁으로 향했습니다. 적어도 자신 정도의 지위와 권세가 있는 사람이라면 선지자가 찾아와서 인사할 것을 기대했는지도 모릅니다. 그러나 막상 가보니까 이스라엘의 왕이라고 하는 사람도 선지자와 그다지 가까이 지내는 것 같아 보이지 않았습니다. 그리고 오히려 지금 아람의 군대 장관이 와서 불가능한 일을 행하라고 하면서 위협하는 것으로 여기고 옷을 찢으며 탄식하는 상황이었습니다. 이 소식이 퍼져나가 엘리사가 사람을 보냈습니다. 자기 집으로 찾아오라는 겁니다. 자존심이 상했지만 그래도 찾아가면 나와서 여호와의 이름을 부르며 손을 얹어 기도해주면 나병이 나아지겠지 하면서 찾아갔습니다. 하지만 선지자라는 사람은 나와 보지도 않고 종을 통해 요단강에 몸을 일곱 번 씻으면 나병이 깨끗해 질 것이라 전하고 맙니다. '아람의 강이 이 조그만 나라의 요단강보다 훨씬 나아도 나을 텐데 기껏 이 물에 씻으려고 여기까지 왔나!' 하는 마음이 드니 나아만 장군은 화가 많이 났습니다. 하지만 주변의 권유로 선지자 엘리사의 말대로 요단강에 일곱 번 몸을 잠그니 그의 살이 어린 아이 살 같이 회복되어 깨끗하게 되었습니다. 나아만 장군이 의지해야 할 대상은 선지자가 아니었습니다. 선지자를 통해서 말씀하시는 하나님의 능력이 그의 병을 고친 것을 깨닫게 되었습니다. 하나님이 주시는 자유를 통해 고난과 질병을 극복하게 되었습니다.

3. 하나님의 말씀과 치유의 역사는 성도를 자유하게 인도합니다.

나병을 고침 받은 나아만은 고마운 마음을 하나님의 선지자 엘리사에게 표현하고 싶었습니다. 그러나 엘리사는 한사코 사양하였습니다. 대신에 나아만은 앞으로 하나님만 섬길 것을 약속하고 다짐합니다. 여호와 이외 다른 신에게는 번제물이나 다른 희생 제사를 절대 드리지 않겠다고 먼저 선언합니다. 다만 자기의 군주인 아람 왕이 드리는 림몬 신당에서 어쩔 수 없이 몸을 굽히게 될텐데 그것만큼은 용서해달라고 합니다. 나아만은 병만 고친 것이 아니라 하나님을 만나게 되었습니다. 모든 억압과 고통에서 자유하게 되었습니다. 하지만 오직 하나님에게만 영광 돌리려는 엘리사 선지자의 마음과 달리 사환 게하시는 나아만 장군이 제시한 재물에 욕심이 생겼습니다. 다는 아니더라도 은 두 달란트와 의복 두 벌을 받아 집에 감추고 말았습니다. 하나님을 몰랐어도 말씀에 순종하는 가운데 하나님을 경험하는 나아만 같은 사람이 있는가 하면, 하나님의 선지자 옆에서 심부름을 하면서도 하나님의 뜻을 몰라서 재물의 욕심을 내어 하나님이 받으셔야 할 영광을 가로챈 게하시 같은 사람이 있습니다. 결국 게하시는 나아만 장군이 앓았던 나병이 생기고 말았습니다. 하나님이 받으셔야 할 감사와 영광을 가로챈 결과입니다. 말씀과 성령님의 치유의 은혜로 억압에서 해방되어 자유함을 얻는 지혜로운 성도가 되어야 합니다.

1. 지금까지 살면서 가장 아팠던 적은 언제이고 무엇때문입니까?

2. 아플 때 가장 많이 생각나는 존재는 누구입니까?

3. 다른 사람이 아프다고 할 때 기도해준 적이 있습니까?

| 함께 기도하기

1. 우리 중에 병든 자를 고쳐주소서.
2. 건강케 하신 것도 하나님의 치료임을 믿게 하소서.
3. 우리 모임과 교회가 건강하게 회복되게 하소서.

- 헌금 찬송 : 471장 주여 나의 병든 몸을
- 헌금 기도 : 구역원 중에서
- 주의 기도 : 다같이

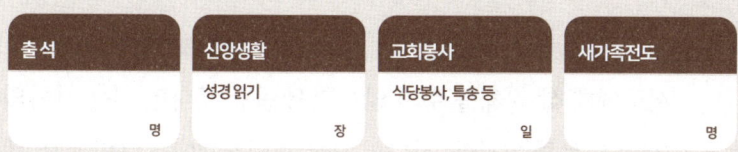

출석	신앙생활	교회봉사	새가족전도
	성경 읽기	식당봉사, 특송 등	
명	장	일	명

| 기도제목 나누기

30과 하나님의 백성의 의로운 삶

┃ 신앙고백 : 사도신경 ┃ 찬송 : 369장 죄짐 맡은 우리 구주 ┃ 기도 : 구역원 중에서
┃ 배울말씀 : 출애굽기 19장 1~11절
┃ 새길말씀 : 나는 너를 애굽 땅, 종 되었던 집에서 인도하여 낸 네 하나님 여호와니라
　　　　　　(출 20:2)

 **팀 켈러와 캐시 켈러의 결혼관**

　팀 켈러와 캐시 켈러는 하나님이 설계하신 결혼에 대하여 이렇게 이야기 합니다. "서로에게 삶 전체를 주지 않으면서 몸만 준다면 이는 자아의 통합성을 인식하지 못한 처사다. 하나의 오롯한 인격체에서 몸만 떼어 낼 수는 없다. …합의에 관해 말하자면 그리스도의 관점이 가장 깊고도 폭넓다. 부부 사이에서만 잠자리를 허용할 수 있다는 그리스도인들의 말은 성행위에는 전인적 합의가 뒤따라야 한다는 뜻이다."(팀 켈러, 캐시 켈러,『결혼에 관하여』, 두란노, 2020). 결혼은 합의에 따른 인륜지대사(人倫之大事)입니다. 여기서 인륜은 군신, 부자, 형제, 부부 사이의 지켜야 할 도리를 의미합니다. 그 중에서도 가장 큰 일이 결혼입니다. 결혼은 인생 전부를 걸고하는 가장 계약인 인륜지대약(人倫之大約)입니다. 결론적으로 결혼은 사랑하는 남녀가 인생에서 합의에 따라 거행되는 가장 큰 일입니다.

말씀
담기

　시내산 언약은 결혼의 언약과 유사합니다. 시내산 언약은 인생의 한 부분이 아니라 결혼처럼 인생 전부를 걸고 하는 언약입니다. 이스라엘 민족에게는 민족적대사(民族的大事)였습니다. 하나님은 모세를 불러서 자신을 성결하게 하라고 말씀하십니다. 하나님은 이스라엘을 모든 민족 중에서 자신의 소유로 삼으셨습니다.

1. 우리는 의로우신 하나님의 언약백성입니다.

　하나님은 시내산의 이스라엘 백성에게 "너희가 내 말을 잘 듣고 내 언약을 지키면"(5절), "너희가 내게 대하여 제사장 나라가 되며 거룩한 백성이 되리라."(6절) 말씀하십니다. 우리가 잘 듣고, 지켜야 할 하나님의 언약의 말씀은 십계명입니다. 하나님이 직접 말씀하신 십계명의 권위는 구약의 다른 법과 비교할 수 없습니다. 출애굽기 20장 22절에 계약의 당사자인 하나님이 말씀하십니다. "여호와께서 모세에게 이르시되 너는 이스라엘 자손에게 이같이 이르라." 십계명은 언약의 주체로서 하나님이 직접 말씀하신 유일한 법입니다. 하나님은 출애굽을 통해서 구원받은 이스라엘 백성이 하나님의 백성답게 살도록 십계명을 주셨습니다(출 20:2). 구약의 이스라엘 백성이 구원받은 것은 신약과 다르지 않습니다. 율법을 지켜서가 아니라 순전히 하나님의 은혜 덕분입니다. 십계명을 잘 지키면 구원받은 것이 아닙니다. 십계명은 이미 은혜로 구원받은 하나님의 백성들이 살아야 할 의로운 삶의 규범입니다.

2. 의로우신 하나님의 백성은 애굽의 종살이를 기억합니다.

"나는 여호와니라."(아노키 야웨). 하나님은 십계명을 말씀하시기 전에 자신을 선포하십니다. "나는 너를 애굽 땅, 종 되었던 집에서 인도하여 낸 네 하나님 여호와니라."(출 20:2) 하나님이 애굽 땅에서 종이었던 그들에게 자유를 주셨고, 인도하셔서 자기 백성으로 삼으셨습니다. 구약에서 계명은 언약의 주체자인 하나님의 구원하심을 기억하게 합니다. 신약에서 계명은 언약의 주체자인 인간이 범죄함으로 하나님과의 관계를 깨뜨렸음을 알게 합니다(롬 3:20). 그래서 율법은 구원받은 하나님의 백성들을 거룩한 삶의 길로 인도합니다(롬 6:22). 율법으로는 죄를 깨달을 수 있습니다. 율법의 계명들은 그리스도인에게 남아 있는 죄악의 습관들을 끊어 버리라고 말합니다. 불순종에서 돌이켜 하나님의 말씀에 순종하라고 명령합니다. 불의에서 돌이켜 의로운 삶을 살라고 이야기합니다. 이것은 내 의지가 아니라 성령을 따라 우리 삶의 규범을 지켜 나가는 삶을 말합니다. 우리는 율법으로 죄인 됨을 깨닫고 하나님의 은혜를 구하며 예수 그리스도를 믿음으로 말미암아 칭의를 얻게 됩니다(롬 8:4). 애굽에서 종살이하던 이스라엘 백성이 구원자 하나님을 기억해야 하는 것처럼, 예수 그리스도를 통해 구원받은 우리는 하나님을 기억해야 합니다.

3. 의로우신 하나님의 백성은 의로운 삶을 삽니다.

모세오경에는 "~을 하지 말라."는 부정명령 248개와 "~을 하라."는 긍정명령 365개, 총 613개의 율법이 나옵니다. 이것을 집약한 것이 십계명입니다. 예수님은 이것을 하나님 사랑과 이웃 사랑이라는 두 가지 계명으로 함축해 주셨습니다(마 22:38~39; 막 12:30~31; 눅 10:26~27). 예수님은 하나님 사랑이 이웃 사랑과 다르지 않다고 하셨습니다. "이것이 첫째 되는 계명이요 둘째도 그와 같으니" 그리하여 하나님 사랑과 이웃 사랑이라는 사랑의 이중 계명은 이웃 사랑으로 집약됩니다. "온 율법은 네 이웃 사랑하기를 네 자신 같이 하라 하신 한 말씀에서 이루어졌나니"(갈 5:14; 롬 13:8; 약 2:8). 하나님을 사랑하는 자는 또한 그와 같이 이웃을 사랑해야 합니다. 하나님과의 관계에 있어서 의로운 삶을 사는 자는 반드시 사람과의 관계에서도 의로운 삶을 살아야 합니다.

1. 하나님의 언약백성이 되었다는 '됨'의 의미에 대하여 생각해 봅시다.

2. 하나님의 언약백성으로서 구원의 은혜에 대하여 생각해 봅시다.

3. 하나님의 언약백성으로서의 삶에 대하여 생각해 봅시다.

| 함께기도하기

1. 저희가 택하신 족속, 왕 같은 제사장, 거룩한 나라, 하나님의 백성임을 기억하게 하소서.
2. 하나님의 언약백성으로서 구원받은 은혜를 잊지 않게 하소서.
3. 하나님의 백성으로서 하나님과의 의로운 관계를 유지하게 하소서.

- 헌금 찬송 : 279장 인애하신 구세주여
- 헌금 기도 : 구역원 중에서
- 주의 기도 : 다같이

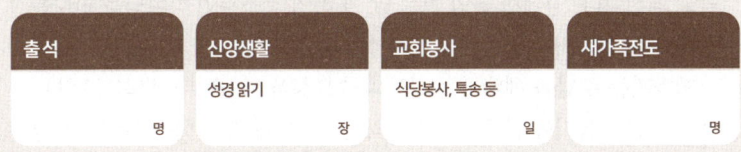

출석	신앙생활	교회봉사	새가족전도
	성경 읽기	식당봉사, 특송 등	
명	장	일	명

| 기도제목 나누기

쉼, 하나님의 거룩한 명령

8월은 일에서 벗어난 휴가의 시간이 주어지는 달입니다. 하지만, 일에서 벗어난다고 저절로 안식이 주어지는 것은 아닙니다. 성도들은 주 안에서 참된 안식과 쉼, 회복이 있음을 깨달아 알아야 합니다. 8단원은 하나님의 거룩한 명령인 쉼을 주제로 하여 안식의 진정한 의미를 생각해 보는 시간을 갖습니다.

제31과는 하나님이 안식일을 주셨음을 상기하고 하나님이 '복'으로 주신 날의 의미를 되새겨 봅니다. 하나님은 우리의 삶에 질서가 필요함을 알고 계십니다. 일에서 놓임 받는 날, 우리의 창조자인 하나님을 만나는 날이 가장 회복의 날임을 깨우쳐 주십니다.

제32과는 주님을 예배하는 신앙의 중요성을 나눕니다. 특히, 교회 내에서도 일과 봉사에 분주하여 예배의 참된 의미를 망각하는 일이 발생할 수 있음을 지적합니다. 먼저 예배하는 성도가 되어 일과 봉사조차 예배로 승화시키는 성숙함을 보일 것을 요청합니다.

제33과는 예배하는 안식 공동체인 교회를 다룹니다. 교회는 목자 되신 예수님을 주로 모시고 살 때 행복합니다. 우리가 다양 같음을 알고, 우리 주께서 선한 목자임을 깨달을 때 성도는 평안하고, 교회는 건강해 집니다.

제34과는 '오직 하나님만 예배하기'입니다. 그리스도인은 하나님만 섬기는 사람들입니다. 하나님과 올바른 관계는 하나님과 나 사이에 어떤 것도 두지 않는 것입니다. 본 과를 통해 우상이 아닌 하나님께 예배하는 것이 하나님과의 의로운 관계임을 배우게 됩니다.

제35과는 '하나님을 존중하기'입니다. 그리스도인은 하나님의 이름을 존귀히 여깁니다. 하나님은 우리에게 하나님의 이름을 가르쳐주셨고, 그 이름을 망령되게 부르지 않도록 하셨습니다. 본 과를 통해 하나님의 이름에 대한 태도와 명령을 배우게 됩니다.

현대인은 일에 매여 삽니다. 일중독과 일 강박도 있는 것 같습니다. 하지만, 하나님은 그런 일상의 흐름에 정지 명령을 하시며 '안식'이라는 선물을 주셨습니다. 휴가가 한창인 8월에 안식의 의미를 생각해 보며, 참 쉼의 시간을 갖기를 바랍니다.

8

31과
안식일을 거룩히 지키는 성도
8월 3일~9일

32과
일 중심에서 예배 중심 신앙으로
8월 10일~16일

33과
안식하는 공동체의 비전 되찾기
8월 17일~23일

34과
하나님과의 의로운 관계: 오직 하나님만 예배하기
8월 24일~30일

35과
하나님과 의로운 관계: 하나님 이름을 존중하기
8월 31일~9월 6일

31과 안식일을 거룩히 지키는 성도

| 신앙고백 : 사도신경 | 찬송 : 419장 주 날개 밑 내가 편안히 쉬네 | 기도 : 구역원 중에서
| 배울말씀 : 창세기 2장 1~3절
| 새길말씀 : 안식일을 기억하여 거룩하게 지키라(출 20:8)

생각열기 — 안식일은 저항이다

우리는 하루 24시간, 일주일 내내 많은 일을 하는 사회 속에서 무언가를 얻고, 행하고, 소유하려 한다. 사회 소비 시스템은 우리가 더 많이 원하고, 더 많이 소유하고, 더 많이 사용하고, 더 많이 먹고 마시기를 요구한다. 약탈과 착취를 반복하는 극심한 경쟁은 쉼 없이 이어지며, 종종 제어가 불가능한 지경에까지 이르고 마는 불안을 낳기도 한다.

안식일을 지키는 것은 저항이요 대안인 행위다. 안식일이 저항인 이유는, 이날이 상품 생산과 소비가 우리 삶을 좌지우지하지 않는다는 것을 분명하게 강조해 주기 때문이다. 우리는 무언가를 이루고, 얻으며, 소유하는 데 아주 익숙하다. 넷째 계명은 우리더러 상품이 쥐락펴락하는 이 사회, 불안 및 폭력과 더불어 통제와 오락, 빵과 곡예에만 통달한 이 사회의 가장 기본적인 요구들에 맞서는 각오와 행동을 보이라고 요구한다. 예수가 성찬 빵을 선물로 내어 주신 순간이야말로 기독교 전통 속에 자리한 안식일, 쉼 관념의 본질을 이루는 중심이다. 그것은 선물이다! 우리에게 "감사합니다."라고 불리는 성례가 있다고 상상해 보라! 우리는 공로나 성과나 자격도 없는데, 받는 쪽에 자리해 있다. 우리는 감사할 뿐이다! 선물이 주어지는 그 순간이야말로 "사람을 녹초로 만드는 무거운 짐을 지고 괴로워하는" 많은 이들이 기쁘게 받아들이는 평화로운 대안이다.

월터 브루그만, 『안식일은 저항이다』 (복있는 사람), 서문 中

말씀
담기

태초에 하나님이 천지를 창조하신 사실은 성경적 믿음의 시작입니다. 이 세상의 시작이 바로 하나님이었음을 분명히 아는 것이 중요합니다. 그 하나님은 또한 모든 창조의 끝에 '안식'으로서 마침표를 찍으셨습니다. 안식의 의미를 알고, 지금 내가 사는 현장에 적용할 때 하나님이 주신 안식의 복을 누릴 수 있습니다. 이 안식일의 신앙은 출애굽 이후 광야에서 하나님이 이스라엘 백성과 언약을 맺으실 때 돌 판에 하나님이 직접 써 주셨습니다. 돌 위에만 아니라 마음 판에 새기도록 주신 말씀입니다. 예수님은 십자가에서 죽으시고 부활하심으로 우리에게 참 안식을 선물하셨습니다. 그래서 신약의 성도들은 주일 성수로서 안식일 신앙을 계승합니다. 새로운 피조물이 되어 안식 후 첫날, 주님의 부활의 날을 기뻐하며 함께 모여 예배드립니다. 하나님의 거룩한 쉼의 명령을 기쁨으로 지켜야 합니다.

1. 하나님은 안식일에 복을 주셨습니다.

하나님은 엿새 동안 천지를 창조하셨습니다. 천지창조의 역사는 무에서 유로의 변화입니다. 혼돈에서 질서로의 변환이었습니다. 여섯 날 동안의 창조를 보면 전반부 삼일은 창조의 공간을 만드는 일을 하셨습니다. 첫째 날에 빛과 어두움, 밤과 낮을 구분하셨고, 둘째 날에는 궁창을 만드시어 물과 구분하셨습니다. 셋째 날 물에서 뭍을 구분하시고 식물들을 만드셨습니다. 이렇게 전반부는 세상의 무대를 준비하셨다면, 후반 삼일 동안은 그곳을 채우는 일을 하셨습니다. 넷째 날에는 밤낮을 구분하신 현장에 해 달 별을 배치하십니다. 다섯째 날 궁창에 새들을, 물에는 어류가 번성케 하십니다. 여섯째 날에는 뭍을 채우시는데, 짐승들을 만드시고 마침내 사람을 만드사 그 모든 것을 다스리게 하십니다. 그 모든 창조의 일을 마치신 후 일곱째 날에는 안식하셨습니다. 창조의 육일 동안에는 공간을 만드시고 채워서 우리에게 맡기셨는데, 칠일 째에 하나님이 주신 특별한 것이 있습니다. 바로 그 날을 복되게 하신 것입니다. 지금껏 공간을 만드시고 채우시며 그 장소를 복 있게 하셨다면, 이제 하루를 구별하여 그 시간에 복을 주신 것입니다. 우리의 창조주이신 하나님이 쉼을 주신 것만도 감사한데, 하늘의 복까지 더해 주심에 더 감사해야 합니다.

2. 안식은 회복의 날입니다.

하나님이 만드신 세상은 보시기에 좋았고, 사람을 만드신 후의 세상은 보시기에 심히 좋은 상태였습니다. 이미 육일간의 창조로도 이 세상은 아름다웠고, 부족함이 없었습니다. 그런데, 하나님은 그 다음날에 안식을 명하시며 그 날을 '여호와의 안식일'이라고 말씀하십니다. 여기서 의문점은 도대체 하나님에게 안식과 쉼이 필요한가 하는 질문입니다. 스스로 계신 하나님, 전지전능하신 하나님께 쉼이 필요합니까? 아닙니다. 그러면 그 쉼은 누구를 위한 것입니까? 바로 사람을 위해 만드신 것입니다. 하나님께서는 6일 동안 일하시고 하루를 쉬셨다면, 사람 편에서는 어떠합니까? 바로 이 지상에 등장한 그 다음 날이 쉬는 날입니다. 안식일은 하나님이 사람을 만드신 직후 첫 날에 쉼을 선물로 주신 것입니다. 잘 쉰 후 하나님의 피조 세계의 청지기로 쓰임 받는 것이 하나님의 섭리입니다. 동양화에서는 아무것도 그려 넣지 않은 여백이 꼭 필요하고, 그림의 완성도에도 영향을 끼칩니다. 하나님은 우리 삶에도 여백을 미리 만들어 우리에게 주셨습니다. 우리가 일의 노예로 살지 않는 비결은, 늘 일에 쫓기지 않고 시간의 주인으로 사는 열쇠는 주님의 안식을 잘 지키는 데 있습니다. 주님께 모든 문제를 맡기고 주 안에서 안식과 회복을 누리시기 바랍니다.

3. 주일 성수의 신앙을 가집시다.

안식일을 지키는 구약의 규례는 신약시대에 이르러 주일 신앙으로 한 차원 더 깊은 의미를 갖습니다. 하나님의 창조의 완성이었던 구약의 안식일이 하나님의 구원의 완성인 신약의 주일로 한 층 더 깊은 의미를 부여받습니다. 여호와의 안식일에서 주의 날로 무게 중심이 바뀝니다. 예수 그리스도의 죽음과 부활로 이룬 재창조 사역을 기념하는 날입니다. 교회사는 주일에 그리스도인들이 이 날을 그냥 쉬는 날로 여기기보다는 예배와 말씀 묵상, 성도의 교제로 보냈음을 전해 줍니다. 그리고 지금 이 시대에도 그 전통은 변함없이 흘러오고 있습니다. 야외로 나가 캠핑을 하고, 멋진 경관을 보고, 맛있는 음식을 먹는 것도 약간의 유익은 있겠으나, 교회에 나와 예배드리는 것에 비할 것은 못됩니다. 밀린 잠을 자는 것도 조금 유익하겠지만, 영혼의 양식을 공급받는 것은 최상의 이득을 안겨줍니다. 사람은 하나님의 형상이 담겨 있는 존재입니다. 하나님이 엿새 동안 일한 후 하루 쉬는 모범을 보였다면, 우리도 그 모습을 닮는 것이 마땅합니다. 그 형상을 닮은 성도들이 모인 자리에 와서 형제자매의 교제를 나누는 것이 복입니다. 아버지의 말씀을 통해 그 얼굴의 빛을 구할 때 세상이 모르는 기쁨을 누리며 사는 성도들이 될 줄 믿습니다.

1. 당신은 주일(안식일) 준비를 어떻게 하고 있는지 이야기해 봅시다.

2. 주일에 부득이하게 일을 하거나 근무하는 사람은 어떻게 해야 합니까?

3. 당신의 주일 성수는 어떻게 이루어지고 있습니까?

| 함께 기도하기

1. 주일을 거룩하게 지키는 것을 방해하는 악한 것들을 물리칠 힘을 주소서.
2. 한 주간의 삶이 주일을 기쁘게 맞도록 최선을 다한 삶이 되게 하소서.
3. 말씀 가운데 일로 지친 심신이 회복이 되는 은혜를 늘 더해 주소서.

- **헌금 찬송** : 420장 너 성결키 위해
- **헌금 기도** : 구역원 중에서
- **주의 기도** : 다같이

출석	신앙생활	교회봉사	새가족전도
	성경 읽기	식당봉사, 특송 등	
명	장	일	명

| 기도제목 나누기

32과 일 중심에서 예배 중심 신앙으로

| 신앙고백 : 사도신경　| 찬송 : 405장 주의 친절한 팔에 안기세　| 기도 : 구역원 중에서
| 배울말씀 : 누가복음 10장 38~42절
| 새길말씀 : 몇 가지만 하든지 혹은 한 가지만이라도 족하니라 마리아는 이 좋은 편을
　　　　　택하였으니 빼앗기지 아니하리라 하시니라(눅 10:42)

왜 예배가 중요한가?

　왜 예배가 중요한가? 좀 더 구체적으로 말해서 예배가 왜 우리의 일에 그렇게 중요한가? 가장 중요한 이유는 우리가 하는 모든 일 중에서 예배만이 우리가 영원히 계속할 일이기 때문이다. 내가 예배를 일이라고 부른 점을 눈치 챘는가? 예배와 일이라는 두 단어가 나란히 놓여 있는 것이 이상하게 보이지 않는가? 사실 성경적인 의미로는 이 두 단어가 아주 밀접하여서 그 둘을 연결시켜 말한다는 것이 불필요할 정도이다. 일과 예배를 가리키는 성경의 용어들은 놀랍고도 의미심장한 중의성을 갖고 있다. 신구약 모두에서 예배와 일을 가리키는 단어는 동일하다. 구약에서 히브리어 '아바드'는 '일'로도, '예배'로도 번역할 수 있다. 마찬가지로 신약에서 두 헬라어 단어 '라트레이아'와 '레이투르기아'는 '봉사', '섬김' 또는 '예배'로 번역할 수 있으며 세속적인 맥락에서는 왕에 대한 섬김이나 군 복무라는 의미로 번역할 수 있다. 문맥에 따라 번역자가 선택하는 뜻이 다를 뿐이다. …중략… 이 단어의 이중적인 사용은 하나님께 대한 신실한 예배가 교회에서 드리는 예배에서 끝나는 것이 아니라 만약 그 일이 하나님을 위하여 행하여진다면 '일'(work service)을 통해서도 드려질 수 있음을 시사한다. 성경을 보면 예배와 일 사이에는 끊을 수 없는 연결이 존재하는데, 그 이유는 둘 다 하나님을 섬기는 행위이기 때문이다.

벤 페터슨, 『일과 예배』(IVP), p.98~99.

말씀
담기

  사람들은 일에서 자기의 정체성을 찾는 경우가 많습니다. 어떤 직위와 직분을 가졌는지, 그에게 맡겨진 일의 경중이 자신의 자존감의 근거인 경우가 참 많습니다. 그런데, 이런 생각을 교회 내에서도 가지고 있는 경우가 많습니다. 눈에 보이는 어떤 일의 성과로 자신의 존재감을 찾으려 할 때 문제가 발생합니다. 기독교는 내가 하는 일보다 나를 위해 예수님이 하신 일에 핵심이 있습니다. 내가 주를 위해 일하는 것보다 주님이 나를 위해 하신 일에 믿음의 근거가 있고, 신앙의 기초가 있습니다. 이 분명한 기초 위에 봉사도 예배도 가능합니다. 마리아와 마르다의 이야기는 우리에게 '어디에서 우리의 정체성을 찾는지' 질문을 던져줍니다.

1. 일 중심의 신앙은 위험합니다.

  마르다는 책임감 있고, 일도 잘 하고, 앞장서서 솔선수범하는 여성입니다. 이런 사람이 교회에 많이 있으면 교회는 늘 활기차게 움직일 것 같습니다. 오늘 말씀에 보면 베다니 마을로 찾아온 예수님을 앞장서서 모시고 온 사람이 마르다입니다. 오빠인 나사로도 있고, 동생 마리아도 있지만, 늘 주도적으로 일하고 적극적으로 움직이는 것은 마르다였습니다. 그녀는 예수님을 모시고 온 후 그를 위해 섬기고 접대해야겠다는 마음에 분주히 움직였습니다. 마음도 바빴습니다. 그러다가 자기와는 달리 주의 발치에 앉아 말씀을 듣고 있는 동생 마리아를 발견합니다. 그 때 마음에 분이 일어납니다. 동생에 대한 괘씸함도 있었지만, 그런 동생을 그대로 방치하고 있는 예수님에 대해 큰 서운함이 생깁니다. 그래서 "내 동생이 나 혼자 일하게 두는 것을 생각하지 않습니까? 그를 명하사 나를 도와주라 하소서."라고 주님 앞에 당당히 요구합니다. 그녀는 자기가 하는 일의 중요성을 강력하게 부각시킵니다. 예수님의 인정을 원합니다. 우리는 그녀에게서 늘 '일 중심'으로 움직이는 신앙을 발견합니다. 그것이 지나쳐서 내 일 때문에 예수님이 하시는 일을 멈춰 세우기까지 합니다. 일 중심으로 살다가는 예수님의 일을 방해하는 위험에까지 도달함을 경계해야 합니다.

2. 예배중심의 신앙이 필요합니다.

예수님은 마르다를 매우 안타까이 여기신 것 같습니다. 그를 대접하기 위해 분주히 움직이는 그녀를 꾸짖으신 것이 아닙니다. 그녀의 마음 속에 예배에 대한 분명한 자세가 없음을 지적하신 것입니다. 지금 마리아는 '이 좋은 편'을 택하였는데 그것을 빼앗을 수는 없다는 것입니다. 마리아는 눈치가 없어 보이기도 합니다. 알아서 일을 찾아 일하는 주체성이 없어 보이기도 합니다. 하지만, 분명한 것은 지금 그녀가 처한 자리에서 최선이 무엇인가 하는 자각과 지혜가 있었습니다. 예수님이 그 집을 방문하셨는데, 그녀가 할 수 있는 최선의 대접은 그 말씀을 기쁘게 듣는 것입니다. 예배드리는 것입니다. 영적 교제를 나누는 것입니다. 이것저것 다 할 수 없을 때에 우선순위를 분명히 하는 것입니다. 접대는 누군가에게 맡길 수도 있습니다. 하지만, 예배는 위임이 불가능합니다. 내가 직접, 마음과 정성을 다해 하나님 앞에 서야 합니다. 마리아는 예배드리는 최고의 접대를 선택했습니다. 마르다가 보다 성숙했더라면 자신은 최선의 봉사로서 예배드린다고 생각했을 것입니다. 그랬다면 마리아를 시기하지도, 예수님을 막아서지도 않았을 것입니다. 모든 일을 '예배 드리듯' 하는 신앙이 필요합니다.

3. 하나님과의 교제를 회복합시다.

우리는 주를 위해 일하려고 하지만, 주님은 한적한 곳에서 나와 함께 쉬자고 초청하십니다. 우리가 한 주간 동안 여러 가지 일로 분주하고 지쳐 있음을 아시기 때문입니다. 현대인의 삶은 과거보다 훨씬 더 큰 스트레스 가운데 살아갑니다. 문명은 발전했고, 많은 문명의 이기들이 개발되었지만, 그런 도구들이 우리를 쉼이 없는 삶으로, 일에서 벗어나지 못하는 노예적인 존재로 우리를 몰고 갑니다. 이런 현실 속에서 주님은 우리에게도 나와 함께 시간을 보내자고 초청하실 것입니다. 좋은 편을 택하라고 말씀하실 것입니다. 여러 사역으로 지친 제자들을 광야로 이끌어 쉼의 자리를 일부러 마련해 주신 주님은 분주한 일상 속에서도 주일이라는 '안식의 날'에 하나님 말씀이 선포되는 자리, 영적인 형제자매인 성도들과의 교제의 자리로 우리를 이끌어 주셨습니다. 일하는 것을 멈추고 하나님과의 교제 속에 '나 자신'의 정체성을 찾는 자리로 인도하셨습니다. 주님이 주시는 은혜의 빛을 통해 나는 치유되고 회복을 누릴 수 있습니다. 그럴 때 '일'조차 '예배드리듯' 최선을 다하는 성숙한 신앙인이 될 줄 믿습니다.

1. 당신은 교회에서 어떤 일을 맡고 있으며 어떻게 담당하고 있습니까?

2. 예배와 일이 부딪힐 때 어떤 선택을 해야 할까요?

3. 주님과의 교제 회복을 위한 노하우를 나누어 봅시다.

| 함께 기도하기

1. 맡겨진 일과 사역이 우상이 되지 않도록 늘 깨어있도록 도우소서.
2. 내 시간 속에서 예배를 최우선으로 삼아 늘 구별된 삶을 살게 하소서.
3. 하나님과 교제하는 삶 속에서 성도의 정체성을 늘 지키게 하소서.

- 헌금 찬송 : 60장 영혼의 햇빛 예수님
- 헌금 기도 : 구역원 중에서
- 주의 기도 : 다같이

출 석	신앙생활	교회봉사	새가족전도
	성경 읽기	식당봉사, 특송 등	
명	장	일	명

| 기도제목 나누기

33과 안식하는 공동체의 비전 되찾기

| 신앙고백 : 사도신경 | 찬송 : 415장 십자가 그늘 아래 | 기도 : 구역원 중에서
| 배울말씀 : 시편 23편 1~6절
| 새길말씀 : 그가 나를 푸른 풀밭에 누이시며 쉴 만한 물 가로 인도하시는도다(시 23:2)

목자의 근면

양들에 관한 사실들 가운데 묘한 것이 있다면, 그것은 곧 그것들 본래의 생리상 네 가지 필요 조건이 만족되지 아니하면 그것들을 눕게 하는 일이 거의 불가능하다는 점이다. 양들은 본래 겁이 많은 동물이라 모든 두려움에서 벗어나지 아니하면 눕기를 거부한다. 양들은 하나의 집단 안에서 사회적인 행동을 하는 동물인지라 저희들 간에 싸움이 쉬지 아니하면 눕지 아니할 것이다. 또 만일 파리나 기생충으로 말미암아 괴로움을 받을 경우에도 양들은 눕지 아니할 것이다. 그리고 마지막으로 배부르게 꼴을 먹지 않는 한 양들은 눕지 아니할 것이다. 좌우간 양들은 배가 불러야만 한다. 양들이 쉬기 위해서는 두려움과 긴장과 괴로움과 및 배고픔에서 벗어난 분명한 자유함, 혹은 만족감이 있어야만 된다는 것은 중요한 사실이다. 그 면에 있어서 양들을 이 모든 염려에서 놓여나게 해 줄 수 있는 이는 그 양의 목자 자신 밖에 없다는 것이 특이한 점이다. 그 양들이 평안을 누리느냐 불안에 처하느냐 하는 것은 전적으로 그 목자의 근면에 달려 있다.

필립 켈러, 『양과 목자』 (생명의 말씀사), p.34~35.

말씀
담기

푸른 초원에서 양떼들이 풀을 뜯고 있는 목가적인 장면은 사람들 마음속에 평안을 줍니다. 하지만, 만약 그 곳에 목자가 없다면 그 양떼들은 사방이 트인 가장 위험한 장소에서 무방비로 노출된 상태일 것입니다. 그러므로 양떼들에게는 풀밭이나 물가보다 목자가 있느냐, 그 목자가 선한 목자이냐 하는 것이 가장 중요한 과제가 됩니다. 시편 23편은 좋은 목자를 만나 만족과 풍요를 누리는 양들의 이야기가 담겨 있습니다. 우리의 공동체는 과연 어떤 모습을 가져야 할지 나누어 봅시다.

1. 양은 목자가 있어야 평안합니다.

성경에 우리와 하나님의 관계를 양과 목자로 비유한 것은 매우 적절합니다. 양들은 몇 가지 특성이 있습니다. 먼저 양들은 눈이 밝지 못해서 멀리까지 보지 못합니다. 목자가 없으면 엉뚱한 데로 다니다가 위험을 당하게 됩니다. 양은 자신의 근시안을 인정하고 목자를 따라야 합니다. 또 양들은 서로 모여 있기를 좋아하는데, 그렇게 서로 모이다가 가운데 끼인 양이 눌려 죽을 수도 있답니다. 목자가 적절히 흩어줄 때 적당한 무리로 모여 서로 의지하고 살게 됩니다. 양은 힘이 있거나 적을 방어하는 큰 무기가 있는 짐승이 아닙니다. 그들을 대신하여 지키고 싸워주는 존재가 필요합니다. 양들은 광야에서 풀을 뜯어먹으면서 사는데, 사방이 다 트인 환경은 돌보아주는 이가 없으면 적에게 노출되어 잡아먹히기 쉬운 처지가 됩니다. 양은 스스로 독립하여 자신을 지킬 그릇이 못됩니다. 양들의 행복은 단 한 가지입니다. 좋은 목자를 만나는 데에 있습니다. '여호와는 나의 목자시니 내게 부족함이 없으리로다' 하는 고백은 바로 그 선한 목자를 만난 양의 기쁨의 탄성입니다. 험한 세상이라는 환경 속에서 하나님이 나의 목자 되심을 분명히 체험하고 고백할 수 있는 성도가 되실 줄 믿습니다.

2. 교회는 주님이 다스리시는 목장입니다.

하나님은 우리의 삶에 최선의 환경을 가진 목장을 만들어 놓으셨는데 바로 교회입니다. 하나님이 직접 만드신 두 조직이 있는데, 구약에서는 가정이요, 신약에서는 교회라고 합니다. 이 두 조직은 이 세상에서 하나님 나라를 보여주는 가장 기본적인 단위입니다. 교회는 푸른 초장처럼 생명을 유지하는 하나님의 말씀이 공급되는 장소입니다. 쉴만한 물가처럼 영생의 물이 항상 있는 곳입니다(요 6:35). 세상에서 수고하고 무거운 짐을 진 자가 짐을 내려놓고 쉼을 얻으며(마 11:28), 나의 짐을 대신 져 주시는 예수님을 만나는 장소입니다. 우리가 사는 삶의 환경이 비록 음침한 골짜기와 같아도(시 23:4) 주께서 나와 함께 하시며, 그 지팡이와 막대기로 지켜주시는 것을 알 때 안심할 수 있습니다. 우리는 세상 속에 살지만(in the world), 세상에 속하여 살면 안 됩니다(not of the world). 우리의 소속은 하나님 나라에 있습니다. 그리고 그 하나님 나라의 가장 좋은 예표는 교회입니다. 사람이 아닌 하나님이 주인이시고 목자가 되어, 진리의 말씀을 따라 다스려지는 공동체가 교회입니다. 주님이 다스리는 목장인 교회에 친밀한 소속감을 유지하여 건강한 신앙생활을 하시기 바랍니다.

3. 예수 안에서 안식을 누려야 합니다.

우리는 교회를 생각할 때 건물과 공간으로서의 교회를 먼저 떠 올립니다. 물론 그 이미지 자체가 잘못된 것은 아닙니다. 하지만, 더 본질적인 의미에서 교회는 예수님의 몸된 공동체입니다. '내 주 예수 모신 곳이 그 어디나 하늘나라'라는 찬송가 가사는 우리의 신앙고백을 잘 드러내 줍니다. 우리의 참된 안식은 예수께서 그리스도가 되실 때 가능합니다. 예수님은 자신을 안식일의 주인이라고 선포하셨습니다. 우리가 지키는 주일은 그 예수님을 만나고, 예수님의 주인 되심을 발견하고, 그 주께서 베푸시는 치유와 회복, 기적을 맛보는 자리가 되어야 할 줄 믿습니다. 교회성장을 위해 스트레스를 받는 성도들도 있습니다. 하지만 참된 부흥은 우리의 노력이나 고민에 앞서 주께서 이루시는 일인 줄 믿습니다(행 2:47). 우리가 주 안에서 안식하고 회복되며 힘을 얻을 때 부흥과 성장은 주님이 주시는 열매로 따라올 것입니다. 예수님을 내 마음의 중심에 모시고, 그 안에서 충만한 안식을 누리는 삶을 사시기 바랍니다.

1. 당신의 삶의 모습이 양과 같음을 자각했던 경험을 나누어 봅시다.

2. 교회생활을 통해 어떤 영적인 도움을 받는지 이야기해 봅시다.

3. 당신은 우리 교회가 예수님 안에서 안식하는 곳이 되도록 어떤 도움을 줄 수 있
   습니까?

| 함께 기도하기

1. 나의 어리석음을 자각하고, 하나님의 지혜에 순종하는 삶을 살게 하소서.
2. 주님이 주신 최고의 장소인 교회를 사랑하고, 맡은 일에 충성하게 하소서.
3. 예수님 안에 안식을 누림으로 치유와 회복의 주역이 되게 하소서.

- 헌금 찬송 : 570장 주는 나를 기르시는 목자
- 헌금 기도 : 구역원 중에서
- 주의 기도 : 다같이

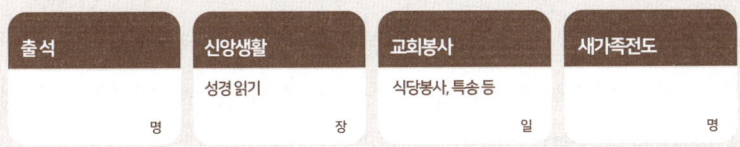

출석	신앙생활	교회봉사	새가족전도
	성경 읽기	식당봉사, 특송 등	
명	장	일	명

| 기도제목 나누기

34과 하나님과의 의로운 관계: 오직 하나님만 예배하기

┃ 신앙고백 : 사도신경 ┃ 찬송 : 21장 다 찬양하여라 ┃ 기도 : 구역원 중에서
┃ 배울말씀 : 출애굽기 20장 3~6절
┃ 새길말씀 : 너는 나 외에는 다른 신들을 네게 두지 말라(출 20:3)

생각
열기

불편한 끼임관계

정태기 교수는 "우리가 겪는 대부분의 위기는 인간관계 안에서 일어난다. 그 관계가 밀접하면 밀접할수록 스트레스와 갈등이 발생할 가능성은 높다. 특히 부부관계는 그 어느 관계보다도 친밀하고 강렬하며 커다란 의무와 책임이 따르기 때문에 극복하기 힘든 위기"(정태기, 『위기목회상담』, 대한기독교서회, 1997)가 발생한다고 경고합니다.

시내산 언약은 일종의 결혼관계와 유사하다고 했습니다. 따라서 결혼관계의 가장 심각한 위기가 삼각관계라는 인간관계에서 찾아오는 것처럼, 하나님과의 위기도 관계의 위기에서 가장 심각한 문제가 발생합니다. 엄밀히 말해서 결혼한 부부에게 삼각관계는 틀린 표현입니다. 결혼한 부부에게 잘못된 관계를 삼각형의 대등한 관계로 설명해서는 안 됩니다. 결혼한 부부의 잘못된 관계는 부부사이에 끼어드는 '끼임관계'라고 할 수 있습니다.

말씀
담기

하나님은 자신의 모습조차 형상화하는 것을 금지하십니다. 고대 근동에서는 누군가를 그린 그림을 가지고 있으면 그 사람을 자신의 마음대로 조종할 수 있다고 생각했습니다. 따라서 하나님을 형상화한다는 것은 하나님을 마음대로 조종하고자 하는 시도가 됩니다.

1. 하나님과 나 사이에 의로운 관계에는 다른 신이 없습니다.

히브리어 "알 파님"(나 외에는)에서 '알'은 '앞에서', '파님'은 '얼굴'입니다. 따라서 직역하면, "너는 내 얼굴 앞에서 다른 신들을 두지 말라."입니다. 하나님과 내가 마주 보고 서 있다고 생각하시면 됩니다. 그 사이에 다른 신들이 끼어들 수 없다는 것입니다. 하나님의 백성은 하나님만을 섬겨야 합니다. 구약의 이스라엘 백성들은 하나님을 섬겼지만, 동시에 바알 등 가나안의 신들도 함께 섬겼습니다. 이러한 잘못된 신앙은 대표적으로 엘리야 시대에 나타났습니다. 엘리야의 이름의 뜻은 "나의 하나님은 여호와 한 분 뿐이시다."는 말입니다. 하나님과 백성과의 관계는 결혼관계와 같아서 그 사이에 다른 신을 두어서는 안 됩니다. 부부는 다른 관계와 달라서 부부만의 섬김으로 한정 짓는 독특한 관계이어야 합니다. 마찬가지로 하나님의 백성은 하나님만을 섬겨야 한다는 말씀입니다.

2. 의로운 백성은 우상에게 예배하지 않습니다.

히브리어, '페셀'은 '새긴 우상'으로서 '신'으로 섬기려고 나무나 돌에 새겨 만든 그림을 가리킵니다. "하늘, 땅, 그리고 물속"이라는 세 가지 범주는 '온 세상'을 말합니다. 하나님은 온 세상 무엇으로도 여호와 하나님의 형상화를 금지하라 명하십니다(출 20:23). 그러시면서 "여호와는 질투하는 하나님"(히, 엘 카나)이라고 말씀하십니다. 히브리어 '카나'의 의미는 '열정'입니다. 즉, 하나님은 자신의 백성을 향해서 열정을 갖고 계신 분이시기에 하나님의 백성도 하나님을 향해 열정을 보이라는 말씀입니다. "나는 여호와이니 이는 내 이름이라 나는 내 영광을 다른 자에게, 내 찬송을 우상에게 주지 아니하리라."(사 42:8) 말씀하신 것처럼, 하나님은 마땅히 받으셔야 할 영광과 찬송을 결코 빼앗기지 않으십니다. 하나님의 백성에게 하나님은 예배의 유일한 대상입니다.

3. 예배는 하나님과 의로운 관계맺음입니다.

하나님은 "나를 미워하는 자의 죄를 갚되 아버지로부터 아들에게로 삼사 대까지 이르게"(5절) 하신다고 하십니다. 이 말씀은 아버지의 죄 값을 자손에게 대물림한다는 뜻이 아닙니다. 하나님은 말씀하셨습니다. "아버지는 그 자식들로 말미암아 죽임을 당하지 않을 것이요 자식들은 그 아버지로 말미암아 죽임을 당하지 않을 것이니 각 사람은 자기 죄로 말미암아 죽임을 당할 것이니라"(신 24:16) 죄 값이 '삼사 대'에 이른다는 것은 대가족을 이루어 함께 살던 상황을 가리킵니다. 한 집안의 최고 어른이 지은 죄의 영향력은 함께 사는 가족 모두에게 영향을 줄 수밖에 없습니다. 이 말씀의 핵심은, 죄는 '삼사 대'까지, 은혜는 '천 대'까지 미친다는 대비입니다. 하나님은 벌을 주신다면 당대의 한 가족으로 제한하시고 복은 자자손손 주신다는 약속하십니다. "그의 노염은 잠깐이요, 그의 은총은 평생이로다."(시 30:5) 의로우신 하나님은 죄와 벌을 대물림시키지 않으십니다. 그러나 하나님을 사랑하고 그의 계명을 지키는 자에게 은혜는 자자손손 이어갑니다. 그러므로 우리는 하나님과 의로운 관계를 맺어야 합니다.

1. 너는 나 외에는 다른 신들을 네게 두지 말라 하신 말씀을 생각해 봅시다.

2. 너를 위하여 새긴 우상을 만들거나 형상화 하지 말라 하신 말씀을 생각해 봅시다.

3. 하나님과 의로운 관계의 중요성에 대하여 생각해 봅시다.

| 함께 기도하기

1. 하나님과 나 사이에 그 어떤 우상도 끼어들지 않게 하소서.
2. 저희에게 열정이 있으신 하나님에 대하여 저희도 열심을 가지고 예배하게 하소서.
3. 하나님을 사랑하고 그의 계명을 지켜 자자손손 하나님의 은혜를 누리게 하소서.

- 헌금 찬송 : 259장 예수 십자가에 흘린 피로써
- 헌금 기도 : 구역원 중에서
- 주의 기도 : 다같이

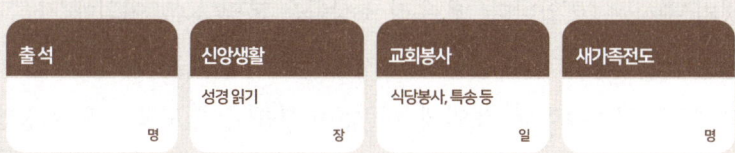

출석	신앙생활	교회봉사	새가족전도
	성경 읽기	식당봉사, 특송 등	
명	장	일	명

| 기도제목 나누기

35과 하나님과 의로운 관계: 하나님 이름을 존중하기

| 신앙고백 : 사도신경 | 찬송 : 29장 성도여 다함께 | 기도 : 구역원 중에서
| 배울말씀 : 출애굽기 20장 7절
| 새길말씀 : 너는 네 하나님 여호와의 이름을 망령되게 부르지 말라(출 20:7a)

생각 열기 이름에 대한 예의

이순신 장군의 '자'는 여해(汝諧), '시호'는 충무(忠武)입니다. 추사 김정희 선생의 '추사'는 '호'입니다. 옛 우리 조상들은 본명(本名) 이외에 '자'(字)와 '호'(號)가 있었습니다. '자'는 주로 남자가 성인이 되었을 때에 붙이는 이름이고, '호'는 본이름이나 '자' 외에 허물없이 부를 수 있도록 지은 호칭입니다. 옛날에는 손윗사람의 실명을 부르면 본데없는 짓으로 알았습니다. 말하는 측에서도 윗사람에 대해서는 자신의 실명을 말하지만, 같은 나이 또래나 그 아래의 사람에게는 '자'를 썼습니다. 《예기(禮記)》에 의하면, "흔히 형제간의 자에는 같은 한 글자를 넣어지어서 그들이 같은 형제인 것을 나타내기도 한다."고 하였습니다. '호'는 자신이 짓기도 하고, 남이 지어 부르기도 하였습니다. '호'는 아호(雅號)와 당호(堂號)로 나누는데, 아호는 흔히 시·문·서·화의 작가들이 사용하는 우아한 '호'라는 뜻입니다. 당호는 집에서 부르는 '호'를 말합니다.(네이버 지식백과, 한국민족문화대백과, 한국학중앙연구원). 이렇듯 우리는 '본명'을 중시하고, 이름을 부르는 데에도 '예'를 갖추어야 했습니다.

말씀
담기

예수님이 제자들에게 주기도를 가르치실 때, 기도의 대상인 "하늘에 계신 우리 아버지"를 부르신 후, 하나님께 대한 첫 번째 청원으로 "아버지의 이름을 거룩하게 하시며"라고 기도하셨습니다. 하나님의 이름은 다른 누군가와 구분하는 기표 이상으로 존재의 속성과 기능을 표현합니다(총회교육부, 『성결교회 세례교육 지침서』 중 주기도문, 기독교대한성결교회 출판부, 2022).

1. 하나님의 이름은 존귀합니다.

'망령되게'(히, 라쇼워)의 의미는 '거짓으로', '헛되이'라는 뜻입니다. 하나님의 이름을 오용, 남용, 도용하지 말라는 것입니다. 성경에서 이름은 그 사람의 운명을 담고 있습니다. 하나님의 이름에는 하나님의 존재와 속성이 담겨 있습니다. 하여 유대인들은 하나님의 이름을 말하는 것조차 조심했습니다. 성경을 읽다가 하나님의 이름이 나오면, '주님'(아도나이), '하늘에 계신 분'(단 4:23), '그 이름'(레 24:11)이라고 바꾸어 읽었습니다. 서기관들은 성경을 필사하다가 하나님의 이름인 'YHWH'라는 글자가 나오면 음소거 한 채로 손을 씻었습니다. 그러나 예수께서는 하나님을 "아빠 아버지"라고 부르십니다. 오늘날 우리는 예수 그리스도를 따라 하나님의 이름을 마음껏 부를 수 있습니다. 더 적극적으로 "누구든지 주의 이름을 부르는 자는 구원"을 받습니다(롬 10:13). 하나님을 경배하는 상황에서 하나님의 이름을 불러야 합니다.

2. 하나님께서 이름을 가르쳐주신 이유가 있습니다.

하나님의 이름을 묻는 모세에게 하나님은 "스스로 있는 자"라고 소개하시고, 족장들의 이름을 빌려서 자신을 소개하십니다(출 3:13~15). 하나님이 우리에게 자신의 이름을 가르쳐 주신 이유는 하나님의 이름을 '찬양'하게 하기 위함입니다. "그 영화로운 이름을 영원히 찬송할지어다"(시 72:19a). 시편 72편에서 백성들은 하나님이 왕을 통하여 정의와 구원을 이루게 해달라고 기도합니다. "하나님이여 주의 판단력을 왕에게 주시고 주의 공의를 왕의 아들에게 주소서 그가 주의 백성을 공의로 재판하며 주의 가난한 자를 정의로 재판하리니"(시 72:1~2). 정의와 구원의 구체적인 기도는 가난한 백성의 억울함으로 풀어주며 궁핍한 자의 자손을 구원하며 압박하는 자를 꺾는 일입니다(시 72:4~16). 시편 기자처럼 하나님의 뜻을 수행하다가 생겨나는 모든 영광은 하나님께 돌려야 합니다. 우리는 하나님의 영광을 가로채어서는 안 됩니다. 하나님의 이름은 목적이지 수단이 되어서는 안 됩니다. 하나님의 이름을 부르는 자는 그 이름에 합당한 삶을 살아야 합니다.

3. 의로운 백성은 하나님의 이름을 망령되게 부르지 않습니다.

'명의도용'은 죄입니다. 하물며 하나님의 이름을 도용하거나 오남용하는 것은 당연히 죄가 됩니다. 독일의 나치 병사들은 "하나님이 우리와 함께 하신다."라는 구호를 새긴 군복을 입고 2차 세계대전 동안 수많은 학살을 자행했습니다. 성경에서 '망령되다'는 이러한 신성모독을 넘어 부정의(不正義)를 가리킵니다.

① 우상 숭배(대하 28:2~3, 16~19; 렘 10:14~15), ② 하나님의 말씀 불순종(민 20:10~12; 시 106:33), ③ 음행(삿 19:22~24; 렘 29:23), ④ 헛된 맹세(신 5:11), ⑤ 사술(신 18:9~14), ⑥ 하나님의 이름을 함부로 부르는 일(출 20:7), ⑦ 하나님보다 사람을 의지함(대하 16:7~9), ⑧ 거짓 증언(잠 6:19; 19:28), ⑨ 하나님 앞에서 무례하고 교만함(잠 21:24), ⑩ 하나님의 은혜를 소홀히 함(히 12:16~17).

이러한 망령된 행실은 결국, 하나님을 노엽게 하고(사 9:17), 영원한 수치를 당하게 되며(렘 23:36, 40), 복을 상실하게 되고(민 20:12; 삼상 13:13~14), 죄를 얻게 되며(출 20:7; 신 5:11), 심판을 받게 되고(수 7:15, 25~26), 죽임을 당하게 됩니다(삿 20:6).

삶
나누기

1. 하나님의 이름의 존귀함에 대하여 생각해 봅시다.

2. 하나님께서 이름을 가르쳐주신 이유를 생각해 봅시다.

3. 하나님의 이름을 망령되게 부르지 않는지 생각해 봅시다.

| 함께 기도하기

1. 영접하는 자 곧 예수님의 이름 믿는 자들에게 하나님의 자녀가 되는 권세를 주소서.
2. 정의와 구원을 이루시는 하나님의 이름을 찬송케 하소서.
3. 하나님의 이름을 도용하거나, 오남용하지 않게 하소서.

- **헌금 찬송** : 40장 찬송으로 보답할 수 없는
- **헌금 기도** : 구역원 중에서
- **주의 기도** : 다같이

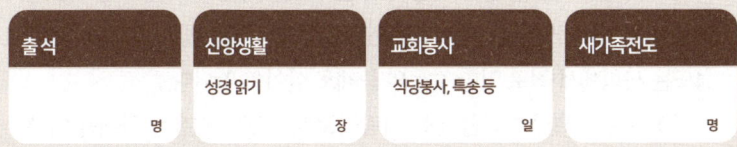

출석	신앙생활	교회봉사	새가족전도
	성경 읽기	식당봉사, 특송 등	
명	장	일	명

| 기도제목 나누기

화해

오늘 이 시대의 가장 큰 과제는 화해의 문제입니다. 현대 가정을 보더라도 옛날처럼 먹을 것이나 입을 것보다는 정신적인 갈등 때문에 고통당하는 경우들이 많습니다. 또 우리 사회를 보더라도 계층 간의 갈등이 있습니다. "직장에서 월급을 얼마나 받느냐?" 하는 것보다도 "과연 그곳에서 상사나 동료들과 얼마나 화목하며 평안하게 일을 할 수 있느냐?" 하는 것이 우리 시대의 많은 관심사인 것입니다. 교회생활도 숫자적인 성장과 여러 가지 체계적인 부분과 건물의 발전보다는 "과연 성도들이 얼마나 화평을 이루었는가?" 하는 부분으로 관심이 집중되고 있습니다. 그러므로 성도는 사회에서 죄로 인한 갈등의 중재로 살아야 합니다.

제36과는 '은혜의 다리를 놓는 사람들'로서 진정한 신유는 화해를 이루는 일인데 삶 속에 여러 가지로 막혀 있는 담을 예수 그리스도의 사랑으로 허물고 주어진 삶의 현장에서 가로막는 벽을 허무는 사명을 배웁니다.

제37과는 '용서를 받아들일 수 있는 사람들'로서 진정한 신유는 용서를 통해서 이루어지며 때로는 용서를 구하는 것을 받아들일 때 이루어지고, 교회 안의 작은 일에서 용서를 실천함을 배웁니다.

제38과는 '세상으로 파송된 화해의 전령사'로서 화해의 길로 나아가기 위해 기도하며 하나님의 은혜를 깨닫고 온전한 화해를 이루기 위해, 삶의 모든 영역에서 섬김의 삶을 배웁니다.

제39과는 '하나님의 시간을 따라 살기'입니다. 모든 시간의 주인은 하나님이십니다. 그리스도인은 하나님의 시간, 창조의 질서에 따라 살아야 합니다. 그것이 의로운 것입니다. 본 과를 통해 의로운 하나님의 백성들의 규칙적인 리듬, 삶의 리듬을 배우게 됩니다.

화해를 우리의 삶의 자리에서 구체적으로 적용해야 합니다. 고통과 아픔과 좌절에 있는 지체들에게 다가가 적극적인 화해의 중재자로 살아가는 삶이야 말로 건강한 성결인의 모습임을 기억하시기 바랍니다.

9

36과
은혜의 다리를 놓는 사람들
9월 7일~13일

37과
이웃을 용서할 수 있는 성도
9월 14일~20일

38과
세상으로 파송된 화해의 전령사
9월 21일~27일

39과
하나님과의 의로운 관계: 하나님의 시간을 따라 살기
9월 28일~10월 4일

36과 은혜의 다리를 놓는 사람들

| **신앙고백** : 사도신경 | **찬송** : 421장 내가 예수 믿고서 | **기도** : 구역원 중에서
| **배울말씀** : 에베소서 2장 11~22절
| **새길말씀** : 또 십자가로 이 둘을 한 몸으로 하나님과 화목하게 하려 하심이라 원수 된
    것을 십자가로 소멸하시고(엡 2:16)

하덕규의 때

당신이 쌓은 벽과 내가 쌓은 벽 사이에
꽃 한 송이 피어나고
당신의 지난날과 내가 지나온 날들이
그 꽃 위에 바람 되어 불고

당신의 고운 눈가엔 이슬처럼 눈물이
내 파리한 이마 위엔 굵은 땀방울이
그 애처로운 꽃잎 위에 촉촉이 내리고
당신이 쌓은 벽과 내가 쌓은 벽 사이에
그 꽃이 바람에 꽃씨를 날릴 때
당신의 고운 눈가엔 어느새 잔주름이
내 파리한 이마 위엔 굵은 땀방울이
그 애처로운 꽃잎 위에 따뜻이 내리고

당신이 만든 창과 내가 만든 창문 사이
그 꽃이 가득 피어 아름다운 꽃밭 될 때
그 때

하덕규 저/ [내 속엔 내가 너무도 많아] 中

말씀
담기

　그리스도인은 하나님도 모르고, 예수님도 모르고 세상에서 소망이 없이 살던 백성들 중에 구원 받은 자로서 예수 그리스도의 십자가의 피로 하나님과 가까워졌고, 하나님의 자녀가 된 자입니다. 그러면 그 놀라운 은총을 입은 자로서 이 세상에서 어떤 모습, 어떤 자세, 어떤 태도, 어떤 사명을 갖고 살아야하는지 알아야 합니다.

1. 과거의 그리스도인

　예수 믿기 전에 우리는 어떤 사람이었습니까? "그러므로 생각하라 너희는 그 때에 육체로는 이방인이요 손으로 육체에 행한 할례를 받은 무리라 칭하는 자들로부터 할례를 받지 않은 무리라 칭함을 받는 자들이라"(엡 2:11) 예수 믿기 전에 우리는 이방인이었고, 할례를 받지 못한 사람들이었습니다. 이것이 무슨 뜻인지 정확하게 알려면 유대인의 입장에서 할례를 이해해야 합니다. 유대인의 입장에서 볼 때(창 17:1~10), 할례는 하나님과 이스라엘 백성들 사이에서 맺은 언약의 증표입니다. 마치 결혼반지와도 같은 의미입니다. 할례도 하나님과 이스라엘 백성이 아주 특별한 언약의 관계를 맺었다는 증표입니다. 그럼 할례를 통해 이스라엘 백성들과 하나님이 맺은 언약은 무엇입니까? 하나님이 이스라엘 백성들을 축복의 대상으로 선택하셨다는 것입니다. 그래서 이스라엘 백성들은 하나님 앞에서 숨지 않고 정직하고 진실하게 살아야 합니다. 예수님을 믿기 전에 우리는 그리스도 밖에 있었고, 이스라엘 밖에 있었고, 언약에 있어서 외인이고 세상에서 소망도 없고 하나님도 없던 사람이었습니다. 한 마디로 하나님의 복에 있어서 철저히 소외된 사람이었다는 것입니다(엡 2:12).

2. 현재의 그리스도인

예수 그리스도의 피로 둘이 하나가 되었습니다. 유대인과 이방인은 예수 그리스도의 피로 말미암아 하나가 되었습니다. 쉽게 말해서 유대인과 이방인의 구분이 없어졌다는 뜻입니다. 십자가는 유대인과 이방인 사이에 놓인 벽을 허물었습니다. 유대인들은 선민의식을 갖고 이방인과의 사이에서 벽을 쌓았습니다. 유대인들은 이방인들을 하나님의 선택을 받지 못했다는 이유로 멸시했습니다. 이방인들은 잘난 척하고 자신들을 무시하는 유대인들을 증오했습니다. 유대교 역사가인 요세푸스의 글에 보면, 성전에는 뜰이 있었습니다. 먼저 성전 맨 중심에 제사장의 뜰이 있습니다. 제사장의 뜰에는 제사장 외에는 들어올 수 없습니다. 그 다음 이스라엘 남자들을 위한 뜰이 있습니다. 그곳은 여자들이나 아이들이 올 수 없습니다. 그 다음 여인의 뜰이 있습니다. 여자와 아이들이 머무는 뜰입니다. 그 여인의 뜰에서 5계단을 내려가면 높은 벽이 쳐져 있습니다. 그 벽 다음 다시 15계단 내려가면 또 다른 높은 벽이 있습니다. 그 벽을 지나면 뜰이 하나 나오는데, 그 뜰이 바로 이방인의 뜰입니다. 즉 이방인과 유대인들 사이에는 20개의 계단과 2개의 높은 벽이 쳐져 있었던 것입니다. 이 벽이 바로 막힌 담입니다. 이 막힌 담 앞에는 이런 문구가 새겨져 있습니다. "이곳을 넘어가는 이방인들은 반드시 죽임을 당하리라." 그러나 예수님이 하신 일은 이 벽을 허무는 일이었습니다.

3. 그리스도인의 사명

예수님이 온 몸으로 막힌 담을 허무셨습니다. 그 은혜로 구원받은 우리가 해야 할 일은 무엇입니까? 우리가 지금 해야 할 일도 벽을 허무는 것입니다. 구체적으로 어떤 벽을 어떻게 허물어야 합니까? 예수 믿는 자들 사이에도 벽이 있습니다. 벽이 세워지는 이유는 은혜를 망각한 자들이 자기 공로를 앞세우고 이웃들의 고통과 아픔에 무관심합니다. 자기 자신과 자기 이익만을 생각하는 자들이 세운 무관심의 벽이 있습니다. 또 자기 이익을 위해 편을 가르고 서로 싸우고 공격하게 만드는 벽이 있습니다. 또 남자와 여자 사이에 벽이 있고, 부모와 자녀 사이에 벽이 있습니다. 또 형제 사이에도 벽이 있습니다. 또 많이 배운 자와 못 배운 자 사이에도 벽이 있습니다. 또 지역, 인종, 문화의 벽 등등 다양한 벽들이 존재합니다. 유대인들이 이방인들에 대해서 벽을 쌓듯이 우리 그리스도인들도 세상 사람들에게 벽을 쌓으려는 경향이 있습니다. 우리는 벽을 쌓지 말고 허무는 자들이 되어야 합니다. 우리가 해야 할 일은 한 사람이라도 더 많이 구원의 은혜를 받아들여 용서의 은혜를 체험하는 것입니다. 우리는 모든 자들을 하나님께 나아가도록 돕는 안내자가 되어야 합니다. "이는 그로 말미암아 우리 둘이 한 성령 안에서 아버지께 나아감을 얻게 하려 하심이라."(엡 2:18). "나아감을 얻는다."는 말은 헬라어 '프로사고게'라는 말인데 '왕에게 사람을 소개한다.'는 의미를 가지고 있습니다. 즉 우리는 믿지 않는 자들을 하나님께 나아갈 수 있도록 돕는 그리스도인들입니다. 한 마디로 우리는 '다리'가 되어야 합니다.

1. 예수 믿기 전에 어떻게 살았는지 지난 삶을 되돌아보면서 나누어 봅시다.

2. 예수님이 모든 벽을 허무시는 화해자의 의미를 나누어 봅시다.

3. 당신은 화해의 증거자로서 어떻게 살아야 하는지 나누어 봅시다.

| 함께 기도하기

1. 예수님은 믿기 전에 있었던 모든 구습과 악행들을 용서하여 주소서.
2. 예수님을 믿음으로 구원받은 첫 마음을 잘 간직하고 계속하여 믿음의 길에서 승리하게 하소서.
3. 여전히 차별과 멸시 속에 있는 이들에게 '다리'의 사명을 잘 감당하게 하소서.

- 헌금 찬송 : 450장 내 평생 소원 이것뿐
- 헌금 기도 : 구역원 중에서
- 주의 기도 : 다같이

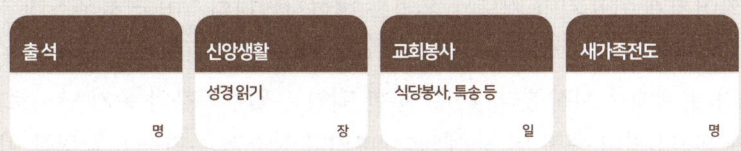

출 석	신앙생활	교회봉사	새가족전도
	성경 읽기	식당봉사, 특송 등	
명	장	일	명

| 기도제목 나누기

37과 이웃을 용서할 수 있는 성도

ㅣ**신앙고백** : 사도신경 ㅣ **찬송** : 195장 성령이여 우리 찬송 부를 때 ㅣ **기도** : 구역원 중에서
ㅣ**배울말씀** : 창세기 50장 15~21절
ㅣ**새길말씀** : 당신들은 나를 해하려 하였으나 하나님은 그것을 선으로 바꾸사 오늘과 같
　　　이 많은 백성의 생명을 구원하게 하시려 하셨나니(창 50:20)

"힘들지만, 그래도 용서 한다"

　"어떤 악마도 교회 문을 닫게 하지 못합니다. 여전히 많은 사람들은 가슴이 찢어지게 아프지만 기도는 우리를 변화시킵니다." 미국 사우스캐롤라이나주 찰스턴의 유서 깊은 이매뉴얼 아프리칸 감리 교회가 21일(2015. 06. 21) 다시 예배를 시작했다. 나흘 전 한 백인 우월주의자의 총기 난사로 무고한 흑인 9명이 숨진 뒤 첫 예배다. 그러나 찰스턴 주민들이 끔찍한 비극에 맞서는 방식은 달랐다. 힘들지만 슬픔과 분노를 용서와 화해, 치유로 승화시키는 위대함을 드러냈다. 인종 갈등으로 몸살을 앓고 있는 미국 사회의 새로운 모습이다. 이날 예배는 "증오가 다른 증오의 씨앗이 되지 않기를 간절히 바란다."는 기도로 시작됐다. 총격 사건으로 목숨을 잃은 이 교회 클레멘타 핑크니 목사를 대신해 설교에 나선 노블 고프 목사는 "우리는 믿음을 갖고 이곳에 와 있다."면서 "너무 힘들었지만 하나님은 우리에게 힘을 주셨다."고 말했다. 처음으로 나선 한 희생자 유족은 마음의 고통을 추스르며 "나와 우리 가족은 너를 용서한다. 네가 우리의 용서를 참회의 기회로 삼아 더 나은 사람이 되길 바란다."고 했다. 그 뒤를 이어 또 다른 유족은 "내 몸의 살 한 점 한 점이 모두 아프고 내가 예전처럼 살아갈 수도 없겠지만 하나님이 너에게 은혜를 베풀기를 기도한다."고 했다. "너 때문에 다시는 엄마와 이야기 할 수 없고 너 때문에 고통스럽지만 하나님은 너를 용서하고 나도 너를 용서한다."는 말도 이어졌다. 자신의 가장 소중한 가족을 앗아간 살인범에게 건네는 용서의 말 한마디, 한마디. 고통을 이기고 나온 묵직한 그 한마디는 미국 사회를 숙연케 했다.

CBS노컷뉴스 임미현 특파원 2015.06.22.

말씀
담기

이 세상을 사는 사람들 누구나 할 것 없이 크고 작은 상처를 마음에 품고 살아가고 있습니다. 어떤 상처는 너무나 깊어서 그 상처로 인하여 늘 고통 속에 살아가는 분들이 있습니다. 평생 동안 마음에 아픈 상처로 인하여 절망하고 좌절하면서 어두운 그림자를 떨쳐내지 못하고 문제 속에, 어둠 속에 살아가는 분들이 있습니다. 우리 예수님 믿는 사람들은 예수님의 은혜로 그 모든 상처를 치료받고 용서를 받으며 살아야 합니다.

1. 진정한 화해는 용서로부터 시작됩니다.

요셉이 아버지가 죽고난 후에 혹시나 형들에게 복수할까봐 불안해 하는 형들의 이야기를 듣고 울었다고 합니다. "… 요셉이 그들이 그에게 하는 말을 들을 때에 울었더라."(17절). 성경의 표현이 기가 막힙니다. "울었더라."라는 이 한 마디에 요셉의 심정을 다 담고 있습니다. 요셉은 이미 오래전에 형들을 다 용서했고, 형들을 원수라고 생각하지 아니하는데, 그러나 형들은 아직까지 불안해 하고 있는 것을 바라보고, 매우 가슴 아프게 생각하고 있습니다. 요셉은 형들의 말을 듣고 울었습니다. 요셉은 자기 앞에 무릎을 꿇고 있는 형들을 바라보면서 통곡을 합니다. 반갑기도 하고, 분하기도 합니다. 지난 세월이 억울하기도 합니다. 그러나 생각해보면 너무나 감사합니다. 여러 가지 의미의 눈물을 흘립니다. 성경에 요셉이 울었다는 말이 많이 나옵니다. 그리고 궁극적으로 요셉은 원수와 같은 형들을 용서합니다. 일방적으로 용서했습니다. 요셉의 눈물은 형들에 대한 사랑과 신뢰 그리고 형들에 대한 진실한 마음을 의미합니다. 오히려 이러한 눈물을 통해 요셉의 심령은 회복되었고, 치료함을 받았습니다.

2. 진정한 용서는 받아들여야 합니다.

요셉이 한 말 속에 그의 심령이 치유를 받을 수 있었던 열쇠가 있습니다. "당신들은 나를 해하려 하였으나 하나님이 그것을 선으로 바꾸사 오늘과 같이 만민의 생명을 구원하게 하시려 하셨나니"(20절). 자신의 인생과 온 우주만물의 주인이시며, 하나님이 주권적인 능력으로 섭리하시고 계심을 고백하는 이야기입니다. 요셉의 형들이 요셉을 종으로 판 것은 나쁜 일이 었지만, 그러나 그 일 때문에 자기 가족들은 가나안의 매우 심각한 기근에서 살아남을 수 있었습니다. 오히려 요셉은 하나님의 주권적인 은혜를 의지하며 마음의 치료를 받았습니다. 이것은 요셉뿐만이 아니고 우리 모두에게 주시는 하나님의 말씀입니다. 형들을 용서한 그 사랑은 요셉의 인격과 도덕적인 수양의 결과가 아니었습니다. 그리고 요셉의 용서는 정치적인 수완도 아니었습니다. 오직 하나님을 믿는 믿음에서 출발합니다. 요셉이 믿는 하나님은 자신의 인생을 주권적으로 인도하시는 분이었습니다. 이러한 믿음이 있었기에 요셉은 자기의 원수인 형들을 모두 용서했고, 미움에서 사랑의 관계로 회복되었습니다. 결국 요셉의 마음 속 깊이 새겨져 있던 상처는 치료 받았습니다.

3. 예수님의 화해는 모든 사람을 용서하고 사랑합니다.

요셉은 자신에게 상처를 주는 많은 사람들이 있음에도 불구하고 조금도 흔들리지 않고, 형통의 삶을 살았던 것은 '하나님이 나와 함께 하신다.'라고 하는 믿음이 있었기 때문입니다. 하나님이 모든 것을 합력하여 선을 이루게 하신다는 것을 믿고 인내했습니다. 로마서 8장 28절은 이렇게 가르치고 있습니다. "우리가 알거니와 하나님을 사랑하는 자 곧 그의 뜻대로 부르심을 입은 자들에게는 모든 것이 합력하여 선을 이루느니라." 요셉은 다 용서했습니다. 형들도 용서하고, 자기를 누명 씌워서 감옥에 집어넣은 보디발의 아내도 용서하고, 자기를 까맣게 잊고 2년 동안이나 지냈던 관원도 용서했습니다. 요셉은 오히려 사랑의 마음으로 자기 앞에 두려워 떨고 있던 사람들을 위로하고 격려했습니다. "당신들은 두려워하지 마소서 내가 당신들과 당신들의 자녀를 기르리이다 하고 그들을 간곡한 말로 위로하였더라."(21절). 때때로 하나님의 선한 계획 속에 고난이 담겨있습니다. 고난 당할 때, 상처 입었을 때, 고난만 바라보지 말고, 상처만 바라보지 말고, 사랑의 예수님을 바라봐야 합니다. 예수님은 사랑으로 원수 간의 화해를 이루셨습니다. 우리도 예수님처럼 사랑으로 원수를 용서할 때 평화가 임합니다.

1. 용서를 받아들이고 화해를 경험한 적이 있다면 나누어 봅시다.

2. 이웃이 용서를 요청할 때 받아들인 경험이 있었는지 나누어 봅시다.

3. 화해를 실천할 수 있는 구체적인 방법에 대해 나누고 실천해 봅시다.

| 함께기도하기

1. 진정한 용서를 할 수 있도록 마음을 다스리게 하소서.
2. 용서를 받아들이는 용기를 주소서.
3. 먼저 다른 사람을 화해할 수 있는 진정한 사랑을 실천하게 하소서.

- 헌금 찬송 : 197장 은혜가 풍성한 하나님은
- 헌금 기도 : 구역원 중에서
- 주의 기도 : 다같이

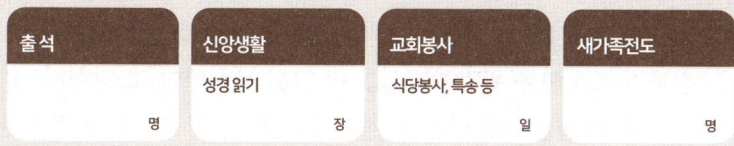

출석	신앙생활	교회봉사	새가족전도
	성경 읽기	식당봉사, 특송 등	
명	장	일	명

| 기도제목 나누기

38과 세상으로 파송된 화해의 전령사

| **신앙고백** : 사도신경 | **찬송** : 407장 구주와 함께 나 죽었으니 | **기도** : 구역원 중에서
| **배울말씀** : 창세기 33장 1~20절
| **새길말씀** : 야곱이 이르되 그렇지 아니하니이다 내가 형님의 눈앞에서 은혜를 입었사
오면 청하건대 내 손에서 이 예물을 받으소서 내가 형님의 얼굴을 뵈온즉
하나님의 얼굴을 본 것 같사오며 형님도 나를 기뻐하심이니이다(창 33:10)

온 가족 잃은 윤동윤씨 '조종사 원망 안해…용서하겠다'

8일 전투기 추락사고로 하루아침에 가족들을 잃은 윤동윤(37)씨는 사고를 낸 "전투기 조종사를 원망하지 않으며 그를 용서한다"고 밝혔다. 윤 씨는 9일 오후 사고 현장을 둘러본 후 기자들을 만나 "어제는 너무 떨려서 기자들을 만나기 힘들었다"면서 "나를 위해 기도해주신 모든 분들께 감사드린다"고 조심스럽게 말문을 열었다. 그는 이어 "오늘까지 우리 가족의 사체를 찾아준 모든 사람들에게도 감사드린다"고 덧붙였다. 윤 씨의 큰 딸 하은 양의 사체는 이날 오후 마지막으로 수습됐다. 윤 씨는 슬픔을 이겨내느라 중간 중간 침묵의 시간을 가지면서 말을 이었다. 그는 "조종사가 고통을 당하지 않도록 기도해 달라"면서 "그는 미국의 보물이며 그를 탓하지 않고 그에 대해 격한 감정도 없다. 그는 (사고를 막기 위해) 최선을 다한 사람"이라고 말했다. 회견 내내 눈물을 참으며 침통한 모습을 보인 윤 씨는 또 "지금 나는 내가 어떤 감정을 가져야 하는지조차 모르겠다. 내가 어떻게 해야 할지 알려달라"며 착잡한 심경을 토로했다. 오후 4시 25분쯤 현장에 도착한 윤 씨는 흰 손수건으로 연신 눈물을 훔치면서 동행한 형제들 및 교회 관계자들과 사랑하는 아내와 딸들이 마지막으로 남긴 흔적을 둘러보고 가족을 위해 기도하는 시간을 가졌다. 한편 이날 회견에는 NBC, CNN, ABC를 비롯해 주류 언론의 취재진들도 대거 몰렸으며 윤 씨가 조종사에 대한 감정을 전하자 감격한 모습을 보이기도 했다.

샌디에이고=류태호 기자(2008년 12월 10일 중앙일보 미주판 2면)

말씀
담기

　인간은 서로 상처를 주고, 받으면서 살아나갑니다. 상처는 우리를 아프게 합니다. 많은 경우에 육신의 상처보다, 마음의 상처는 우리를 더욱 아프게 하고, 힘들게 합니다. 그리고 마음의 상처를 치유하지 않은 채, 그대로 방치하면 마음 속에 쓴 뿌리로 남아있게 됩니다. 우리 그리스도인들은 인생의 모든 상처들을 하나님의 은혜로 치료하여, 우리의 인생을 아름다운 진주로 변화시키는 삶을 살아야 합니다.

1. 인생의 상처를 기도로 치유하면 화해됩니다.

　야곱은 많은 물질도 있었고, 식구들도 많이 있고, 사회적인 명예도 있었지만, 그러나 형의 장자권을 훔친 일로 여전히 불편한 관계를 가지고 있었습니다. 사람과 좋은 관계를 갖고 사는 것이 참으로 중요합니다. 형과의 화해는 인간적인 방법이 아니라, 하나님이 야곱과 에서의 마음을 움직여 주었기에 가능했습니다. 야곱은 지금까지 형을 원수로 여겼고, 자기의 적으로 생각했는데, 하나님 앞에 기도 할 때에, 하나님이 야곱의 마음을 움직여 주시어, 형이 더 이상 원수가 아니라, 하나님의 얼굴로 보여지게 했습니다. 하나님은 나를 먼저 변화시켜 주십니다. 사람은 자신이 경험한 만큼 세상을 보고 사람을 이해합니다. 상처가 있으면 그 상처를 토대로 하여, 세상을 바라보고 사람을 바라봅니다. 우리가 하나님께 회개하면서, 진심으로 기도할 때에 성령님은 이러한 우리의 잘못된 생각을 고쳐주십니다. 우리의 생각에 큰 변화가 생깁니다. 성령님이 우리를 겸손하게 만들어 주십니다. 우리의 생각을 예수님 중심으로 변화시켜 주십니다. 우리가 주님의 마음을 품을 때에, 우리의 속사람은 치료함을 받고 강건하게 됩니다.

2. 하나님의 은혜를 깨달을 때 화해됩니다.

"하나님이 내게 은혜를 베푸셨고 내 소유도 족하오니 청하건대 내가 형님께 드리는 예물을 받으소서 하고 그에게 강권하매 받으니라."(11절). 야곱은 지금까지는 자기의 능력, 지혜, 그리고 자기의 힘으로 성공했다고 생각했는데, 그런데 창세기 33장에 보면, 자기의 자식도 하나님의 은혜이며, 자기의 물질도 모두 하나님의 은혜라고 고백합니다. 야곱에게 큰 변화가 생겼습니다. 성령님이 역사하시면 우리의 모든 것이 하나님의 은혜라고 깨닫게 됩니다. 우리가 왜 상처를 많이 받고 있습니까? 언제나 나의 공로와 나의 행위를 내세우니, 마음속에 상처가 생길 수밖에 없습니다. 나의 공로를 자랑하고, 나의 행위를 내세우니 교만한 마음이 생겨납니다. 다른 사람들이 인정해주지 아니하고, 알아주지 아니하면, 분노와 증오심이 생겨납니다. 이러한 마음으로서는 상처투성이로 살 수 밖에 없습니다. 은혜의 극치는 겸손입니다. "그러나 더욱 큰 은혜를 주시나니 그러므로 일렀으되 하나님이 교만한 자를 물리치시고 겸손한 자에게 은혜를 주신다 하였느니라."(약 4:6). 우리는 얼마나 겸손합니까? 겸손한 만큼 은혜 속에 사는 것입니다. 은혜는 받으면 받을수록 점점 더 겸손해집니다. 겸손히 하나님의 은혜를 사모하는 심령에 하나님이 치료의 손길로 함께 하십니다.

3. 삶에서 다른 사람들을 섬겨야 화해가 완성이 됩니다.

"하나님이 내게 은혜를 베푸셨고 내 소유도 족하오니 청하건대 내가 형님께 드리는 예물을 받으소서 하고 그에게 강권하매 받으니라."(11절). 야곱이 지금까지는 수단과 방법을 가리지 아니하고 다른 사람의 물질을 빼앗으며 살았는데 이제 야곱은 형을 만나서 물질을 나누고 있습니다. 이 얼마나 큰 변화입니까? 다른 사람을 향하여 섬기고, 봉사하고, 관용할 때에 우리 심령의 상처가 치료되는 역사가 일어납니다. 실제로 삶 속에서 다른 사람들을 잘 섬기고, 겸손히 봉사하는 사람치고, 우울증이나, 한을 품고 살거나, 마음의 큰 상처 속에 사는 사람은 별로 없습니다. 예수님이 이 세상에 오셔서 우리를 섬기면서 마침내 십자가에 죽으셨습니다. 예수님은 처음부터 철저하게 섬기는 자로 오셨고, 섬김으로 그 인생을 마쳤습니다. 예수를 믿는 성도의 삶도 섬기는 생활을 해야 합니다. "모든 것이 하나님께로서 났으며 그가 그리스도로 말미암아 우리를 자기와 화목하게 하시고 또 우리에게 화목하게 하는 직분을 주셨으니."(고후 5:18). 이제 우리는 하나님과 화목하게 하는 복음을 전하며, 사람과 사람의 화목을 만드는 삶을 살아야 합니다.

1. 어려움과 고난에 있는 이들에게 어떻게 화해의 길로 인도할 수 있는지 나누어 봅시다.

2. 화해를 이루기 위해 하나님의 은혜로 도운 일이 있는지를 나누어 봅시다.

3. 예수님의 섬김을 본받아 화해의 길을 성취했었는지 경험을 나누어 봅시다.

| 함께 기도하기

1. 기도하면서 화해의 길로 잘 이끌어갈 수 있게 도와주소서.
2. 하나님의 은혜로 상처를 입은 자들을 잘 돌볼 수 있도록 인도하소서.
3. 작은 일에서도 예수님의 섬김의 본을 실천하고 이룰 수 있게 하소서.

- 헌금 찬송 : 342장 너 시험을 당해
- 헌금 기도 : 구역원 중에서
- 주의 기도 : 다같이

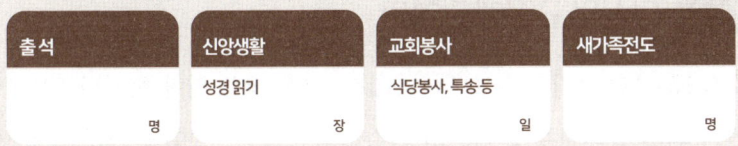

출석	신앙생활	교회봉사	새가족전도
	성경 읽기	식당봉사, 특송 등	
명	장	일	명

| 기도제목 나누기

39과 하나님과의 의로운 관계: 하나님의 시간을 따라 살기

┃ 신앙고백 : 사도신경 ┃ 찬송 : 38장 예수 우리 왕이여 ┃ 기도 : 구역원 중에서
┃ 배울말씀 : 출애굽기 20장 8~11절
┃ 새길말씀 : 안식일을 기억하여 거룩하게 지키라(출 20:8)

생각 열기 안식일 규정에 관하여

주전 170년경 안티오쿠스 에피파네스 4세는 유대 땅에 헬레니즘을 뿌리 내리기 위해 유대교를 박멸하려 했습니다. 그는 안식일을 택하여 공격했습니다. 유대인들은 "안식일에 기억하여 거룩하게 지키라."는 하나님의 말씀을 준수하기 위해 저항하지 않고 죽임을 당했습니다. 요세푸스에 따르면, 주후 63년 로마 제국의 폼페이 장군도 안식일에 예루살렘을 공격했습니다.

안식일 규정은 십계명 이전에 이스라엘 백성이 지키던 하나님의 말씀입니다. 출애굽기 16장에 따르면, 하나님은 이스라엘 백성에게 매일 만나를 내려주시되, 6일째 되는 날에는 이틀 동안의 양식을 주시고, 7일째 되는 날에는 아무것도 주지 않으셨습니다. 하나님은 출애굽한 이스라엘 백성을 광야에서 먹는 양식을 통하여 철저하게 6일 동안 일하고, 7일째 되는 안식일에는 일하지 않도록 훈련시키셨습니다.

말씀
담기

"하나님이 그가 하시던 일을 일곱째 날에 마치시니 그가 하시던 모든 일을 그치고 일곱째 날에 안식하시니라 하나님이 그 일곱째 날을 복되게 하사 거룩하게 하셨으니 이는 하나님이 그 창조하시며 만드시던 모든 일을 마치시고 그 날에 안식하셨음이니라."(창 2:2~3). 창조주 창조사역 후, 하나님은 안식하셨습니다.

1. 하나님은 시간의 주인이십니다.

"태초에 하나님이 천지를 창조하시니라."(창 1:1)라는 말씀은 하나님이 시간과 공간의 창조주이심을 고백하는 말씀입니다. 제 4계명은 이러한 창조주 하나님께 우리가 시간으로도 섬겨야 한다는 명령입니다. 하나님은 우리에게 안식을 요구하심으로써, 우리의 모든 시간이 하나님의 선물임을 상기시키십니다. 우리는 이 선물을 하나님을 위해 사용하다가 하나님께 다시 돌려드려야 합니다. 하나님은 안식일이 하나님께 속한 거룩한(히, 카도쉬) 날이라고 선언하십니다. 사람이 일을 쉼으로써 이날을 거룩하게 한다면, 이로써 사람은 창조주이신 하나님께 영광을 돌리는 것입니다.

2. 하나님의 시간에 따르는 것이 의입니다.

안식하다(히, 샤바트)는 단순한 쉼이 아닌, "하던 일의 중지"라는 뜻입니다. 출애굽기에서 안식의 근거는 창조주의 쉼에 참여하는 것입니다(출 20장). 창조주 하나님이 쉬셨으니, 우리도 쉬라고 말씀하십니다. 예수님이 사람이 안식일을 위해 있는 것이 아니라 안식일이 사람을 위해 있다고 말씀하신 것도 이러한 맥락입니다(막 2:27).

신명기에서는 안식일에 근거가 하나님께서 애굽 땅에서 종살이 하던 히브리인들을 해방시키셨음을 기억하는 것입니다(신 5장). 안식일은 쉼을 통해 약자들의 자유와 해방이라는 사회정의를 구현하는 날입니다. 안식일은 나 혼자만 쉬는 것이 아니라, 내 동료, 내 집에서 일하는 사람, 소나 말까지 다 같이 쉬게 하는 날입니다. 안식일은 일을 멈추고 하나님이 선물하신 창조와 해방을 기억하는 날입니다,

3. 의로운 백성은 규칙적인 리듬을 삽니다.

유대인과 기독교인 모두 일곱 번째 날을 중심으로 하는 규칙을 가지고 있습니다. 유대인에게는 안식일, 기독교인에게는 주일이 일주일의 중심입니다. 안식일이 유대인들을 구별해 주듯, 일요일은 그리스도인을 구별해 줍니다. 일요일은 예수님이 부활하신 복되고 거룩한 날로서 "주의 날"입니다(계 1:10). 주일은 예수님을 그리스도와 주로 고백하는 구별된 날이요, 죄로부터의 해방된 구원의 날입니다. 따라서 주일에 성도는 예배를 드리며 성령 안에서 쉼과 힘을 얻습니다. 아울러 예수께서 안식일에 치료하심으로 생명을 구하시고, 풍성케 하신 것처럼 주일은 적극적으로 생명을 구하고 선을 행하는 날입니다. 한 주간의 중심은 주일이며, 1년의 중심은 부활절부터 성령강림절에 이르는 위대한 절기입니다. 이렇게 예배의 규칙을 따라 사는 삶이 하나님과의 의로운 관계를 형성합니다.

1. 하나님이 시간의 주인이심을 생각해 봅시다.

2. 안식일 준수를 위해 노동을 멈추라는 의미를 생각해 봅시다.

3. 주일이 거룩한 삶의 규칙적인 리듬이라는 것을 생각해봅시다.

| 함께 기도하기

1. 하나님께서 내 인생(시간)의 주인임을 고백하게 하소서.
2. 주일에는 일을 멈추고 하나님께 예배드리는 삶을 살게 하소서.
3. 거룩한 규칙에 따라 주일을 성수하는 의로운 삶을 살게 하소서.

- 헌금 찬송 : 79장 주 하나님 지으신 모든 세계
- 헌금 기도 : 구역원 중에서
- 주의 기도 : 다같이

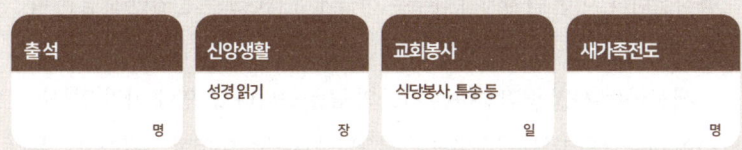

출석	신앙생활	교회봉사	새가족전도
	성경 읽기	식당봉사, 특송 등	
명	장	일	명

| 기도제목 나누기

소명, 하늘에서 들려오는 준엄한 명령

이 단원의 주제는 '소명'입니다. 우리가 살아있다는 것은 아직 이 땅에서 완수해야 할 사명이 남아있다는 뜻으로 생각할 수 있습니다. 우리는 하나님이 명하신 자신의 소명에 따라 사명을 감당해야 합니다. 하나님은 우리를 청지기로 부르셨습니다. 하나님은 우리를 목적에 따라 우리 삶 속의 성공과 실패, 강점과 약점, 과거와 미래와 같은 다양한 경험을 통해 사용하십니다. 이번 단원에서 다루는 '하늘에서 들려오는 준엄한 소명'은 다음과 같습니다.

제40과는 '사명을 감당하는 자들의 규율'입니다. 소명에 따라 일하는 것이 하나님을 따르는 것입니다. 예수님을 본받아 어떠한 상황에서도 부르신 소명에 따라 일 해야 합니다.

제41과는 '위임사상, 소명의 이유'입니다. 하나님은 사람에게 만물을 다스리도록 부르셨습니다. 더불어 하나님의 형상을 가진 자의 역할을 수행하도록 부르셨습니다. 하나님의 대리자로서 사람은 창조주의 방식대로 그 소명을 감당해야 합니다.

제42과는 '소명 받은 자의 자세'입니다. 성도가 하나님이 부르신 소명으로 일 할 때 필요한 자세는 성실한 태도입니다. 그리고 그 일이 그리스도를 섬기는 일이라는 사실을 깨닫고 마음을 다해 주께 하듯 해야 합니다.

제43과는 '정의의 세 가지 기초'입니다. 정의로운 관계는 서로 존중하는 것에서 시작합니다. 서로의 입장에서 생각하고 공감하는 것입니다. 본 과를 통해 정의로운 관계에 대해 존중, 역지사지, 공감의 키워드를 배워봅시다.

우리는 하나님이 부르신 소명과 맡겨주신 사명에 따라 선한 청지기의 역할을 감당해야 합니다. 자족하는 법을 아는 성도는 소명과 사명에 충실할 수 있는 성도로 거듭납니다.

10

40과

사명을 감당하는 자들의 규율

10월 5일~11일

41과

위임사상, 소명의 이유

10월 12일~18일

42과

소명 받은 자의 자세, 죽도록 충성하기

10월 19일~25일

43과

정의의 세 가지 기초 : 존중, 역지사지, 그리고 공감

10월 26일~11월 1일

40과 사명을 감당하는 자들의 규율

| 신앙고백 : 사도신경 | 찬송 : 330장 어둔 밤 쉬되리니 | 기도 : 구역원 중에서
| 배울말씀 : 요한복음 5장 9~18절; 누가복음 13장 10~17절
| 새길말씀 : 예수께서 그들에게 이르시되 내 아버지께서 이제까지 일하시니 나도 일한
　　　　　다 하시매(요 5:17)

지금 낮일 때 일하십시오

　존 모리슨의 안수식이 끝난 직후에 이웃의 목사가 그를 방문하여 이렇게 말했습니다. "목사님은 지나치게 많은 일을 하고 계십니다. 건강의 한도를 넘지 않도록 조심해야 합니다." 그러자 모리슨은 이렇게 대답했습니다. "염려하지 마세요. 게으른 목회자가 오히려 먼저 죽는답니다." 그로부터 6개월 후에 모리슨은 이웃목사의 임종 때에 불려 가게 되었습니다. 그 목사는 이렇게 물었습니다. "당신이 전에 나에게 한 말을 기억하십니까?" 모리슨은 고개를 끄덕이며 말했습니다. "아 하지만 그런 건 생각하지 마십시오." 그러자 그 목사는 이렇게 말했습니다. "예, 그렇지만 그 얘길 해야 하겠습니다. 그 말이 진실이었습니다. 일을 하십시오. 아직 낮일 때 일을 하십시오. 일할 수 없는 밤이 지금 다가오고 있으니까요."

존 모리슨, 1749–1792. 주제별 신앙이야기 p. 693.

말씀
담기

갈릴리를 떠나 예루살렘에 오신 예수님은 38년 된 병자를 고치시고 그에게 자리를 들고 가라고 명령하셨습니다. 그런데 마침 그 날이 안식일이었고 유대인들은 이 일을 문제삼아 예수님을 박해했습니다. 이와 같이 유대인들은 병자가 회복되는 것보다 안식일의 규정을 지키지 않은 것과 그렇게 시킨 사람이 누구인지에 관심을 두었습니다. 유대인들은 생명을 중요시하기보다 자신들의 전통인 안식을 규정대로 지키는 일에 집착한 것입니다. 본문에서 예수님은 안식일 가운데 무엇이 더 중요한가를 가르쳐 주십니다.

1. 성도는 부르심에 따라 일 해야 합니다.

소명은 어떤 일이나 임무를 하도록 부르시는 하나님의 명령입니다. 그리고 사명은 하나님의 명령을 받은 사람이 해야 하는 일이나 임무입니다. 소명이 부름이라면 사명은 해야 할 과업입니다. 하나님은 태초부터 지금까지 일하고 계십니다. '이제까지 일하시니'라고 번역된 말씀은 구체적으로 안식일과 상관없이 계속해서 창조 이전부터 지금까지 일하고 계심을 말합니다. 창세기에서 말하는 하나님의 안식은 '쉼'보다는 '완성'의 개념입니다. 하나님은 사람이 죄를 범한 후 '얼굴에 땀이 흘러야', '종신토록 수고하여야 그 소산을 먹으리라'고 말씀하셨습니다.(창 3:17~19)

하나님은 사람에게 일하고 살아가도록 생업을 주셨습니다. 우리가 하는 일이 하나님의 축복인 것과, 이 일을 통해서 하나님이 큰 역사를 이루신다는 사명감을 가져야 합니다. 일 자체를 복되게 여기고 분명한 소명의식과 목적을 가지고 일해야 합니다. 게으른 자가 되어서는 안 되며, 맡겨진 일에 충성을 다해야 합니다. 바울은 하나님의 자녀들은 일하기를 싫어하는 자들이 아니라, 즐겨 자기 일을 하는 자들이며, 또한 자기 일에 조용히 최선을 다하는 자들이 되어야함을 가르치고 있습니다(살후 3:6~15). 하나님을 믿는 믿음 안에서 행하는 일이라면 어디서 무엇을 하든지 하나님을 따르는 거룩한 가치 있는 일이 될 것입니다.

2. 예수님은 소명을 가지고 일하셨습니다.

하나님은 생명을 살리시는 분입니다. 안식은 일을 하지 않는 것이 아니라 생명을 위해 일하는 것입니다. 예수님은 자신의 뜻을 행하려고 이 땅에 오신 것이 아니라 아버지의 뜻을 행하려고 오셨습니다(요 6:38~39). 예수님은 죄인들을 사탄의 매임에서 풀어 구원하시려고 이 땅에 오셨습니다. 예수님은 창조의 사역에도, 섭리의 사역에도, 심판의 사역에도 아버지 하나님과 함께 일하십니다. 예수님은 쉼 없이 일류를 구원하기 위해서 계속적인 창조의 일을 하고 계십니다. 본문에서 38년 된 병자가 낫게 된 날은 안식일이었습니다. 예수님은 영혼에 대한 긍휼과 사랑의 마음을 품고 생명을 소중히 여기셨습니다. 그래서 예수님은 오랫동안 고통 받던 병자에게 은혜로 새로운 삶을 주시고, 더 이상 죄를 짓지 말고 변화된 삶을 살아가라고 훈계하셨습니다. 하나님의 역사는 인간이 만든 규정이 아니라 예수님을 통해 이루어집니다. 실제로 예수님은 하나님의 구속사역을 완성하시고 지금도 생명 살리는 일을 우리를 통해 이루고 계십니다. 예수님을 믿고 따르는 모든 성도는 예수님처럼 일하는 자가 되어야합니다. 우리가 생명을 위해 일할 때 진정한 안식을 찾을 수 있고 참 평화를 누리게 됩니다.

3. 예수님은 박해 받으면서도 소명을 따라 일하셨습니다.

예수님이 안식일에 병 고치시는 일을 보고 안식일을 범한다고 핍박했던 유대인들은 안식일에 대한 답변을 듣고 예수님을 죽이려고 했습니다. 그 이유는 하나님이 창조를 끝내시고 제 7일에 쉬신 것이 아니라, 만물을 보존하고 구원의 재창조작업을 계속 하고 계시듯이 예수님도 쉼 없이 재창조하는 보존과 사랑의 일을 하며 자신과 하나님을 동등하다고 말했기 때문입니다. 유대인이 보기에 이는 신성모독죄에 해당되기 때문에 예수님을 죽이려고 한 것입니다. 사실 유대인들은 예수님께서 38년 된 병자를 고치시는 것을 보고 예수님의 능력을 믿고 메시아로 인정해야 했습니다. 그런데 오히려 이 사건을 계기로 예수님을 핍박하고 죽이기로 모의했던 것입니다. 유대인들은 그리스도의 권위와 말씀의 권위보다 자신들의 잘못된 유전을 더 높다고 생각해서 메시아를 몰라보는 어리석음을 범한 것입니다. 그들의 핍박에 예수님은 "하나님이 일하시니 나도 일한다."라고 대답하셨습니다. 안식일은 하나님이 자기 백성들을 사단의 힘으로부터 구출하시고, 구속의 사건으로 하나님과 영적인 관계를 맺으며, 하나님이 주신 생명을 보존하고 회복하기 위해 주신 축복의 날이기 때문에 예수님은 안식일에 일하셨던 것입니다. 결국 안식일은 아무 일도 하지 않는 날이 아니라, 하나님 안에서 일하는 것이기에 예수님은 박해를 받으셨지만 안식일을 일하는 날, 선한 날로 지키셨습니다. 이처럼 성도는 일하시는 예수님을 따라 어려운 상황 속에서도 일을 중요하게 여기며 수행해야 합니다.

1. 일하는 것이 왜 소명이며 복인가를 나누어 봅시다.

2. 유대인들과는 대조적으로 안식일에도 일하셨던 예수님의 모습은 우리에게 어
   떤 교훈을 주는지 나누어 봅시다.

3. 예수님은 핍박과 박해 속에서도 쉬지 않고 일을 하셨습니다. 우리의 각오와 결
   단을 나누어 봅시다.

| 함께 기도하기

1. 일하는 것이 하나님을 본받는 복된 삶인 줄을 알고 기쁨으로 일하게 하소서.
2. 참된 안식일의 뜻을 알고 예수님처럼 즐겁게 일하게 하소서.
3. 예수님처럼 어떤 핍박도 이기고 생명을 낳는 일에 최선을 다하게 하소서.

- 헌금 찬송 : 327장 주님 주실 화평
- 헌금 기도 : 구역원 중에서
- 주의 기도 : 다같이

출석	신앙생활	교회봉사	새가족전도
	성경 읽기	식당봉사, 특송 등	
명	장	일	명

| 기도제목 나누기

41과 위임사상, 소명의 이유

┃ **신앙고백** : 사도신경 ┃ **찬송** : 79장 주 하나님 지으신 모든 세계 ┃ **기도** : 구역원 중에서
┃ **배울말씀** : 창세기 1장 26~31절
┃ **새길말씀** : 하나님이 그들에게 복을 주시며 하나님이 그들에게 이르시되 생육하고 번
성하여 땅에 충만하라, 땅을 정복하라, 바다의 물고기와 하늘의 새와 땅에
움직이는 모든 생물을 다스리라 하시니라(창 1:28)

생각 열기 위임받은 자의 소명

조셉 플레처(Joseph Fletcher)는 '청지기직이 풍성한 시대에서 기독교인의 소명'이라는 연설문에서 도시의 회복, 교육의 원조, 빈곤추방, 수질과 공기의 오염 방지 등을 크리스천 청지기직에 포함해야 할 중요한 항목으로 열거하고 나서 '이러한 것을 떠난 청지기직이란 쓸데없고 보잘 것 없는 것에 지나지 않는다.'고 말한바 있다. 크리스천 청지기직이 교회적인 프로그램 내지, 활동에만 제한되지 않음을 단적으로 보여 주는 말이다. 엄밀한 의미에서 성도는 이 세상의 관리자로 부름 받았다. 또한 교회 공동체는 성도 개개인의 힘을 응집시키고 그 힘을 세상으로 발산시키기 위해 존재함을 잊어서는 안 된다. 오늘날 세계는 새롭고도 복잡하게 뒤엉켜있는 생명에 대한 위협 요소들과 마주하고 있다. 자연 질서의 해체로서 생명 스스로가 의존하고 있는 자연의 질서가 지배자와 같은 인간의 오만과 나태에 의하여 조직적으로 훼손되고 있다. 교회와 기독교인이 더 이상 무관심하거나 방관하거나 묵인할 수는 없는 것이다. 성도들이 책임을 가지고 문제해결을 위해 즉각적으로 발 벗고 나서야 한다.

종합자료시리즈 ⅩⅣ p.266 신앙도서출판

본문은 창조과정의 여섯째 날, 하나님이 행하신 내용입니다. 하나님이 사람을 자기 형상대로 창조하시고 그들에게 복을 주셨습니다. 특히 사람의 창조와 그 임무가 특징적으로 나타납니다. 그것은 하나님이 사람에게 하나님의 대리자로서 피조물을 다스리는 사명을 주신 것입니다. 그리고 만드신 채소와 열매를 주시고, 생존하고 보존될 수 있도록 필요한 모든 것을 공급하시는 분입니다. 땅을 정복하고 다스리는 것은 하나님의 창조세계를 그분의 창조목적에 맞게 가꾸어 나가는 것입니다. 사람은 자신이 피조물인 것을 철저히 인식하고 창조목적에 부합하는 삶을 살아야 합니다.

1. 하나님의 창조에는 목적이 있습니다.

하나님은 천지와 만물을 창조하셨습니다. 하나님의 창조는 하늘과 땅이라고 표현되는 모든 피조물뿐만 아니라, 피조물 사이에 내재하는 질서까지 포함 됩니다. 그래서 하나님은 각각의 피조물을 그 목적에 따라서 창조하시고 하나님의 뜻에 부합하도록 피조물 사이에 질서를 세우셨습니다. 특별히 하나님은 당신의 형상대로 창조된 사람에게 피조물과 피조물 사이의 질서를 주관하도록 계획하셨습니다. 이러한 역할을 할 수 있도록 하나님은 사람에게 특별한 지적 능력과 언어를 주셨습니다.

2. 하나님은 사람을 만물을 다스리는 소명으로 부르셨습니다.

하나님의 형상대로 창조된 사람은 하나님에게 복을 받았고 권세(의무)도 동시에 주셨습니다. 하나님이 사람에게 처음으로 선포하신 명령은 생육하고 다스리는 것, 땅에 충만한 것, 땅을 정복하는 것, 그리고 모든 만물을 다스리는 것입니다. 하나님은 사람에게 만물을 다스리는 일을 위임하셨습니다. 사람은 이 본질적 의무를 다해야 합니다. 이와 더불어 하나님이 사람에게 위임하시고 명하신 의무는 다양하며 그것들은 모두 중요한 위임입니다. 결국 하나님은 사람을 동역자로 창조하시어 위임된 사명을 감당하도록 하셨습니다. 그러므로 사람은 자신이 살고 있는 시대와 환경 속에서 하나님이 부르신 소명대로 살아가야 합니다.

3. 하나님의 대리자로 창조질서에 맞게 다스리는 일을 해야 합니다.

하나님의 형상대로 지음 받았다는 뜻은 하나님의 뜻을 알 수 있는 영성과 그 뜻을 행할 수 있는 감정, 의지, 양심을 주셨다는 것입니다. 다시 말해 사람은 하나님과 교제할 수 있는 특권이 있다는 것입니다. 이 특권으로 사람은 하나님의 대리자로서의 역할을 수행해야 합니다. 사람에게 다스리는 소명을 주셨으니 그 소명에 맞게 사명을 감당해야 합니다. 그런데 사람은 죄를 지어 타락함으로 대리 통치자의 역할을 상실했지만 만물의 주가 되신 예수 그리스도를 믿어 그분 안에 거하는 자는 본연의 역할을 회복할 수 있게 되었습니다. 이제 우리는 주 안에서 원래의 소명대로 만물을 다스려야 합니다. 하나님이 피조물을 어떤 목적과 질서로 만드셨는지를 올바로 알고 하나님의 대리자로서의 역할을 올바로 수행하는 것이 다스리는 사명을 위임받는 사람이 해야 할 일입니다.

1. 하나님이 사람을 지으시기로 계획하신 뜻은 무엇인지 나누어 봅시다.

2. 하나님이 사람에게 처음으로 주신 소명은 무엇인지 나누어 봅시다.

3. 사람이 하나님의 형상과 모양대로 창조되었다는 뜻은 무엇인지 나누어 봅시다.

| 함께 기도하기

1. 사람이 하나님의 계획대로 창조된 걸작품이라는 사실을 알고 감사하게 하소서.
2. 하나님의 성품을 가지고 만물을 보존하며 다스리게 하소서.
3. 하나님의 형상으로 지으심을 받은 우리가 날마다 하나님과 교제하게 하소서.

- 헌금 찬송 : 293장 주의 사랑 비칠 때에
- 헌금 기도 : 구역원 중에서
- 주의 기도 : 다같이

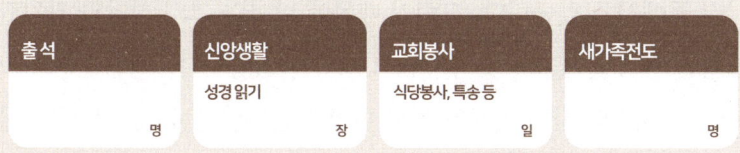

출석	신앙생활	교회봉사	새가족전도
	성경 읽기	식당봉사, 특송 등	
명	장	일	명

| 기도제목 나누기

 **42**과 소명 받은 자의 자세, 죽도록 충성하기

┃ **신앙고백** : 사도신경 ┃ **찬송** : 220장 사랑하는 주님 앞에 ┃ **기도** : 구역원 중에서
┃ **배울말씀** : 골로새서 3장 22절~4장 1절
┃ **새길말씀** : 무슨 일을 하든지 마음을 다하여 주께 하듯 하고 사람에게 하듯 하지 말라
(골 3:23)

 생각
열기 하나님을 의식하며 사는 사람

나는 한 유대인 남자에 대한 이야기를 읽었습니다. 그는 고국에서 멀리
떨어진 곳에서 살았습니다. 그렇기 때문에 날마다 그의 신앙과 가치관에
적대적인 사회 분위기에 맞서지 않으면 안 되었습니다. 후에 누군가 그에
게 그런 적대적인 사회 환경 속에서 어떻게 살아남을 수 있었느냐고 물었
습니다. 그는 "나는 매일 아침, 잠자리에서 일어나면 유대인인 나를 마음
속에 그려보았습니다."라고 대답했습니다. 날마다 그는 자신이 유대인인
것을 마음 속에 그려보지 않으면 안 되었습니다. 이런 습관을 쌓지 않았다
면 주변의 문화적 압력에 못 이겨 유대인으로서 가져야 할 자신의 정체성
을 잃어 버렸을 것입니다. 우리도 날마다 하나님이 계심을 알고 머릿속에
서 우리 자신을 '그리스도인'으로 그려보아야 한다는 것입니다. 즉, 우리 자
신이 예수 그리스도 안에서 하나님께 부름 받아 주님과 연합하여 살아가
는 사람들이라는 것을 기억해야 합니다.

벤 캠벨 존슨, 목숨 걸 사명을 발견하라, p.212~213.

본문에서 바울은 종들을 향해 윤리적 권면을 하고 있습니다. 바울은 종의 올바른 태도와 종이 받게 될 축복에 관해 언급했습니다. 그는 종들에게 무슨 일을 하든지 주께 하듯 하며 불의를 행하는 자는 그 보응을 받으리라고 경고합니다. 4장 1절은 주인들에게 주는 권면으로 이전 단락과 하나로 묶어도 좋습니다. 바울은 종을 대할 때 의와 공평으로 대하라고 주인에게 당부합니다. 주인에게도 하늘의 상전이 계시고 그분이 지켜보시기 때문입니다. 궁극적인 상전 앞에서는 모두가 동일한 위치에 놓여 있다는 것입니다. 이 시대를 살아가는 성도에게 꼭 필요한 삶의 태도에 대해 권면하고 있습니다.

1. 소명 받은 자는 성실해야 합니다.

바울은 종들에게 '육신의 상전들에게 순종'(22절)하라고 권면합니다. 이 순종은 사람을 기쁘게 하는 자와 같이 눈가림만 하지 말고 성실한 마음으로 하라고 말입니다. '성실'은 일반적으로 사람의 성품을 말할 때 사용되나, 하나님의 속성으로도 자주 언급됩니다. 하나님은 성실하시기에 사람과의 약속을 반드시 지키시며, 또한 그러한 성실로 사람을 보호하십니다. 성실함은 성도에게 반드시 요구되는 성품입니다. '성실한 마음'으로 라고 번역된 말은 '단일함', '단순함'으로 두 마음이 아니라 오직 한 마음을 품는 것을 의미합니다. 그리고 '전념하는', '꾸밈없는', '진실한' 등의 뜻으로 사용됩니다. 가정에서 부모의 일을 하든지, 혹은 교회에서 제직의 일을 하든지 그 일을 성실하게 해야 합니다. 그러려면 사명감이 있어야 합니다. 즉, 사명감에 불타는 일꾼은 자발적으로 하며 기쁜 마음으로 일을 합니다. 바울은 자신의 사명감에 대해 죽을 각오가 되어 있다고 말했습니다(행 21:31). 따라서 성도는 바울의 사명감을 본받아 죽도록 충성하는 성실한 일꾼이 되어야 합니다.

2. 소명 받은 자는 말씀에 합당한 인간관계를 맺어야 합니다.

바울은 아내와 남편, 부모와 자녀 간에 마땅히 지켜야 할 가정적인 윤리적 의무를 교훈한 다음 육신의 상전들과 종들, 즉 사회생활을 통해서 형성된 인간관계로부터 서로 지켜야 할 사회적 윤리와 의무를 교훈하고 있습니다. 아내는 남편의 권위를 인정해야하고, 남편은 자신의 영적 권위를 인정받을 수 있도록 아내를 헌신적으로 사랑하고 오히려 더 섬겨야 합니다. 그 당시 골로새교회에는 그리스도인 종들이 있었습니다. 종은 주님을 두려워하며 성실한 마음으로 상전에게 순종하기를 원하시며, 그런 종들의 자녀에게는 기업의 상을 주신다고 하셨습니다. 아랫사람은 상전에게 주께 하듯 하고, 상전은 아랫사람에게 '의와 공평'을 베풀어야 합니다. 영원한 상전 되시는 하나님이 계시기 때문입니다. 주님은 불의를 행하는 자에게 반드시 공의롭게 보응하십니다. 성도는 주님 앞에 있다는 의식을 가지고 의를 행하며 모든 인간관계에서 하나님의 뜻을 이루어야 합니다.

3. 소명 받은 자는 마음을 다하여 주께 하듯 섬겨야 합니다.

하나님은 각 사람에게 일을 맡기셨습니다. 교회의 직분을 비롯하여 가정의 일과 사회에서의 일이 있습니다. 23절에 '마음을 다하여 주께 하듯 하고'라는 말씀은 성도들이 사회에서나 교회에서 맡은 일을 감당할 때 어떻게 해야 할지에 대하여 가르쳐 줍니다. 첫째는 하나님을 두려워하는 마음으로 하라는 말이며, 둘째는 하나님 중심으로 일을 하라는 권면입니다. 사람은 겉모양으로 판단하기 때문에 속일 수 있습니다. 하지만 중심을 보시는 하나님은 속일 수 없습니다. 그러므로 성도는 무슨 일을 하든지 하나님을 두려워하는 마음으로 일해야 합니다. 또한 성도는 하나님 중심으로 일해야 합니다. 사람은 때론 자기중심적으로 일을 할 수도 있습니다. 그러나 어떤 일을 하든지 하나님 중심으로 일을 하면 진실하고 양심적이며 창의적으로 일을 하게 됩니다. 하나님 중심적인 일이란 모든 일에 있어서 그 나라와 그 의를 구하는 일을 말합니다. 공의로우신 하나님이 하나님 중심으로 일한 일꾼에게는 약속하신 상급을 주실 것입니다. 따라서 성도는 무슨 일을 하든지 진실하고 충성스럽게 해야 하나님의 도움을 받게 될 것입니다. 특히 성도는 복음을 위해 헌신함에 있어 생활과 복음을 분리시키지 말아야 하며, 상급에 대한 소망을 가지고 충성을 다해야 합니다.

1. 소명 받은 자의 생활의 원칙은 무엇인지 나누어 봅시다.

2. 소명 받은 자는 인간관계에서 어떻게 생활해야 하는지를 나누어 봅시다.

3. 소명 받은 자는 맡겨진 일을 할 때 어떻게 해야 하는지 나누어 봅시다.

| 함께 기도하기

1. 무슨 일을 하든지 주 앞에서 성실히 행하게 하소서.
2. 어떤 관계에서든지 서로 권위를 인정하고 순종하게 하소서.
3. 무슨 일을 하든지 주께 하듯 하게 하소서.

- 헌금 찬송 : 218장 네 맘과 정성을 다하여서
- 헌금 기도 : 구역원 중에서
- 주의 기도 : 다같이

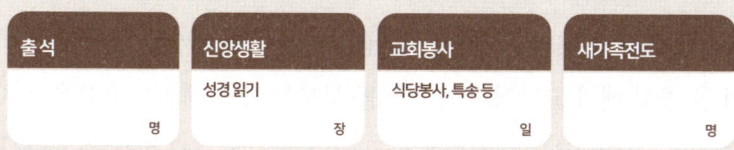

출석	신앙생활	교회봉사	새가족전도
	성경 읽기	식당봉사, 특송 등	
명	장	일	명

| 기도제목 나누기

43과 정의의 세 가지 기초 : 존중, 역지사지, 그리고 공감

| 신앙고백 : 사도신경 **| 찬송** : 95장 나의 기쁨 나의 소망 되시며 **| 기도** : 구역원 중에서
| 배울말씀 : 사무엘상 2장 29~30절
| 새길말씀 : 나를 존중히 여기는 자를 내가 존중히 여기고 나를 멸시하는 자를 내가 경멸하리라(삼상 2:30b)

귀하게 보면 한없이 귀합니다

어느 산골에 찢어지게 가난한 집에 아이가 하나 있었는데 먹을게 너무 없어 온 종일 배가 고파서 우는 아이를 부모는 매로 때려서 울음을 그치게 했습니다. 그날도 부모는 매질을 하고 있었습니다. 그때 집 앞을 지나던 한 나그네가 매를 맞고 있는 아이에게 넙죽 큰절을 올렸습니다.

이에 놀란 부모가 나그네에게 "어찌하여 하찮은 아이에게 큰절을 하십니까?" 그러자 나그네는 "나중에 이 아이는 정승이 되실 분입니다. 그러니 곱고 귀하게 키우셔야 합니다."라고 했습니다. 그 후로 부모는 공을 들여 아이를 키웠습니다. 훗날 아이는 정말로 영의정이 되었고 부모님은 나그네를 찾아 묻습니다. "아이가 정승이 될 줄 어찌 아셨습니까?"

나그네가 말하길 "제가 어찌 미래를 볼 수 있겠습니까? 그러나 세상의 이치는 하나이지요. 모든 사물이나 사람을 귀하게 보면 한없이 귀하지만 하찮게 보면 아무 짝에도 쓸모가 없는 법이지요. 아이를 정승같이 존중하면 정승이 되지만, 머슴처럼 무시하면 머슴이 될 수밖에 없는 것이 세상의 이치입니다. 사람이 잘되고 못되는 것은 존중에 달렸지요."

이번 과에서 우리는 다른 사람과의 올바른 관계를 위해 필요한 가장 기초적인 세 가지 정의를 다룰 것입니다. 다른 사람과의 관계에서 가장 중요한 정의의 기초는 존중입니다. 존중하지 않는 관계는 이미 깨어진 관계입니다. 입장바꿔 생각하는 역지사지는 관계를 더욱 조화롭게 해주는 정의의 이성적 기초입니다. 무엇보다 공감은 다른 사람의 고통을 나의 고통으로 느낌으로서 관계를 따뜻하게 해주는 정의의 감성적 기초입니다.

1. 정의로운 관계는 존중에서 시작합니다.

하나님은 "나를 존중히 여기는 자를 내가 존중히 여기고 나를 멸시하는 자를 내가 경멸하리라."(삼상 2:30)고 하셨습니다. 우리는 하나님을 섬길 때 가장 중요한 것이 믿음, 사랑, 경외, 예배라고 생각합니다. 그러나 이 모든 것의 기초는 존중입니다. 우리가 하나님을 존중하면 하나님도 우리를 존중하십니다. 이것이 올바른 관계의 출발입니다.

사람에 대해서도 마찬가지입니다. 존중하지 않는 관계에서는 어떠한 믿음도, 사랑도, 희생도, 선행도 의미가 없습니다. 존중이란 서로를 인정해주는 것이고, 서로를 높여주는 것입니다. 우리가 다른 사람을 존중하는 근본적인 이유는 그가 하나님의 형상을 지닌 피조물이기 때문입니다.

사도 바울은 이것을 "무례히 행하지 않는 것"(고전 13:5)이라 표현했습니다. 무례함이란 남을 존중하지 않고 일방적으로 행하는 것입니다. 또한 바울은 "오직 겸손한 마음으로 자기보다 남을 낮게 여기는 것"(빌 2:3)이라 했습니다. 존중은 남을 낮게 여기는 마음에서 시작합니다. 사도 베드로는 "주장하는 자세를 하지 않는 것"(벧전 5:3)이라 했습니다. 존중은 남에게 함부로 자기 주장을 강요하지 않는 것입니다.

2. 정의로운 관계는 입장 바꿔 생각합니다.

근본적으로 정의란 다른 사람과의 조화로운 관계를 위해 마땅히 가져야 할 태도를 의미합니다. 예수님은 이것을 산상수훈에서 정확하게 말씀하셨습니다. "무엇이든지 남에게 대접을 받고자 하는 대로 너희도 남을 대접하라"(마 7:12). 이 말씀을 황금률(Golden Rule)이라고 합니다. 인류 최고의 윤리 대원칙이자 정의의 기초입니다.

다른 사람과의 관계에서 가장 중요한 것은 다른 사람의 입장에서 자신의 행동을 결정하는 것입니다. 이것을 한자성어로 역지사지(易地思之)라고 합니다. 입장을 바꾸어 놓고 생각하면 다른 사람에게 어떻게 해야할 지 답이 보입니다.

내가 남에게 대접받는 것이 좋은 만큼, 나도 남에게 대접해야 하는 것이 정의입니다. 내가 남에게 인정받는 것이 좋은 줄 아는 만큼, 나도 남을 인정해야 하는 것이 정의입니다. 내가 남에게 존중받는 것이 좋은 줄 아는 만큼, 나도 남을 존중해야 하는 것, 이것이 윤리의 기본이고, 인간에 대한 정의의 출발입니다.

3. 정의로운 관계는 다른 이의 아픔에 공감합니다.

공감(sympathy)이란 상대방의 입장에 서서 상대방의 기쁨과 고통의 감정을 나의 감정으로 옮겨서 느끼는 행위입니다. 특히 남의 어려운 처지를 자기 일처럼 딱하고 가엾게 여기는 감정으로, 동정(compassion)이라고도 하고 감정이입(empathy)이라고도 합니다. 역지사지가 다른 사람의 입장을 이성적으로 이해하는 것이라면, 공감은 다른 사람이 처한 고통을 감성적으로 느끼는 것입니다.

강도 만나 상처를 입고 고통을 호소하는 사람을 보았을 때, 제사장과 레위인과 사마리아인은 어떻게 반응했습니까? 제사장과 레위인은 역지사지는 커녕 자신들의 제사 드리는 일에만 몰두했습니다. 그러나 사마리아인은 고통받는 사람의 신음을 듣고 공감했습니다. 그의 고통을 자신의 고통으로 옮겨놓은 것입니다. 남의 고통이 나의 고통으로 감정이입이 되었을 때 그는 일어나 그에게 다가가 돌보고 치료해 주었습니다(눅 10:30~37).

부자와 나사로의 비유(눅 16:19~31)에서 부자가 지옥에 가게 된 이유는 무엇일까요? 단순히 부자여서가 아닙니다. 그는 대문 밖에서 굶주려 누워 있는 나사로의 고통을 자신의 고통으로 느끼지 못했기 때문입니다. 공감하지 못하는 사람은 결코 정의로울 수 없습니다.

1. 존중이 정의의 관계적 기초인 이유는 무엇일까요?

2. 역지사지가 정의의 이성적 기초인 이유는 무엇일까요?

3. 공감이 정의의 감성적 기초인 이유는 무엇일까요?

| 함께 기도하기

1. 하나님의 형상 안에 있는 다른 사람을 존중하게 하소서.
2. 다른 사람과 함께 살아갈 때 그 사람의 입장에서 생각하게 하소서.
3. 이웃의 고통과 아픔과 기쁨을 나의 고통과 아픔과 기쁨으로 느끼게 하소서.

- **헌금 찬송** : 88장 내 진정 사모하는
- **헌금 기도** : 구역원 중에서
- **주의 기도** : 다같이

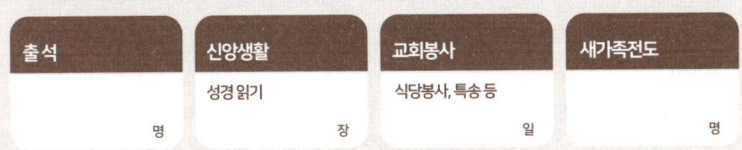

출석	신앙생활	교회봉사	새가족전도
	성경 읽기	식당봉사, 특송 등	
명	장	일	명

| 기도제목 나누기

선교, 지상최대의 긴급명령

11월은 한 해의 감사를 드리는 추수감사절이 있는 달입니다. 우리에게 맡겨진 영혼들을 잘 돌보고 영적 추수의 달로 여겨 많은 믿지 않는 사람들을 주님께로 인도했는지 뒤돌아봅시다. 11단원은 선교를 주제로 하여 세상에 복음을 전하고 그리스도의 제자를 삼는 공동체는 어떤 것인지 배우게 됩니다.

제44과는 부활하신 예수님께서 여인들과 제자들에게 나타나셔서 선교를 명령한 것에 대한 이야기입니다. 선교의 실질적 주체는 예수님이십니다. 성도들은 일상 가운데 선교에 동참하는 삶을 살아야 할 것을 도전합니다.

제45과는 고난 가운데서도 멈추지 않는 선교를 다룹니다. 성도들의 사명은 어떠한 환경 가운데서도 복음의 씨앗을 뿌리고 선교와 복음전도를 중단하지 않는 것에 있습니다. 충실한 선교의 사명을 감당해야 함을 배웁니다.

제46과는 요나를 반면교사로 삼은 세계선교에 대한 이야기입니다. 하나님은 모든 성도들에게 영혼을 구원하는 사명을 주셨습니다. 우리의 생각과 감정에 상관없이 지금까지 무심하고 외면했던 사람들에게 다가가 마음을 열고 섬기고 복음을 전하는 삶을 살아봅시다.

제47과는 '최소한의 정의: 남에게 피해주지 않기'입니다. 정의는 타인의 생명을 존중하는 것입니다. 그리고 타인의 재산에 피해를 주지 않는 것이며, 나아가 타인의 인격도 존중하는 것입니다. 본 과를 통해 정의의 최소한의 울타리를 배워 봅시다.

제48과는 '도전하는 정의: 불의에 대항하기'입니다. 하나님은 그리스도인이 정의로운 사람으로 세상에 서기를 원하십니다. 이를 위해 불의한 사람에 대해, 불공정한 문화에 대해, 불의한 사회구조에 대해 정의로 도전할 용기가 필요합니다. 본 과를 통해 불의에 대해 대항하는 그리스도인의 모습을 배워 봅시다.

선교는 성도에게 위탁된 지상최대의 긴급명령입니다. 예수님은 우리를 그냥 보내시지 않습니다. 부족해도 우리의 인도와 지도가 꼭 필요한 사람들을 만나게 하시고 보여주십니다. 일상적인 삶 가운데 우리를 보내시는 예수님을 신뢰하고 그분의 명령에 순종하며 받은 사명을 잘 감당해 내는 성도가 되기를 바랍니다.

11

44과
선교, 부활하신 예수님의 첫 번째 사자후
11월 2일~8일

45과
선교, 핍박이 찾아와도 멈춰서는 안 되는 교회와 성도의 존재이유
11월 9일~15일

46과
세계선교, 요나를 반면교사로
11월 16일~22일

47과
최소한의 정의 : 남에게 피해주지 않기
11월 23일~29일

48과
도전하는 정의: 불의에 대항하기
11월 30일~12월 6일

44과 선교, 부활하신 예수님의 첫 번째 사자후

┃ **신앙고백** : 사도신경 ┃ **찬송** : 263장 이 세상 험하고 ┃ **기도** : 구역원 중에서
┃ **배울말씀** : 마태복음 28장 1~10절, 16~20절
┃ **새길말씀** : 그러므로 너희는 가서 모든 민족을 제자로 삼아 아버지와 아들과 성령의 이름
　　　　　　 으로 세례를 베풀고 내가 너희에게 분부한 모든 것을 가르쳐 지키게 하라 볼
　　　　　　 지어다 내가 세상 끝 날까지 너희와 항상 함께 있으리라 하시니라(마 28:19~20)

누구나 다 하는 일

　그는 풍족하지 않은 어린 시절을 보냈다. 아버지가 6.25전쟁 때 한쪽 눈을 잃고, 팔다리를 다쳤다. 참전용사 가족에겐 영예보다 상처가 더 컸다. 그는 "아픈 사람에게만큼은 결코 함부로 대하지 않겠다."고 다짐했다. "왜 이렇게 힘겹게 사느냐?"고 묻자 "가만히 있는데 급한 환자가 오는 것일 뿐"이라고 했다. "권역외상센터가 세워지는 등 과거보다는 나아지지 않았느냐?"는 질문에는 고개를 가로저었다. "죽어가는 사람을 살리고 있지 않느냐?"고 하자 "의사가 하는 일은 탈장 수술을 해도 사람을 살리는 것"이라면서 "누구나 다 하는 일"이라고 했다. 그는 비망록에 이렇게 썼다. "내가 봉사와 헌신의 삶에 투신했다는 답변을 듣길 원하는 수많은 질문에 나는 그렇다고 답할 수 없었다. 사실은 전혀 그렇지 않았다. 의사라는 직업을 한다는 행위 자체가 기초의학을 포함하는 어떤 전공을 하든지 이타적인 결과를 가지고 오는 일이었다. 따지고 보면 안 그런 직업이 어디 있나.", "… 그럼에도 불구하고 가야 한다. 어디까지 가야 하나. 그냥 가는 거다. 계속 그냥 가야 한다. 언제까지 가야 하는지 나는 알지 못한다. 그럼에도 그냥 전력을 다해 가던 길을 간다."

「이국종 교수가 눌러쓴 10만9000자 비망록」, 『신동아』 2018년 1월호

말씀
담기

선교(Mission)는 라틴어 동사 Mitteer(보내다, 파송하다)가 어원으로 '보냄을 받은 자'라는 의미입니다. 선교의 근거는 우리의 의지에서 출발하지 않습니다. 우리의 판단에서 시작되지 않습니다. 우리는 보냄을 받은 사람일 뿐입니다. 누가 우리를 보내셨습니까? 부활하신 예수님이십니다. 예수님이 우리에게 선교를 명령하셨습니다. 부활하신 예수님은 제자들에게 모든 민족을 제자로 삼으라고 선교를 명령하셨습니다(18~20절). 그리고 예수님은 하나님으로부터 이 세상의 구원을 위해 보냄을 받으셨습니다. 세상의 구원을 위해 보냄을 받으신 예수님께서 우리를 세상 가운데 보내십니다. 따라서 선교는 보냄을 받은 사람이 보내는 분의 명령에 순종할 때 시작됩니다.

1. 두려워하는 여인들을 먼저 보내셨습니다.

예수님이 십자가에서 돌아가시고 안식 후 첫날 여인들이 예수님의 시체에 향품(香品)을 바르기 위해서 무덤을 찾았습니다(막 16:1). 무덤을 찾기는 했지만 여인들은 걱정이 있었습니다. 무덤을 막은 큰 돌을 옮길 수 없었기 때문입니다(막 16:3). 또한 두려움이 있었을 것입니다. 예수님을 죽인 대적들은 무덤에 누가 오는지 주목하고 있었습니다. 이런 적대적인 상황에서 그 무덤을 찾는 것은 두려운 일입니다. 사실 이미 죽은 예수 때문에 위험을 감수하는 것은 아무런 이득이 되지 않습니다. 그럼에도 무덤을 찾은 여인들은 천사를 통해 예수님의 부활 소식을 가장 먼저 듣게 됩니다(5~6절). 십자가에 못 박히신 예수님을 찾아왔는데(5절), 부활하신 예수님을 가장 먼저 만납니다(9절). 그리고 두려움과 큰 기쁨 중에 예수님의 부활 소식을 가장 먼저 전하는 사람들이 됩니다(7~8절). 예수님은 가장 연약한 여인들, 두려움 가운데 있는 여인들을 부활의 기쁨을 전하는 선교의 첫 증인들로 보내셨습니다. 연약하지만 사랑을 아는 그녀들이야말로 선교에 있어서 가장 큰 능력자들이기 때문입니다.

2. 아직 의심하는 제자들을 다시 부르셨습니다.

예수님은 여인들을 통해 제자들에게 갈릴리에서 만나자고 말씀하십니다(10절). 예수님이 갈릴리에서 만나자고 하신 이유가 무엇일까요? 갈릴리는 예수님이 제자들을 처음 만나시고 부르셨던 장소입니다. 예수님은 갈릴리에서 "내가 너희를 사람을 낚는 어부가 되게 하리라."(마 4:19)고 말씀하시면서 그들을 제자로 삼으셨습니다. 어부였던 제자들은 아직 예수님에 대해 잘 알지 못했지만, 부르심에 순종하여 제자의 삶을 살 수 있었습니다. 부활하신 예수님을 만난 제자 중에는 아직 의심을 떨쳐버리지 못한 사람도 있었습니다. 그렇지만 예수님은 그런 제자들까지도 복음의 증인으로 부르십니다. 선교는 우리의 힘과 능력으로 하는 것이 아니기 때문입니다. 또한 갈릴리로 부르신 이유는 이방 선교를 위해서입니다. 갈릴리는 '이방의 갈릴리'(마 4:15)로 불릴 만큼 이방인들이 많이 거주했습니다. 예수님은 변방이지만 이방인들이 많은 갈릴리에서 사역을 시작하셨고, 부활 이후 선교의 명령도 갈릴리에서 내리십니다. 이는 예수님의 관심과 선교의 방향이 이미 처음부터 이방을 향하고 있다는 것을 보여주는 것입니다.

3. 마지막까지 항상 우리와 함께 하십니다.

예수님은 아직 부활하신 예수님에 대한 믿음이 확고하지 못한 제자들에게 이렇게 말씀하십니다. "내가 세상 끝날까지 너희와 항상 함께 있으리라."(20절) 그들의 연약함을 아십니다. 그들의 믿음의 부족함도 아십니다. 그러나 그들이 어떤 상태에 있느냐는 선교에 아무런 문제가 되지 않으신다는 것입니다. 왜 그렇습니까? "하늘과 땅의 모든 권세가" 예수님께 있기 때문입니다(18절). 따라서 선교의 힘은 우리와 항상 함께 하시는 예수님으로부터 나오는 것입니다. 예수님은 우리가 선교의 발걸음을 옮기는 어느 곳이든, 어느 때든 '마지막까지 항상 함께' 하십니다. 우리가 모든 민족을 제자로 삼으라고 하시는 명령에 순종하여 발걸음을 옮기면 예수님이 모든 일을 이루시고 가능케 하십니다. 따라서 선교는 '가는 것'입니다(19절). 순종하는 것입니다. 기억하십시오. 주님은 능력과 여건을 갖춘 사람보다는 선교의 필요성을 알고, 주님의 명령에 순종하는 사람을 사용하십니다. 그를 통해 선교의 역사를 이루어 가십니다. 기독교 선교의 역사는 모두 순종으로 쓰여진 역사입니다.

1. 예수님이 선교를 명령하셨다는 것은 무슨 의미입니까?

2. 왜 예수님은 여인들과 의심하는 제자들을 부르셨을까요?

3. 일상생활 속에서 어떻게 선교에 동참할 수 있을까요?

| 함께 기도하기

1. 선교가 하나님의 애절한 부르심이라는 것을 깊이 깨닫게 하소서.
2. 부족하고 연약해도 순종함으로 선교의 사명을 감당하게 하소서.
3. 일상생활에서 선교사로서의 사명감을 갖고 살게 하소서.

- 헌금 찬송 : 508장 우리가 지금은 나그네 되어도
- 헌금 기도 : 구역원 중에서
- 주의 기도 : 다같이

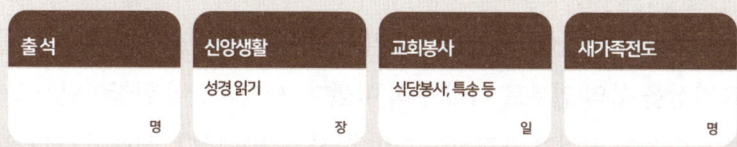

출석	신앙생활	교회봉사	새가족전도
	성경 읽기	식당봉사, 특송 등	
명	장	일	명

| 기도제목 나누기

45과 선교, 핍박이 찾아와도 멈춰서는 안 되는 교회와 성도의 존재이유

| 신앙고백 : 사도신경 | 찬송 : 520장 듣는 사람마다 복음 전하여 | 기도 : 구역원 중에서
| 배울말씀 : 사도행전 8장 26~40절
| 새길말씀 : 그 흩어진 사람들이 두루 다니며 복음의 말씀을 전할 새(행 8:4)

생각 열기   손이 없는 그리스도 조각상

어느 프랑스 마을에 예수님의 대리석 조각상이 있었다. 마을 사람들은 그 조각상을 삶의 일부로 여겨 무척 아꼈다. 세계대전이 한창이던 어느 날 폭탄이 마을에 떨어져 조각상이 그만 산산조각이 났다. 전쟁이 끝나고 마을 사람들은 그들이 아끼던 예수님 조각상의 조각들을 모아서 다시 세웠다. 다시 붙여 만든 상처투성이 조각상은 여전히 아름다웠다. 하지만 문제가 있었다. 아무리 찾아도 조각상의 양손을 발견할 수가 없었다. 누군가 한탄하며 이렇게 말했다. "손이 없는 그리스도는 더 이상 그리스도라 할 수 있겠는가?" 마을 회관에 모여 손이 없는 조각상을 어떻게 할지 의논했고, 이렇게 결론을 내렸다. "상처투성이의 손이라도 괜찮지만 손이 없어서야 어떻게 주님이라고 하겠습니까? 새로 조각상을 만듭시다." 그때 한 사람이 한 가지 제안을 했다. 마을 사람들은 기꺼이 그 제안을 받아들였다. 이후 조각상은 새로 만들지 않았고, 조각상 아래 다음과 같은 놋비문이 세워졌다. "내겐 손이 없으나, 오늘 내 일을 행할 너희의 손이 있다. 내겐 발이 없으나, 사람들을 옳은 길로 인도할 너희의 발이 있다. 내겐 입이 없으나, 사람들에게 내가 어떻게 죽었는지 말해줄 수 있는 너희의 입이 있도다. 이제 내 손을 힘 있게 하소서."

케롤 메이홀, 『주여, 지혜를 가르치소서』 네비게이토출판사

말씀
담기

교회가 생긴 이래로 선교가 수월했던 적은 한 번도 없습니다. 모두의 환대 가운데 선교가 이루어진 적이 없습니다. 시대마다, 장소마다 반드시 고난과 어려움이 존재했습니다. 반대자, 박해자들이 항상 있었습니다. 하지만 믿음의 사람들은 좌절하지 않고 복음의 씨를 뿌렸고, 영혼의 열매를 맺었습니다. 혹한을 견뎌낸 나무가 꽃향기도 진하고 열매도 맛있다는데, 신앙도 마찬가지입니다. 스데반이 복음을 전하다 순교했습니다(행 7:59~60). 예루살렘 교회에 큰 박해가 일어났습니다(행 8:1). 박해로 말미암아 믿는 자들은 도망자 신세가 되었습니다. 그런데 성경은 이후 그들의 행적을 이렇게 증언합니다. "그 흩어진 사람들이 두루 다니며 복음의 말씀을 전할새."(행 8:4).

1. 위기로 인해 오히려 선교의 지경이 넓어졌습니다.

예루살렘 교회에 가해진 박해는 결과적으로 그들이 스스로 정한 경계선을 자연스럽게 넘어가게 만들었습니다. 박해 전까지 예수 그리스도의 복음은 여전히 예루살렘을 벗어나지 못하고 있었습니다. 그런데 박해가 일어나자 신자들은 사마리아 땅으로 흩어집니다(행 8:1). 후에 빌립은 가사(8:26), 아소도, 가이사랴(8:40) 등에 복음을 전하게 됩니다. 스데반의 순교로 일어난 박해는 오히려 선교의 촉매제가 되었습니다. 흩어진 사람들은 도망만 다니지 않고, 가는 곳마다 복음의 말씀을 전했습니다. '흩어지다.'는 헬라어로 '디아스페이로(diaspeiro)'인데, '흩뿌리다, 두루 뿌리다.'라는 뜻입니다. 이 말은 농부가 밭에 씨앗을 뿌리는 동작을 의미합니다. 즉 흩어진 사람들은 복음의 씨앗, 말씀의 씨앗을 뿌리는 사람들(디아스포라, diaspora)이었습니다. 고난 중에도, 박해 중에도 본인의 사명을 잊지 않았습니다. 그로 인해 선교의 지경이 급속도로 확장되는 계기가 되었습니다. 그리스도인은 씨를 뿌리는 사람들입니다. 우리가 씨를 뿌리면 하나님은 반드시 그 열매를 거두게 하십니다.

2. 아무도 없는 광야 길에서도 선교는 이루어집니다.

유대와 예루살렘에서 거부당한 복음은 오히려 사마리아와 이방지역에서 환대를 받습니다. 빌립이 그리스도를 전파할 때, 사마리아 사람들이 '한마음으로' 그의 하는 말을 따릅니다(행 8:5~6). 그 후에 빌립은 예루살렘에서 가사로 내려가는 광야 길로 가라는 명령을 받습니다(26절). 그리고 그곳에서 에디오피아 여왕의 국고를 맡은 내시를 만납니다. 내시는 이방인입니다. 게다가 율법에 의하면 하나님의 공동체에 들어올 수 없는 사람입니다(신 23:1). 그런데 그 내시가 최초의 이방인 선교대상자가 됩니다. 그것도 성령의 직접적인 지시에 의해서 이루어집니다. 성령은 빌립을 광야 길로 인도하셨을 뿐만 아니라, 내시가 탄 수레에 가서 내시를 만나도록 직접 지시하십니다(행 8:26, 29). 빌립은 아무런 거리낌 없이 그 말씀에 순종합니다. 빌립의 순종으로 민족을 뛰어넘는, 율법의 경계를 허무는 선교의 역사가 이루어집니다. 예수님이 우리를 이해할 수 없는 광야 길로 인도하셨다면 그곳에 하나님의 섭리가 있기 때문입니다. 환경이 좋아야만 선교하는 것이 아닙니다. 광야에서도 순종하면, 예수님이 선교의 길을 여십니다.

3. 우리의 인도와 지도가 필요한 사람들이 반드시 있습니다.

빌립이 내시를 만났을 때, 내시는 선지자 이사야의 글을 읽고 있었습니다. 내시가 읽고 있던 이사야의 글은 '고난 받는 종'에 대한 예언의 말씀 부분이었습니다(행 8:32~33, 52:13~53:12). 예수님의 십자가 수난과 부활에 대해서 전혀 알지 못했던 내시에게는 이 말씀들이 수수께끼처럼 들렸을 것입니다. '읽는 것을 깨닫느냐?'(30절)는 빌립의 질문에 내시는 '지도해 주는 사람이 없어서 깨닫지 못한다.'(31절)고 대답합니다. 성령님이 빌립을 아무도 없는 광야 길로 인도하신 뜻이 드러납니다. 내시를 복음으로 인도해 줄 사람이 필요했기 때문입니다. 빌립의 가르침으로 내시는 이사야가 말한 사람이 바로 예수님인 것을 알게 됩니다. 복음을 깨달은 내시는 자원해서 세례를 받겠다고 말하고(36절), 기쁘게 남은 길을 갑니다(39절). 하나님이 우리를 그 때에, 그 장소에 있게 하신 이유가 있습니다. 그 사람을 만나게 하시는 이유가 있습니다. 우리의 인도를 통해 복음으로 인도받을 사람이 있기 때문입니다. 그리스도인의 모든 시간, 모든 장소, 매일의 삶은 모두 선교의 귀한 도구입니다.

1. 고난의 환경이 선교에 문제가 되지 않는 이유가 무엇입니까?

2. 왜 하나님은 박해를 주셔서 신자들을 흩으셨을까요?

3. 주변에 우리의 전도와 말씀의 지도가 필요한 사람이 누구인지 생각해 봅시다.

| 함께 기도하기

1. 고난과 어려움 중에도 계속 선교를 이어갈 수 있게 하소서.
2. 환경과 상황을 뛰어넘어 일하시는 하나님을 기대하게 하소서.
3. 다른 사람을 인도할 복음의 열정과 말씀의 지혜를 주소서.

- 헌금 찬송 : 496장 새벽부터 우리
- 헌금 기도 : 구역원 중에서
- 주의 기도 : 다같이

출석	신앙생활	교회봉사	새가족전도
	성경 읽기	식당봉사, 특송 등	
명	장	일	명

| 기도제목 나누기

46과 세계선교, 요나를 반면교사로

| 신앙고백 : 사도신경　| 찬송 : 505장 온 세상 위하여　| 기도 : 구역원 중에서
| 배울말씀 : 요나 4장 1~11절
| 새길말씀 : 여호와께서 이르시되 네가 수고도 아니하였고 재배도 아니하였고 하룻밤
에 났다가 하룻밤에 말라버린 이 박넝쿨을 아꼈거든 하물며 이 큰 성읍 니
느웨에는 좌우를 분변하지 못하는 자가 십이만여 명이요 가축도 많이 있나
니 내가 어찌 아끼지 아니하겠느냐 하시니라(욘 4:10~11)

그렇지만 주님... (작자미상)

주님께서 말하라는 대로 말하며 정직하게 살겠습니다.
그렇지만 주님, 장사할 때만은 예외로 하여 주십시오.

주님께서 가라고 하시는 대로 가겠습니다.
그렇지만 주님, 매 주일 예배 참석 못해도 가끔은 눈감아 주세요.

주님이 짊어져라 하시는 대로 십자가를 짊어지겠습니다.
그렇지만 주님, 짐꾼을 사서 대신 지게 해도 그게 그거겠지요?

주님이 사랑하라고 하시는 대로 사랑하겠습니다.
그렇지만 주님, 지금 당장 하라 마시고 내일로 미루어 주십시오.

주님이 봉사하라고 하시는 대로 봉사하겠습니다.
그렇지만 주님, 남들이 알아주지 않는 봉사는 딴 사람 좀 시키시면
안 될까요?

작자미상

말씀
담기

　요나서의 이야기에 관심이 있는 사람은 많은데, 요나서의 메시지에 관심이 있는 사람은 많지 않습니다. 선지자는 하나님의 말씀과 뜻을 선포하는 사람입니다. 자신의 뜻과 상관없이 하나님의 명령에 순종해서 말씀을 선포했습니다. 사람들의 반응이나 자신의 유불리에 상관없이 하나님 뜻을 선포하는 사람이 선지자입니다. 자신들이 전한 메시지 때문에 선지자들은 사람들에게 거부 당했고(미 2:7), 조롱 당했고(암 7:12~13), 죽음의 위협도 받았고(렘 11:21), 매를 맞고 감옥에 갇혔습니다(렘 37:15~16). 하나님은 선지자들의 순종을 통해 하나님 뜻을 세상에 나타내셨습니다. 그런데 요나는 하나님의 명령에 불순종하고, 반항한 유일한 선지자였습니다. 왜 그랬을까요?

1. 요나의 입장과 하나님의 입장이 달랐습니다.

　니느웨는 당시 이스라엘 민족을 괴롭히고 착취하던 앗수르의 수도입니다. 요나 당시 강대국이었던 앗수르의 이스라엘을 향한 핍박은 극에 달했을 때입니다. 그러니 앗수르의 수도인 니느웨에 가서 하나님의 심판을 전하라는 것이 달가울 리가 없습니다. 요나가 볼 때는 앗수르가 멸망당하는 것이 이스라엘 민족에게 더 유익합니다. 요나는 니느웨 사람들의 반응이나 핍박이 무서워서 다시스로 도망하려고 한 것이 아닙니다. 요나는 니느웨 사람들에게 회개와 구원의 기회를 주고 싶지 않았던 것입니다(욘 4:2). 입장(立場)이라는 말이 있습니다. 직역하면 '서 있는 마당'이라는 뜻입니다. 의견의 차이나 논쟁은 서로 서 있는 마당, 즉 입장이 다르기 때문입니다. 요나는 민족주의적인 입장에서 하나님의 명령을 받아들였습니다. 하지만 하나님은 민족을 뛰어넘어 세상을 구원하시는 입장에서 요나에게 명령을 내리신 것입니다. 하나님의 입장에서 생각하지 않으면 선교는 불편한 일이 될 수 있습니다. 내 입장을 버리지 않으면 복음을 전하는 일에서 도망치고 싶을 수 있습니다. 모든 것을 하나님의 입장에서 바라보아야 합니다.

2. 하나님의 성품을 너무 잘 알고 있었기 때문입니다.

다시스로 도망가던 요나는 풍랑을 만나 바다에 던져지고, 물고기 뱃속에 들어가게 됩니다. 물고기 뱃속에서 나온 요나는 마지못해 니느웨에 가서 하나님의 심판을 선포합니다(욘 3:4). 그러자 뜻밖의 일이 벌어집니다. 니느웨 왕과 온 백성이 금식하며 자신들의 악과 강포를 회개합니다(욘 3:5~8). 그리고 하나님은 니느웨를 향한 재앙을 취소하십니다(욘 3:10). 이 것을 본 요나는 하나님께 성질을 내며 기도합니다. 그가 다시스로 도망간 이유가 있었습니다. 은혜로우시고, 자비하시며, 노하기를 더디 하시며 인애가 크신 하나님의 성품을 너무 잘 알고 있었기 때문입니다. 자신이 선포할 때, 니느웨가 회개한다면 하나님께서 재앙을 내리지 않으실 것을 짐작했습니다(욘 4:2). 요나는 하나님이 니느웨에 은혜를 베푸시는 것이 싫었습니다. 불의한 니느웨는 무조건 멸망 받아야 한다고 생각했습니다. 이스라엘이 니느웨 보다는 의롭다고 생각했습니다. 하지만 이스라엘이 의로워서가 아닙니다. 하나님은 이스라엘에게 먼저 은혜를 베푸셨을 뿐입니다. 대상에 상관없이, 그런 하나님의 성품과 은혜를 깨닫는 사람이 선교에 순종합니다.

3. 하나님의 선교는 항상 옳습니다.

하나님의 뜻을 알았지만 요나는 끝까지 반항합니다. "네가 성내는 것이 옳으냐?"(4절)는 하나님의 질문에 대답도 하지 않습니다. 도리어 니느웨가 잘 보이는 곳에 초막을 짓고, 하나님께 재앙을 내리라고 시위합니다(5절). 이것을 보신 하나님께서 박넝쿨을 통해 요나에게 메시지를 주십니다. 박넝쿨이 생기자 크게 기뻐했던 요나는, 박넝쿨이 시들어 뜨거운 햇볕으로 고통을 받자 하나님께 죽여 달라고 합니다. "네가 박넝쿨 때문에 성내는 것이느냐?"는 하나님의 질문에는 "내가 성내다 죽을지라도 옳습니다."라고 말합니다(9절). 그러자 하나님은 120,000명의 사람보다 자신에게 도움을 주었다고 박넝쿨을 더 아끼는 요나의 편협한 마음을 보게 하십니다. 이스라엘은 회개를 촉구해도 거부했지만, 니느웨는 즉시 회개했습니다. 왜 하나님은 요나를 니느웨에 보내셨습니까? 죄인이 회개하고 돌아오는 것이 하나님의 뜻이기 때문입니다(겔 18:23, 32; 33:11). 우리는 내게 이익이 되어야 옳다고 여깁니다. 하지만 하나님은 생명을 구원하는 것이 옳다고 하십니다. 그래서 하나님의 선교 명령은 항상 옳습니다.

1. 박넝쿨을 통해 하나님은 요나에게 무엇을 깨닫게 하려 하셨습니까?

2. 하나님은 요나를 왜 니느웨에 보내셨습니까?

3. 하나님 말씀에 순종하지 못하게 하는 내 생각과 주장에는 무엇이 있을까요?

| 함께 기도하기

1. 편견 없는 사랑과 섬김으로 복음의 증인답게 살게 하소서.
2. 선교와 복음전도에 내 감정과 생각을 앞세우지 않게 하소서.
3. 하나님은 항상 옳으시다는 견고한 믿음으로 순종하게 하소서.

- 헌금 찬송 : 497장 주 예수 넓은 사랑
- 헌금 기도 : 구역원 중에서
- 주의 기도 : 다같이

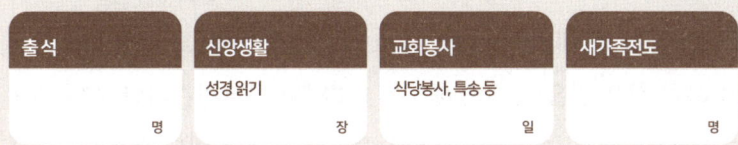

출석	신앙생활	교회봉사	새가족전도
	성경 읽기	식당봉사, 특송 등	
명	장	일	명

| 기도제목 나누기

47과 최소한의 정의 : 남에게 피해주지 않기

▎ **신앙고백** : 사도신경　▎ **찬송** : 214장 나 주의 도움 받고자　▎ **기도** : 구역원 중에서
▎ **배울말씀** : 출애굽기 20:12~17
▎ **새길말씀** : 살인하지 말라 간음하지 말라 도둑질하지 말라 네 이웃에 대하여 거짓 증
　　　　　　거하지 말라(출 20:13~16)

생각
열기

정의의 기본, 십계명

예수님은 "네가 대접받고 싶은대로 남을 대접하라.'고 하셨다면, 공자는 "네가 하기 싫은 일을 남에게 행하지 말라."고 가르쳤습니다. 예수님의 정의를 황금률(Golden Rule)이라고 한다면, 공자의 정의는 은률(Silver Rule)이라고 합니다. 예수님의 가르침이 적극적 정의라고 한다면, 공자의 가르침은 소극적 정의라 할 수 있습니다. 예수님의 정의가 따뜻한 정의라면, 공자의 정의는 차가운 정의입니다.

기독교 신앙은 관계의 신앙입니다. 하나님과의 관계, 사람과의 관계입니다. 하나님과의 관계는 신앙적 관계이고, 사람과의 관계는 윤리적 관계입니다. 십계명은 이러한 두 관계를 가장 따뜻한 정의와 가장 차가운 정의로 풀어놓은 것입니다. 앞의 네 계명(오직 하나님, 우상숭배금지, 하나님의 이름, 안식일)은 하나님께 대한 따뜻한 정의이고, 뒤의 여섯 계명(부모공경, 살인, 간음, 도둑질, 거짓증거, 탐욕)은 사람에 대한 차가운 정의입니다. 십계명의 뒤 여섯 계명은 한마디로 남에게 피해를 끼치지 않는 것이 정의의 기본임을 보여줍니다.

말씀
담기

이번 과에서 우리는 정의의 가장 기본적인 차원을 십계명 후반부 여섯 계명에서 살필 것입니다. 정의의 최소한의 차원이란 적어도 다른 사람에게 피해를 주지 않는 것을 말합니다. 그러므로 정의는 다른 사람의 신체적, 정신적 생명에 해를 끼치지 않고, 다른 사람의 신체와 인격을 욕되게 하지 않고, 다른 사람의 재산과 소유물에 피해를 주지 않으며, 다른 사람을 속여서 그에게 고통을 주지 않는 것입니다.

1. 정의는 남의 생명에 해를 끼치지 않습니다.

이웃에 대한 십계명의 말씀 중에서 첫 번째 명령은 "살인하지 말라."입니다. 살인이란 다른 사람의 신체에 해를 끼쳐 생명을 앗아가는 행위입니다. 인간은 하나님께서 지으신 가장 아름다운 피조물이자 하나님의 신성이 새겨진 형상입니다. 그리고 하나님께서 인간에게 주신 가장 귀한 가치는 생명입니다. 그러므로 인간의 생명을 취한다는 것은 하나님의 신성을 파괴하는 것입니다.

예수님은 살인을 신체적 차원을 넘어 정신적 차원으로 확장하셨습니다. 다른 사람에게 분노하고 모욕을 주는 것(마 5:22)도 살인으로 보셨습니다. 그러므로 사람의 신체적 목숨을 앗아가는 물리적 폭력만이 아니라 정신적 고통을 주는 행위도 살인입니다. 강도, 상해, 폭행, 학대, 감금, 구타, 고문, 강간과 같은 신체적 폭력뿐만 아니라 집단괴롭힘, 갑질, 차별, 혐오, 증오, 태움, 텃세, 왕따와 같은 정신적 폭력도 살인입니다. 정의는 다른 사람의 신체와 정신에 해를 끼치지 않는 것에서 출발합니다.

2. 정의는 남의 재산에 해를 끼치지 않습니다.

십계명의 여덟 번째 계명은 "도둑질하지 말라."입니다. 도둑질은 사람의 생명과도 같은 소유물을 앗아가는 행위입니다. 사람이 생명을 유지하는데 있어서 물질은 없어서는 안될 소중한 가치들입니다. 이것들을 일방적으로 앗아간다는 것은 그 사람의 생명을 앗아가는 것과 다름이 없습니다.

가난한 백성의 권리를 박탈하고 과부에게 토색하고 고아의 것을 약탈하는 것(사 10:2), 자기의 이웃을 고용하고 그의 품삯을 주지 않는 것(렘 22:13), 은을 받고 의인을 팔며 신 한 켤레를 받고 가난한 자를 파는 것(암 2:6), 힘없는 자를 밟고 그에게서 밀의 부당한 세를 거두는 것(암 5:11), 뇌물을 받고 성문에서 가난한 자를 억울하게 하는 것(암 5:12) 모두 도둑질입니다. 자신의 힘으로 일방적으로 부당하게 남의 재산을 빼앗는 모든 행위가 불의이자 폭력입니다. 정의는 다른 사람의 소유물에 함부로 손을 대지 않는 것에서 출발합니다.

3. 정의는 남의 인격에 해를 끼치지 않습니다.

십계명의 아홉 번째 명령은 "네 이웃에 대하여 거짓 증거 하지 말라."입니다. 고대사회의 법정에서 거짓 증언은 한 사람의 인생과 생명을 송두리째 앗아갈 수 있는 엄청난 폭력이었습니다. 한 사람의 거짓된 말 한 마디가 이웃의 생명뿐만 아니라 그의 가족과 공동체 전부를 파괴할 수 있습니다.

물론 거짓말에는 사람을 죽이는 거짓말과 사람을 살리는 거짓말이 있습니다. 늙고 병약한 어머니에게 아들이 죽었다는 소식을 숨기는 것은 때로는 좋은 거짓말일 수 있습니다. 하얀 거짓말(white lie)이라고 합니다. 그러나 대부분의 거짓말은 자신의 이익을 위해 다른 사람을 속여서 정신적 모욕과 인격적 무시, 그리고 물질적 피해를 끼치는 행위입니다. 이것을 사기라고 합니다.

거짓말은 모욕, 공갈, 조롱, 명예훼손, 욕설, 인신공격, 폭언, 협박과 같은 언어폭력보다 더 은밀하고 조용하지만, 광범위하게 피해를 끼치는 살인행위입니다. 거짓말은 모든 관계의 신뢰를 깨고 파괴하는 불의입니다. 여기에서 벗어나는 유일한 정의는 정직함입니다.

삶
나누기

1. 십계명의 "살인하지 말라."는 명령은 왜 최소한의 정의입니까?

2. 십계명의 "도둑질하지 말라."는 말씀은 어떻게 경제적 정의로 이해될 수 있을
   까요?

3. 십계명의 "이웃에게 거짓증거 하지 말라."는 말씀은 왜 정의일까요?

| 함께 기도하기

1. 다른 사람의 생명과 인격에 피해를 주지 않도록 우리의 행동과 언어를 지켜주소서.
2. 다른 사람의 소유와 물질에 피해를 주지 않도록 우리의 눈과 손을 지켜주소서.
3. 나의 거짓된 입술로 다른 사람의 인생에 큰 고통을 주지 않도록 지켜주소서.

- 헌금 찬송 : 220장 사랑하는 주님 앞에
- 헌금 기도 : 구역원 중에서
- 주의 기도 : 다같이

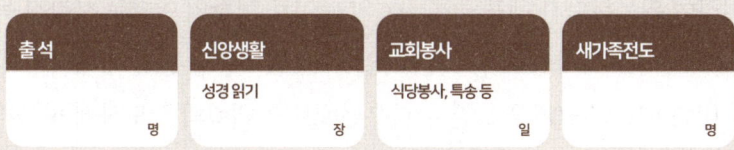

출석	신앙생활	교회봉사	새가족전도
	성경 읽기	식당봉사, 특송 등	
명	장	일	명

| 기도제목 나누기

48과 도전하는 정의: 불의에 대항하기

| **신앙고백** : 사도신경 | **찬송** : 290장 우리는 주님을 늘 배반하나 | **기도** : 구역원 중에서
| **배울말씀** : 마가복음 11장 15~18절
| **새길말씀** : 기록된 바 내 집은 만민이 기도하는 집이라 칭함을 받으리라고 하지 아니
하였느냐 너희는 강도의 소굴을 만들었도다(막 11:17)

생각열기 | 폭력과 불의에 대한 저항

본회퍼는 2차 세계대전 당시 히틀러 나치의 폭력에 대항하여 암살단에 가입하여 활동하다가 체포되어 39세의 나이로 형장의 이슬로 사라진 독일의 신학자이자 목사입니다. 그는 독일 육군 참모총장 출신의 예비역 장성 루드비히 베크와 클라우스 폰 슈타우펜베르크 대령의 주도하에 히틀러를 암살하고 수도를 장악해 새로운 정부를 구성하는 계획에 가담했습니다. 이것은 톰 크루즈가 주연한 〈작전명 발키리〉라는 영화로도 나왔습니다.

본회퍼의 활동에 대해 주변의 지인들은 그를 걱정하며 물었습니다. "당신은 목사인데 어떻게 그런 행동을 하려 하십니까?" 본회퍼는 이에 다음과 같은 유명한 말을 남겼습니다.

"어떤 미친 이가 베를린 번화가에서 자동차를 인도로 몬다면, 목사로서 장례나 치러주고 위로나 해줄 수는 없습니다. 내가 바로 그 자리에 있다면, 올라 그 미친 운전사에게서 핸들을 빼앗아야 합니다." 이것이 바로 그 유명한 미친 운전자론입니다.

정의는 평화로운 시대에는 국가에 대한 복종의 옷을 입지만, 폭력과 불의를 자행하는 국가 지도자에 대해서는 저항의 옷으로 갈아 입는 것입니다.

말씀
담기

이번 과에서 우리는 불의한 세상에 대하여 목소리를 내는 정의에 관하여 살펴볼 것입니다. 이 세상은 나의 소망과 상관없이 불의하고 차별적인 구조 속에 있습니다. 그러므로 정의로운 사람은 불의한 사람에 대하여 문제 제기를 할 수 있어야 합니다. 그는 불공평하고 차별적이고 억압적인 문화에 대하여 불편함을 말할 수 있는 사람입니다. 나아가 그는 불의한 개인을 낳는 불의한 사회구조, 제도, 체제의 메커니즘 속을 꿰뚫어 보는 사람입니다.

1. 정의로운 사람은 불의한 사람의 행위에 저항합니다.

정의는 이 세상의 불의와 폭력과 부조리에 대하여 민감하고 예민한 감각입니다. 정의로운 사람은 힘없는 자가 힘있는 자에게 억압을 당하고, 높은 자가 낮은 자에게 폭력을 행하는 것을 견딜 수 없습니다. 그는 외치고 고발하고 저항합니다. 엘리야는 아합의 불의에 저항했고, 이사야는 므낫세의 우상숭배를 참을 수 없었고, 아모스는 불의한 고위공직자들을 고발했고, 나단 선지자는 간음한 다윗을 비판했습니다.

예수님은 "너희는 세상의 소금"(마 5:13)이라고 선언하셨습니다. 소금의 본질은 음식의 맛을 짜게 하여 유지하는 것입니다. 소금은 음식에게 고통을 주지만 음식이 썩지 않게 합니다. 정의는 세상 모든 사람들이 불의에 '예' 할 때 '아니오'라고 외치는 소금입니다. 정의는 모든 사람이 폭력에 침묵할 때, "폭력이야!"라고 알리는 나팔입니다. 세례요한은 헤롯이 불륜적인 결혼을 했을 때 이에 저항했습니다. 정의는 불의한 일에 '아니오'하는 것입니다.

2. 정의로운 사람은 불공정과 차별의 문화에 저항합니다

　정의는 불공정하고 편파적인 문화를 싫어하고, 차별과 혐오의 문화에 저항합니다. 정의로운 사람은 불공정한 판단으로 억울하게 기회를 박탈당하는 것에 분노합니다. 정의로운 사람은 누군가 집단에서 따돌림 속에서 차별당하는 것을 슬퍼합니다. 정의로운 사람은 다른 지역의 사람들, 다른 인종의 사람들, 다른 종교를 가진 사람들, 다른 이념을 가진 사람들을 혐오하거나 차별하지 않습니다.

　아모스는 당시 극상층 5퍼센트의 최고위 공직자들이 자신들만의 최고급 문화를 누리는 것을 고발했습니다(암 6:4~6). 그들은 상아 침대에서 잠을 자고, 어린 송아지 고기로 식사를 하고, 비파 소리에 맞춰 노래하고, 대접으로 포도주를 마시며, 귀한 향수로 몸치장을 하는 자들입니다. 그러나 그들은 백성들의 환란에 대해서는 근심하지 않습니다. 정의는 나의 자유가 다른 사람에게 고통을 주는 것에 불편해합니다. 정의로운 사람은 이웃이 고통받는 것을 보면서 자신들만의 행복을 결코 즐거워하지 않습니다.

3. 정의로운 사람은 불의한 사회의 구조를 꿰뚫어 봅니다.

정의는 단순히 불의한 개인에 대한 저항에만 머물지 않습니다. 한 개인의 행위는 그가 살고 있는 사회와 문화라는 맥락에서 나옵니다. 폭력적인 사회구조에서 폭력적인 사람이 일어나고, 차별적인 문화에서 차별적인 사람이 등장합니다. 그러므로 정의로운 사람은 사회의 제도와 시스템에 대한 시각을 갖습니다.

예수님은 예루살렘 성전에 들어가셔서 채찍을 드시고 돈 바꾸는 환전상들과 비둘기 파는 상인들을 내쫓으셨습니다. 그리고 외쳤습니다. "내 집은 만민이 기도하는 집이라 칭함을 받으리라고 하지 아니하였느냐 너희는 강도의 소굴을 만들었도다"(막 11:17). 이 이야기는 예수님이 가장 분노하신 장면으로 꼽힙니다.

흔히 사람들은 예수님의 분노의 채찍이 환전상과 상인을 향한 것이라고 말합니다. 그렇지 않습니다. 당시 성전에 들어오는 어마어마한 헌금으로 자신들의 부와 권력을 채우는 제사장과 같은 종교체제를 향한 저항이었습니다. 당시 제사장들이 가진 땅은 전 국토의 30퍼센트를 차지할 정도로 그들은 부패했습니다. 예수님은 바로 이러한 사회구조적 불의의 본질을 꿰뚫어 보신 것입니다.

1. 예수님이 우리에게 소금이라고 하신 말씀은 정의와 무슨 관계가 있을까요?

2. 아모스가 비판한 고위공직자들의 최고급 문화는 오늘날 어떻게 이해할 수 있
   을까요?

3. 우리에게 불의한 사회구조를 꿰뚫어 볼 수 있는 안목이 필요한 이유는 무엇일
   까요?

| 함께 기도하기

1. 세상 사람들이 모두 불의한 길로 가자고 할 때, "아니오"라고 말하게 하소서.
2. 소외되어 힘들게 사는 이웃 옆에서 우리만의 행복으로 기뻐하지 않게 하소서.
3. 우리의 눈을 열어 우리를 불의하게 하는 사회적 시스템의 깊은 속을 꿰뚫어 보게 하소서.

- 헌금 찬송 : 352장 십자가 군병들아
- 헌금 기도 : 구역원 중에서
- 주의 기도 : 다같이

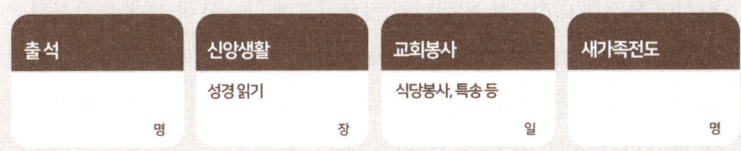

출석	신앙생활	교회봉사	새가족전도
	성경 읽기	식당봉사, 특송 등	
명	장	일	명

| 기도제목 나누기

복음

복음은 인류에게 미칠 "큰 기쁨의 좋은 소식"(눅 2:10)으로 "다윗의 동네"에 인류를 위하여 "구주"가 나신 것입니다. 인류를 사랑하시는 하나님은 복음 곧 인류를 위한 구주를 선지자들을 통하여 예언적으로 알리셨고, 때가 다 되자 여자에게서 나게 하셨습니다. 하나님이 인류를 위해 보내신 구주는 바로 예수님이십니다. 참 하나님이시고 참 사람이신 예수님은 십자가에 못 박혀 죽으셔서 하나님과 사람 사이에 "화목제물"(요일 2:2)이 되셨습니다. 예수님은 자신의 십자가 죽음을 통해 인류의 자범죄를 용서하시며 유전해 내려오는 원죄까지 씻으시고 부활하신 몸 그대로 승천하셨습니다(본 교회 헌법 제14조). 이와 같이 예수님은 인류의 영원한 구원을 위한 길이 되셨습니다. 인류는 예수님을 믿음으로 자신의 "온 영과 혼과 몸"(살전 5:23)을 온전히 구원받습니다.

제49과 '예수, 구약에 예언된 고난 받는 메시야'는 예수님은 '구약에 예언된 메시야'이신 것과 '고난 받는 메시야'이신 것 그리고 예수님이 '자신의 고난을 대하는 방식'을 알게 합니다.

제50과 '예수, 하나님의 아들'은 예수님의 탄생이 하나님의 약속의 성취인 것과 예수님은 '성령으로 잉태된 하나님의 아들'이신 것 그리고 예수님이 인류와 영원히 '함께 계시는 하나님'이신 것을 알게 합니다.

제51과 '예수, 온 백성의 복음'은 예수님이 태어나신 것은 '온 백성에게 미칠 큰 기쁨의 소식' 곧 복음인 것과 그러므로 인류는 누구나 차별 없이 구원받을 수 있는 것을 알게 합니다.

제52과는 '따뜻한 정의: 고통에 함께 하기'입니다. 정의는 사랑에 기반되어야 합니다. 그래서 고통받는 이웃의 호소에 귀를 기울이고, 약자의 편에 서야 합니다. 본 과를 통해 사회적 약자의 편에 서서 필요를 채우는 정의를 배워 봅시다.

12

49과
예수, 구약에 예언된 고난 받는 메시아
12월 7일~13일

50과
예수, 하나님의 아들
12월 14일~20일

51과
예수, 온 백성의 복음
12월 21일~27일

52과
따뜻한 정의: 타인의 고통에 함께 하기
12월 28일~1월 3일

49과 예수, 구약에 예언된 고난 받는 메시아

| 신앙고백 : 사도신경 | 찬송 : 336장 환난과 핍박 중에도 | 기도 : 구역원 중에서
| 배울말씀 : 이사야 53장 1~12절
| 새길말씀 : 그가 찔림은 우리의 허물 때문이요 그가 상함은 우리의 죄악 때문이라 그
가 징계를 받으므로 우리는 평화를 누리고 그가 채찍에 맞으므로 우리는
나음을 받았도다. 우리는 다 양 같아서 그릇 행하여 각기 제 길로 갔거늘
여호와께서는 우리 모두의 죄악을 그에게 담당시키셨도다(사 53:5~6)

생각 열기 — 예언 성취

예수님의 경우 300개가 넘는 예언을 이루셨으며(500년이 넘는 세월 동안 각기 다른 목소리에 의해 선포된), 그 중 29개의 중요한 예언들을 하루에(그분이 돌아가시던 날에) 이루셨다. 이 예언들 중 몇 가지는 예언자가 살았던 당시에도 어느 정도까지는 이루어졌지만, 그 궁극적인 완성은 예수 그리스도 안에서였다. 예수님이 아주 똑똑한 사기꾼이어서 자신이 구약에 예언된 메시아임을 나타내 보이려고 일부러 이 예언들이 이루어지게 했다는 이야기가 나올 수도 있다. 그러나 그 주장의 문제점은 첫째, 예언들의 숫자만으로도 그 일은 매우 어려웠을 것이라는 점이다. 둘째, 인간적으로 말해 그분은 그 사건들 중 많은 일들에 대해 아무런 통제력을 가지지 못했다. 예를 들면, 그가 정확히 어떻게 죽으리라는 것(사 53장)과 그분이 묻힐 장소와 심지어 태어날 장소까지(미 5:2) 구약에 예언되어 있다. 예수님이 이 모든 예언들을 완성하기를 원했던 사기꾼이라고 하면 그분이 태어나야 하는 장소를 발견했을 때는 이미 너무 늦었을 것이다.

니키 검블 「인생의 의문점들?」 p.35~36.

부활 후 예수님은 제자들에게 구약성경 그 중에서 모세와 선지자의 글을 가지고 메시아에 관한 것, 특별히 메시아가 고난을 당할 것에 관하여 자세히 설명하셨습니다(눅 24:27). 왜냐하면 예수님의 제자들은 선지자들이 말한 모든 것을 마음에 더디 믿는 사람들이었기 때문입니다. 특히 예수님의 제자들은 '고난당하는 메시아'에 관하여는 전혀 이해하지 못했습니다. 구약성경은 메시아에 관한 예언들이 기록되어 있습니다. 구약성경 중에서 이사야서는 시편과 함께 메시아에 대한 예언을 기록한 대표적인 책입니다. 이사야서 53장은 고난 받는 메시아에 대해 기록했습니다.

1. 예수님은 고난 받는 메시아셨습니다.

예수님은 지상 생애 동안 백성들 가운데서 큰 인기를 누렸습니다. 병든 사람, 귀신 들린 사람들을 치료해 주셨고, 죽은 사람을 살리셨으며, 가난하고 소외된 사람들의 친구이셨기 때문입니다. 백성들은 예수님을 자신들의 운명을 바꾸어 놓을 메시아로 여겼습니다. 반면에 유대인 집권자들은 예수님께 적대적이었습니다. 결국 그들은 예수님을 체포했고 심문했습니다. 예수님을 죽일 명분과 증거들을 찾았고, 거짓증인들과 증언들을 만들어냈고, 군중들을 충동하여 로마 총독 빌라도가 예수님을 석방하지 못하게 했고, 빌라도는 예수님을 채찍으로 쳤고 마침내 십자가에 못 박아 죽였습니다. 예수님은 멸시를 받아 사람들에게 버림 받으셨고 간고를 많이 겪으셨습니다. 곤욕과 심문을 당하고 끌려 가셨으며 채찍에 맞으셨고 못에 찔려 죽으셨습니다. 예수님은 자신의 죽음을 통해 세상을 구원하신 고난 받는 메시아셨습니다.

2. 예수님은 말없이 순종하신 메시아셨습니다.

예수님은 굴욕을 당하고 고문을 당하셨으나, 아무 말도 하지 않으셨습니다. 저항하거나 대항하지 않으셨습니다. 마치 도살장으로 끌려가는 어린 양처럼, 마치 털 깎는 사람 앞에서 잠잠한 암양처럼, 끌려가기만 할 뿐, 아무 말도 하지 않으셨습니다. 왜냐하면 예수님이 자기 손으로 아버지 하나님의 기뻐하시는 뜻을 성취하길 원하셨기 때문입니다. 아버지 하나님은 사람의 죄를 예수님께 지우셨고, 예수님은 사람의 죄악을 친히 지셨습니다. 아버지 하나님은 예수님이 상함을 받게 하셨고 예수님은 자기 목숨을 사람의 속죄를 위한 제물로 바치셨습니다. 예수님은 사람의 질고를 지고 사람의 슬픔을 당하셨습니다. 사람의 죄와 허물 때문에 찔리셨고 상하셨습니다. 예수님이 징계를 받으셨기 때문에 사람은 평화를 누리고 예수님이 채찍에 맞으셨기 때문에 사람은 나음을 받습니다. 예수님은 아버지 하나님의 모든 뜻에 말없이 순종하신 메시아이셨습니다.

3. 그리스도인은 믿음과 순종의 사람이어야 합니다.

　사람은 모두 죄인입니다. 죄인으로서 사람은 징벌을 받아 하나님께 맞으며 고난을 당해야 합니다. 고통을 당하고 슬픔을 겪어야 합니다. 징계를 받고 채찍에 맞으며 찔리고 상처를 받아야 합니다. 그러나 하나님이 사람의 죄를 예수님께 지우셨고 예수님은 사람의 죄를 대신 지셨습니다. 사람 대신 징벌을 받아 고난을 당하셨고 마침내 죽임 당하셨습니다. 그러므로 사람은 구원받을 수 있게 되었습니다. 사람은 믿음을 통하여 은혜로 구원을 얻습니다. 자신의 전 존재 곧 온 영과 혼과 몸의 구원을 얻습니다. 자범죄를 용서 받고, 원죄를 정결하게 씻음 받습니다. 몸과 마음의 허약함과 병과 장애, 사탄과 귀신에게서 구원받습니다. 예수님을 믿어야 합니다. 그리하면 온 영과 혼과 몸의 구원을 받습니다. 예수님처럼 자신이 이루어 드려야 할 하나님의 뜻을 발견하고 말없이 순종해야 합니다. 하나님이 기뻐하십니다. 모든 고난 속에서 하나님을 신뢰해야합니다(사 50:5~9). 하나님이 반드시 상을 주십니다.

1. 오늘 본문에서 '그' 혹은 '그는'을 '예수님'으로 바꾸어 읽고, 예수님의 고난에 대
   해 서로 나누십시오.

2. 예수님이 곤욕을 당하여 괴로울 때에도 입을 열지 아니하신 이유는 무엇인지
   서로 나누십시오.

3. 예수님의 제자로서 자신의 사명을 이루려면 어떤 어려움이 예상되는지 서로
   나누십시오.

| 함께 기도하기

1. 예수님만이 하나님의 메시아이신 것을 확신하게 하소서.
2. 모든 고난 속에서도 하나님의 모든 뜻에 말없이 복종하게 하소서.
3. 하나님이 기뻐하시는 뜻 곧 인생사명을 발견하고 성취하게 하소서.

- 헌금 찬송 : 213장 나의 생명 드리니
- 헌금 기도 : 구역원 중에서
- 주의 기도 : 다같이

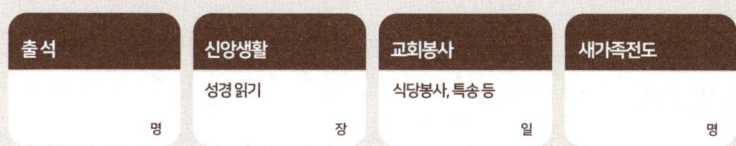

출석	신앙생활	교회봉사	새가족전도
	성경 읽기	식당봉사, 특송 등	
명	장	일	명

| 기도제목 나누기

 **예수, 하나님의 아들**

┃ **신앙고백** : 사도신경 ┃ **찬송** : 171장 하나님의 독생자 ┃ **기도** : 구역원 중에서
┃ **배울말씀** : 마태복음 1장 2절, 18~25절; 28장 18~20절
┃ **새길말씀** : 아브라함과 다윗의 자손 예수 그리스도의 계보라(마 1:1)

 ## 300개가 넘는 예언

신학적인 주제를 가지고 글을 쓰는 미국 작가인 윌버 스미스는 다음과 같이 말했다.

고대 세계에는 예언이라는 미래를 예측하는 여러 가지 다양한 수단들이 있었다. 그러나 희랍과 라틴의 문학 전반을 통 털어 보아도, 그들이 비록 예언자와 예언이라는 말을 사용했지만, 먼 미래에 이루어질 위대한 역사적인 사건에 대한 어떤 구체적인 예언도, 인류를 위해 올 구원자에 대한 예언도 찾아볼 수가 없다. 마호메트교에서는 마호메트가 탄생하기 수백 년 전에 그가 올 것을 예언한 글귀를 짚어낼 수가 없다. 또한 이 나라에 있는 어떤 신흥종교의 창시자들도 그들이 나타날 것을 명확하게 예언하고 있는 고대의 문서를 골라내지 못한다. 그러나 예수님의 경우 300개가 넘는 예언을 이루셨다.

니키검블 저 「인생의 의문점들?」 p.35.

말씀
담기

마태는 예수님 이야기를 예수님의 계보에 대한 이야기로 시작했습니다. 그런데 예수님의 출생에 관해 기록할 때에는 수동태 문장을 사용했습니다. 왜냐하면 예수님은 "아브라함과 다윗의 자손"으로서 '사람의 아들'이실 뿐 아니라 '하나님의 아들'이시기 때문입니다. 예수님의 출생 이야기는 예수님이 '완전한 하나님'이실 뿐 아니라 '완전한 하나님'이심을 아주 분명하게 들려줍니다. 예수님은 성령으로 잉태되셨고 예수님의 어머니 마리아는 "처녀"였음에도 불구하고 잉태하였습니다. 그러므로 예수님은 선지자 이사야가 예언한대로 "임마누엘" 곧 "우리와 함께 계시는 하나님"이십니다.

1. 예수님은 아브라함과 다윗의 자손이십니다.

옛적에 하나님은 아브라함이 천하 만민의 복이 될 것과 그러므로 아브라함의 씨 곧 아브라함의 자손으로 말미암아 복을 받을 것을 약속하셨습니다. 그런데 하나님은 여럿을 가리켜 "자손들"이라 하지 않으셨고 오직 하나를 가리켜 "자손"이라 말씀하셨는데 그 아브라함의 자손이 바로 예수님이십니다(갈 3:16). 옛적에 하나님은 아브라함의 후손이었던 다윗의 집 곧 다윗의 가문과 나라를 지으실 것과 다윗의 가문과 나라와 왕위가 영원히 보전될 것을 약속하셨습니다. 그런데 하나님은 여럿을 가리켜 "자손들"이라 하지 않으셨고 오직 하나를 가리켜 "자손"이 성전을 건축할 것이라고 말씀하셨는데 그 다윗의 자손이 바로 예수님이십니다.

2. 예수님은 성령으로 잉태 된 하나님의 아들이십니다.

사도 마태는 예수님의 계보를 기록하면서 "아브라함이 이삭을 낳고", "다윗은 솔로몬을 낳고"와 같은 능동태 형식을 사용했지만 예수님의 출생을 기록하면서는 "마리아에게서 예수가 나시니라"와 같은 수동태 형식을 사용했습니다. 마태가 이렇게 기록한 이유는 무엇일까요? 왜냐하면 예수님을 낳은 행위의 주체는 '사람' 아버지가 아니라 '하나님' 아버지이셨기 때문입니다. 이와 같이 예수님은 하나님이 낳으신 하나님의 아들이셨습니다. 예수님은 "성령으로 잉태"되어 "처녀" 곧 "여자의 후손"(창 3:15)으로 태어나신 하나님의 아들이셨습니다.

3. 예수님을 하나님의 아들로 믿으십시오.

예수님은 "육신"으로는 "아브라함과 다윗의 자손"이신 "완전한 사람"이시지만, 성령님으로 말미암아 "잉태"되셨고 "부활"하신 "하나님의 아들" 곧 "완전한 하나님"이십니다. 이와 같이 예수님은 선지자 이사야의 예언대로 "임마누엘" 곧 "우리와 함께 계시는 하나님"이십니다. 예수님은 사람이 되셨고 사람과 함께 계셨습니다. 사람으로 사셨고 사람과 똑같이 시험을 받으셨지만 죄는 없으셨습니다. 예수님은 사람의 죄와 연약함을 대신 지고 십자가에 달려 죽으셨지만 죽은 지 사흘 만에 살아나셨고 지금도 살아계셔서 우리와 영원히 함께 계시는 하나님의 아들 곧 하나님이십니다. 예수님을 "주"와 "그리스도"로 믿으십시오. 그리하면 구원을 받을 것입니다. 우리의 모든 죄와 연약함과 병과 사탄과 귀신에게서 구원을 받을 것입니다. 연약함으로 시련을 겪을 때 예수님을 힘입어 하나님께 나아가십시오(히 7:25). 그리하면 항상 살아계셔서 우리를 위해 간구하시는 예수님이 우리를 온전히 구원하실 것입니다.

1. 아브라함과 다윗의 자손이신 예수님은 완전한 사람이셨습니다. 이러한 예수
   님의 인성을 믿을 때 어떤 유익이 있는지 나누십시오.

2. 성령님으로 잉태되어 태어나신 하나님의 아들로서 예수님은 하나님의 아들
   이십니다. 이러한 예수님의 신성을 믿을 때 우리에게 어떤 유익이 있을지 나누
   십시오.

3. 예수님은 '우리와 함께 계시는 하나님'이십니다. 이러한 예수님의 '함께 계심'
   을 믿는 사람들로서 자신의 전도대상자들과 기도제목을 서로 나누고 서로를
   위해 기도하십시오.

| 함께 기도하기

1. 하나님의 모든 약속은 반드시 성취됨을 믿고 흔들림 없이 하나님의 길을 가게 하소서.
2. 예수님을 힘입어 하나님께 나아가 하나님을 예배하며 하나님께 간구하게 하소서.
3. 하나님과 함께하는 교회가 되도록 간구하게 하소서.

- 헌금 찬송 : 220장 사랑하는 주님 앞에
- 헌금 기도 : 구역원 중에서
- 주의 기도 : 다같이

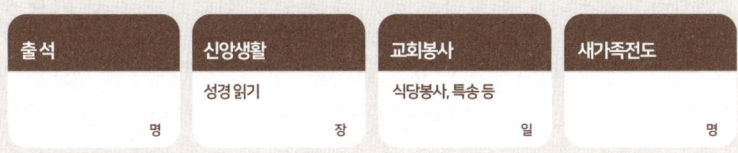

출석	신앙생활	교회봉사	새가족전도
	성경 읽기	식당봉사, 특송 등	
명	장	일	명

| 기도제목 나누기

51과 예수, 온 백성의 복음

┃ **신앙고백** : 사도신경 ┃ **찬송** : 108장 그 어린 주 예수 ┃ **기도** : 구역원 중에서
┃ **배울말씀** : 누가복음 2장 6∼20절
┃ **새길말씀** : 천사가 이르되 무서워하지 말라. 보라 내가 온 백성에게 미칠 큰 기쁨의 좋
　　　　　 은 소식을 너희에게 전하노라. 오늘 다윗의 동네에 너희를 위하여 구주가
　　　　　 나셨으니 곧 그리스도 주시니라(눅 2:10∼11)

초라한 탄생

　　많은 유대인들은 메시야가 놀라운 영광과 광휘로써 오실 것을 기대했다. …그러나 예수님은 헤롯왕을 대신할 정치적 지도자로 오신 것은 아니었다. 그분의 초라한 탄생이 분명히 밝혀 주듯이, 하나님은 예수님을 사람들이 기대하던 왕으로 보내지는 않으셨다. 유대 백성들은 예루살렘을 회복하고 로마인을 몰아낼, 영감 받은 군사적 인물을 원하였다. 그러나 예수님은 그렇게 하시지 않고, 사람들에게 상황이 어떠하든 간에 하나님께 대한 복종과 충성이 필요함을 지적하셨다. 전 삶을 통하여, 예수님의 관심은 위대하고 능력 있는 사람들보다도 마리아의 노래에 나오는 일반 백성들, 곧 비천한 자, 주린 자, 불리한 처지에 놓인 자 사랑받지 못하는 자들을 향해 있었다. 그분 자신이 평범한 부부, 단순한 환경 속에서 태어나셨고, 가족들 역시 그분이 오신 목적의 전형이 될 만한 사람들—평범한 삶을 살아가는 평범한 사람들—이었다는 것은 어울리는 일이었다.

데이빗 왓슨·시몬 젠킨스 공저
「예수님의 삶과 죽음이 현대인에게 주는 의미는 무엇인가?」 p.24.

말씀
담기

성탄절 이야기는 모든 이들에게 친근합니다. 성탄 카드나 현대적인 해석을 보면 청순하고 깨끗한 옷을 입은 마리아의 모습, 흠 없는 옷을 입고 있는 의젓하고 침착한 요셉의 모습, 깨끗한 짚과 온순한 동물들이 있는 밝은 마구간, 그리고 깨끗한 신발을 신고 눈같이 하얀 옷을 입은 목자들의 모습을 보여줍니다. 하지만 그 모든 모습은 낭만적으로 해석한 것일 뿐 성경의 설명은 이와는 사뭇 다릅니다.

1. 하나님은 땅의 낮은 곳을 사용하셨습니다.

다윗의 자손 요셉과 정혼한 마리아는 호적 등록을 위해 갈릴리 나사렛에서 유대 베들레헴이라 하는 다윗의 동네까지 무려 140km를 여행했습니다. 베들레헴에 있을 그 때에 해산할 날이 차서 마리아는 첫아들을 낳아 강보로 싸서 구유에 뉘었습니다. 여관에 있을 곳이 없었기 때문입니다. 예수님의 등장은 참 무기력하고 초라했습니다. 예수님은 장정이 아니라 갓난아기로 등장하셨고, 강보로 싸여 어머니의 품에 안긴 가장 무기력한 존재로 역사에 등장하셨습니다. 또 예수님은 집이 아니라 여관에서 태어나셨고 요람이 아니라 누추하기 그지없는 동물들의 밥 그릇 속에 예수님은 누우셨습니다. 비록 여관에 있을 곳이 없었다고는 하지만 온 세상을 구원하실 분, 온 세상의 왕이 누울 곳은 아니었습니다. 요셉과 마리아, 즉 그 다윗의 자손들은 왕 중의 왕의 머리를 뉠 곳을 찾아 외양간까지 내려갔고 하나님은 이렇게 하늘의 가장 높은 곳에서부터 구원을 가져오시기 위해 땅의 가장 낮은 곳을 사용하셨습니다.

2. 하나님은 땅의 비천한 사람에게 복음을 전하셨습니다.

예수님 당시에 목축은 멸시받는 직업이었습니다. 많은 목자들이 약탈과 남의 땅을 함부로 사용하는 행위로 인해 비난받았습니다. 또 목축은 외롭고 고된 직업이었습니다. 왜냐하면 목자는 양들이 잠에서 깨어 흩어져 방황하지 않도록, 또 먹이를 찾아 헤매는 사나운 약탈자로부터 양들을 지키기 위해 밤에도 깨어 있어야 했기 때문입니다. 그런데 하나님은 이렇게 비천하고 외롭고 고된 사람들에게 "온 백성에게 미칠 큰 기쁨의 좋은 소식" 곧 "천하 만민을 위하여 구주가 나신"것을 전하셨습니다. 천사들은 떠났고 목자들은 베들레헴으로 달려갔습니다. 그들은 하나님이 세상에서 구원하시는 일의 일부가 되기를 원했고 또 그렇게 되었습니다. 아기 예수를 보는 것만으로는 목자들에게 충분하지 않았습니다. 그들은 그 이야기를 나누어야 했습니다. 만나는 모든 사람에게 천사의 방문과 천사들의 찬송 그리고 자신들이 하나님의 영광을 지닌 아기를 보기 위해 구유를 찾아온 것을 이야기했습니다. 가장 중요하게는, 천사가 자기들에게 이 아기에 대하여 말한 것을 전했습니다. '이 아이는 우리를 위한 구주 곧 그리스도 주시니라!'고 전했습니다.

3. 복음을 들은 성도는 하나님을 찬양하며 기쁜 소식을 전해야 합니다.

목자들은 온 백성을 위해 태어나신 그리스도 주를 최초로 목격한 사람들이었고 또한 온 백성을 위한 구주를 사람들에게 전한 최초의 사람들이었습니다. 목자들은 새로운 찬송을 마음속에 담고 자신들의 일터로 돌아갔습니다. 목자들은 성경에 다시는 등장하지 않지만 그들은 잊혀지지 않고 있습니다. 하나님은 우리의 가장 비천함과 무능함을 인류를 위한 당신의 구원사역을 위해 사용하십니다. 하나님이 사용하실 수 없는 가난과 비천, 연약과 무능, 질병과 장애, 실패와 상처, 불행과 불운은 없습니다. 그러므로 우리는 기뻐하며 하나님을 찬양해야 합니다. 마리아의 친족 엘리사벳과 예수님의 어머니 마리아와 정결예식의 날에 예수님을 만난 시므온처럼 하나님을 찬양하며 예배해야 합니다. 하나님은 우리를 비천하고 무능한 사람들에게 보내셔서 우리를 통해 그들을 구원하십니다. 그러므로 우리는 더 이상 내려 갈 수 없이 낮고 비천한 곳까지 내려가야 합니다. 가난하고 비천한 사람, 연약하고 무능한 사람, 병들고 장애를 가진 사람, 실패하고 상처 입은 사람, 불행하고 불운으로 고통스러워하는 사람을 만나야 합니다. 바로 그 곳에 예수님이 태어나게 해야 합니다. 그러면 우리의 모든 날이 '거룩한 성탄절'(Holy Christmas)이 될 것입니다.

삶
나누기

1. 오늘날의 성탄절과 예수님이 태어나신 날의 상황을 비교하며 나누어 보십시오.

2. 하나님이 비천하고 외롭고 고단한 사람에게 복음을 전하신 이유를 생각해보고, 자신이 어떻게 복음을 듣고 믿게 되었는지 서로 나누어 봅시다.

3. 낮고 비천한 우리를 구원하시기 위해 오신 예수님을 어떻게 증거 할 수 있는지 나누어 봅시다.

| 함께기도하기

1. 상업화된 성탄절이 그 본래의 의미를 되찾게 하소서.
2. 낮고 비천하고 고단한 우리에게 복음을 전하시고 믿게 하신 하나님께 감사하게 하소서.
3. 예배와 복음전도를 최우선순위에 두게 하소서.

- 헌금 찬송 : 211장 값비싼 향유를 주께 드린
- 헌금 기도 : 구역원 중에서
- 주의 기도 : 다같이

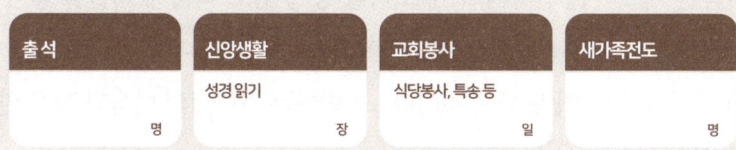

출석	신앙생활	교회봉사	새가족전도
	성경 읽기	식당봉사, 특송 등	
명	장	일	명

| 기도제목 나누기

52과 따뜻한 정의: 타인의 고통에 함께 하기

| 신앙고백 : 사도신경 | 찬송 : 382장 너 근심 걱정 말아라 | 기도 : 구역원 중에서
| 배울말씀 : 누가복음 10장 25∼37절
| 새길말씀 : 네 생각에는 이 세 사람 중에 누가 강도 만난 자의 이웃이 되겠느냐. 이르
되 자비를 베푼 자니이다 예수께서 이르시되 가서 너도 이와 같이 하라 하
시니라(눅 10:36∼37)

생각 열기 | 탄식을 들으시는 하나님

애굽은 이스라엘 민족의 노예 노역을 등에 업고 벽돌에 벽돌을 쌓아 세운 제국이다. 그러나 출애굽기의 이야기가 시작되자마자 곧바로 국면 전환이 생긴다. 사태가 변하는 것이다. 그 변화는 하나님의 다음과 같은 말씀으로 시작된다.

"나는 애굽에 있는 나의 백성이 고통받는 것을 똑똑히 보았다.....부르짖는 소리를 들었다.....이제 내가 내려가서.....그들을 구하여......애굽 사람들이 그들을 학대하는 것도 보았다."(출 3:7∼9)

보고 들으시는 하나님. 울부짖는 소리를 들으시는 하나님. 여기서 '부르짖다.'는 말에 해당하는 히브리어는 '사크'인데, 성경 곳곳에서 볼 수 있는 단어다. 사크는 고통을 표현하는 말이다. 다쳤을 때 '아야'하고 내는 소리와 같다. 그러나 사크는 또한 질문이기도 하다. 상처로 말미암은 고통 가운데 우러나오는 질문이다. "정의는 어디에 있는가?", "누가 나를 구해줄것인가?" 그런데 그들이 부르짖자 하나님이 들으셨다. 하나님은 울부짖음을 언제나 들으시는 하나님이다.

랍벨·던 골든, 『네 이웃의 탄식에 귀를 기울이라』中

말씀
담기

이번 과에서 우리는 성경에서 말하는 따뜻한 정의, 체데카를 어떻게 이웃과의 관계에서 적용할 수 있을지를 살펴볼 것입니다. 이 세상을 가장 평화롭고 조화롭게 만들 가장 아름다운 정의입니다. 따뜻한 정의는 고통받는 이웃의 신음 소리를 외면하지 않는 것입니다. 정의는 힘없고 억울하고 가난한 사람의 편에 서서 그들을 돕는 것입니다. 나아가 물질적으로 고통받는 사람들의 필요를 채워주는 것입니다. 그럼으로써 세상의 어두운 그늘을 걷어내는 것이 정의입니다.

1. 정의는 고통받는 이웃의 호소에 귀를 기울입니다.

공의와 정의의 하나님은 고통받는 인간의 울부짖는 소리에 귀를 기울이시는 분입니다. 하나님은 가난한 자의 부르짖음을 잊지 않으시는 분입니다(시 9:12). 하나님의 눈은 의인을 향하시고 그의 귀는 그들의 부르짖음에 기울이십니다(시 34:15). 이런 하나님은 우리에게도 사회적 약자, 즉 나그네와 과부와 고아를 해롭게 하지 말라고 명령하십니다. 그들이 고통 중에 부르짖으면 하나님은 반드시 그 부르짖음을 들으시리라고 말씀하십니다(출 22:21~23).

예수님은 불의한 재판관과 과부의 비유를 통해서 하나님은 밤낮 부르짖는 택하신 자들의 원한을 풀어주시는 분이라고 말씀하셨습니다(눅 18:6~8). 선한 사마리아인 비유에서 예수님은 강도 만난 자의 진정한 이웃은 그의 울부짖는 소리를 외면하지 않고 자비를 베푼 자라고 선언하셨습니다(눅 10:25~37). 정의는 고통받는 사람의 신음 소리에 예민하고 그 고통의 호소에 응답하는 것입니다.

2. 정의는 억울하고 힘없는 자의 편을 들어 줍니다.

하나님은 재판할 때 불의를 행하지 말며 가난한 자의 편을 들지 말며 세력 있는 자라고 두둔하지 말라고 말씀하셨습니다(레 19:15). 사건의 진실을 위하여 냉정하고 차가운 미슈파트를 요구하십니다. 그러나 하나님은 이 세상이 힘있는 자와 힘없는 자가 구부러진 운동장처럼 불공평하게 돌아가는 것을 너무나 잘 알고 계셨습니다. 그래서 하나님께서는 항상 사회적 약자가 되어 억울한 일을 당하는 자들의 편에 서십니다.

예수님은 부자들에 대해서는 찾아오게 하셨고, 가난한 자들에게는 먼저 찾아가셨습니다. 예수님은 고향 나사렛에서 공생애 사역의 비전을 발표하실 때, 가난한 자에게 복음을 전하고, 포로된 자를 자유케 하고, 눈 먼 자를 다시 보게 하고, 눌린 자를 자유롭게 하시겠다고 약속하셨습니다(눅 4:18). 예수님은 간음한 여인이 돌을 맞을 때 그녀를 변호하셨고, 죄인으로 공격받는 세리 마태의 집에서 함께 식사를 하셨으며, 다섯 번 이혼한 사마리아 여인을 상담하고 구원하셨습니다. 정의는 억울하고 힘없고 가난한 자의 편에 서서 그들의 원한을 푸는 것입니다.

3. 정의는 사회적 약자의 필요를 채워줍니다.

정의로운 사회는 더불어 다함께 잘 사는 공동체입니다. 사회적 약자들이 소외되지 않고 당당하게 살 수 있는 사회입니다. 반면 불의한 사회는 부자와 가난한 자, 힘 있는 자와 힘 없는 자가 쪼개진 공동체입니다. 약자들이 발을 들어놓을 수 없는 숨막힌 사회입니다. 기독교가 꿈꾸는 하나님의 나라는 이리와 어린 양이 함께 먹고 사자가 소처럼 짚을 먹으며 어떠한 괴롭힘과 상함이 없는 세상입니다(사 65:25).

지상 최초의 교회인 예루살렘 교회는 모든 물건을 서로 통용하고, 재산과 소유를 팔아 각 사람의 필요를 따라 나눠주고, 함께 떡을 떼며 음식을 먹는 공동체였습니다(행 2:43~47). 부자는 자신의 것을 나눔으로써 체데카의 의무를 다하고, 가난한 자는 자신의 것을 받음으로써 체데카의 권리를 누립니다. 세리장 삭개오는 예수님을 만난 구원의 기쁨으로 자신의 재산 절반을 가난한 자들에게 나눠주겠다고 선언했습니다(눅 19:8). 있는 자가 나눠준다고 자랑할 수 없으며 없는 자가 받는다고 부끄러울 수 없는 것, 그것이 체데카의 정의입니다.

1. 고통받는 이웃의 고통에 귀를 기울이는 것이 왜 정의일까요?

2. 힘없고 억울한 사람의 편에 서서 그들을 변호하는 것이 왜 정의일까요?

3. 경제적으로 어려운 자들과 물질적 필요를 나누는 것이 왜 정의일까요?

| 함께 기도하기

1. 우리의 귀를 열어 고통받는 이웃의 신음과 호소를 듣게 하소서.
2. 우리의 발이 힘없고 억울하고 가난한 자의 자리에 서게 하소서.
3. 우리의 손을 열어 물질적으로 어려운 사람의 필요를 채우게 하소서.

- 헌금 찬송 : 395장 자비하신 예수여
- 헌금 기도 : 구역원 중에서
- 주의 기도 : 다같이

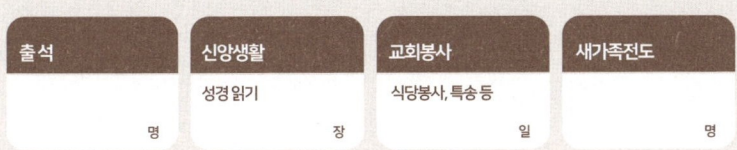

출석	신앙생활	교회봉사	새가족전도
	성경 읽기	식당봉사, 특송 등	
명	장	일	명

| 기도제목 나누기